亭林周氏後來雨樓劫餘書目

周大烈 原編
許麗莉 整理
吳 格 審定

上海市金山區博物館 編

新守山閣叢書

復旦大學出版社

目次

前言 …………………… 1
整理凡例 ……………… 1

小書種堂劫後重編書目 …… 1
  目錄專藏 ……………… 3
    附錄坊肆目 ………… 13
  鄉邦文獻專藏 ………… 15
  乾嘉詩壇點將錄別集專藏
  …………………………… 18
  光宣詩壇點將錄別集專藏
  …………………………… 20
  小書種堂劫後重編書目 …… 21
    經部 ………………… 21
    史部 ………………… 30
    子部 ………………… 40
    集部 ………………… 46

七錄居所藏校讎學書目 …… 57
  甲部 書目 …………… 59
    著錄類 ……………… 59
    傳本類 ……………… 65
      附錄坊肆目 ……… 70

乙部 書目 …………… 71

後來雨樓所藏鄉邦文獻目錄
………………………………… 83
  經部 ……………………… 85
    易類 …………………… 85
    書類 …………………… 85
    詩類 …………………… 85
    禮類 …………………… 85
    樂類 …………………… 85
    春秋類 ………………… 85
    論語類 ………………… 86
    孟子類 ………………… 86
    四書類 ………………… 86
    孝經類 ………………… 86
    爾雅類 ………………… 86
    諸經總義類 …………… 86
    小學類 ………………… 86
  史部 ……………………… 87
    正史類 ………………… 87
    編年類 ………………… 87
    紀事本末類 …………… 87

古史類 ········· 87	醫家類 ········· 97
別史類 ········· 87	釋家類 ········· 97
雜史類 ········· 87	類書類 ········· 97
載記類 ········· 88	子叢類 ········· 97
傳記類 ········· 88	集部 ············ 98
地理類 ········· 90	別集類 ········· 98
政書類 ········· 91	詞曲類 ········· 110
奏議公牘類 ··· 92	總集類 ········· 111
目錄類 ········· 92	詩文評類 ······ 115
金石類 ········· 92	叢書 ············ 115
史評類 ········· 93	
子部 ············ 93	**五際宧所藏清詩目錄** ········ 117
儒家類 ········· 93	順康詩壇點將錄 ········ 119
道家類 ········· 94	乾嘉詩壇點將錄 ········ 126
法家類 ········· 94	道咸詩壇點將錄 ········ 139
雜家類 ········· 94	光宣詩壇點將錄 ········ 147
農家類 ········· 95	清代詩壇別集未備目錄
小說家類 ······ 95	········ 157
兵家類 ········· 96	
天文算法類 ··· 96	**書名筆畫索引** ········ 161
術數類 ········· 96	**附錄：亭林周迪前先生紀念冊**
藝術類 ········· 96	········ 240
譜錄類 ········· 97	**後記** ········ 253

前　言

《亭林周氏後來雨樓劫餘書目》(下簡稱《劫餘書目》)，係最新完成整理之近代學者周大烈先生(1901—1976)所編家藏書目，此前迄未面世。書名題"亭林周氏後來雨樓劫餘書目"，既遵先生哲嗣東壁老人之囑，又追溯先生之夙志也。先生爲上海金山亭林人(亭林舊屬松江府華亭縣)，家聚圖籍萬卷，有志上繼其族祖華亭周厚堉來雨樓藏書之餘緒(厚堉即清乾隆間助編《四庫全書》，乾隆三十九年[1774]五月十四日諭旨"又如進呈一百種以上之江蘇周厚堉……，亦俱藏書舊家，並著每人賞給内府初印《佩文韻府》各一部，俾亦珍爲世寶，以示嘉獎"者)。《劫餘書目》之子遺圖書千餘種(6 700册)，近年已悉數捐贈公共圖書館。

《劫餘書目》爲先生所編系列書目之總彙，内含《小書種堂劫後重編書目》《七録居所藏校讎學書目》《後來雨樓所藏鄉邦文獻目録》《五際宧所藏清詩目録》四種，其中《小書種堂劫後重編書目》又包含多種分目。"七録居""後來雨樓""五際宧""小書種堂"等，皆爲先生藏書室名，以冠"校讎學""鄉邦文獻""清詩"諸題，分別爲先生據後來雨樓藏書所編之專題書目。循名責實，先生藏書與治學之旨趣可窺。後來雨樓藏書積累始於民國初，至20世紀30年代已略具規模，原擬作爲故鄉亭林鎮創辦圖書館之用。1937年遭遇日軍金山衛登陸戰禍，故鄉塗炭，倉皇避難，舉家遷滬，藏書受損。《小書種堂劫後重編書目》乃先生40年代清點藏書之重編目録。以上四種書目，著録圖書近5 000部(計4 848部，合併重複約3 800餘部)，已反映先生藏書之大概，茲略述各目内容：

一、《小書種堂劫後重編書目》不分卷，黑格稿本，一册(計173頁)。卷端鈐"松江周氏""小書種堂"白文方印。此爲周氏自亭林遷滬後(抗戰中或抗戰後)清點家藏圖書之重編書目，著録藏書共計2 891餘種。《重編書目》内含四目：一爲《目録專藏》(計599部)，二爲《鄉邦文獻專

亭林周氏後來雨樓劫餘書目

藏》(計187部)，三爲《乾嘉詩壇點將錄別集專藏》(計99部)、《光宣詩壇點將錄別集專藏》(計52部)，四爲《小書種堂劫後重編書目》(計1954部)，各著錄書名、版本類別(並標注精、善、罕等)、冊數、存佚、附注等款目。《重編書目》之特點，在清點并重編周氏所藏校讎目錄、鄉邦文獻及清人別集諸專藏。《重編書目》與原編書目之條目增減，反映後來雨樓藏書經歷戰亂後之消長。此目實爲民國間上海地區私家藏書之可靠記錄之一，足稱今人研究民國藏書史之珍貴樣本。

二、《七錄居所藏校讎學書目》不分卷，紅格手稿本，一冊(計76頁)。卷端鈐"松江周氏"白文方印、"遏翁手澤"朱文方印。此目編纂緣由，夫人姚竹修女史《述廬周先生集紀》云："初，先生以爲治學聚書，皆當先識學術流別，故其聚書首及諸家簿錄。既以所得錄爲《七錄居書目》，又即所知所見別撰《書目綜錄》。"[1]此目著錄先生所藏歷代目錄(校讎)學著述計561部(內著錄類44部，傳本類367部，附坊肆目類50部)，諸書詳列書名卷數、著者、版本、冊數、附注等款目，叢書則附列子目。林林總總，堪稱頗爲完備之目錄學專書，而主人身居林下、寢饋流略，有心編纂《書目綜錄》之志(先生《述廬自敘》語)，亦可由此證實(《書目綜錄》未見傳本)。此目創編較早，隨得隨補，所著錄書目最晚者，已至民國三十三年[1944]常州旅滬同鄉會鉛印本《清代毗陵書目》。

三、《後來雨樓所藏鄉邦文獻目錄》不分卷，紅格稿本，一冊(計116頁)。卷端鈐"華亭周氏圖書"朱文方印。此目之編纂緣起，姚夫人《述廬周先生集紀》亦曾記云："伯兄(姚光)性喜聚書，尤留意鄉邦文獻，先生笙馨同音，雖力薄未克驂靳，然其所得亦數萬卷，其涉郡中掌故者，別編爲《後來雨樓書目》焉。"[2]此目依《四庫全書總目》分類，著錄後來雨樓所藏松江府屬鄉邦文獻計573部(其中經部26部，史部131部，子部83部，集部333部)。入錄諸書，各列書名卷次、著者里籍姓名、版本、冊次、附注等款目，至今仍可爲上海地方文獻搜討之助。此目編纂截止於二十世紀40年代末，所著錄刊行最晚者，有民國三十八年[1949]刊行之《潛廬文稿》《藥軒漫稿》《葉漱潤先生遺稿文》《雲間兩徵君集》等書。

四、《五際宦所藏清詩目錄》四卷，紅格稿本("上海工務局"稿紙)，一册(計115頁)。卷端鈐"華亭周氏圖書"朱文方印。姚夫人《述廬周先生集紀》云："先是，長沙葉奂彬收乾嘉詩集最富，大抵爲舒鐵雲《點將錄》中人物，其書散出，先生得其數種，乃按錄搜求，數年之間，十得八九。後近人汪辟疆戲作《光宣詩壇點將錄》，又據錄索之。方將漸及於順康、道咸諸朝，而丁丑變作，亦遂中止。今所錄存《五際宦目》，蓋皆清代詩人別集也。"[3]此目著錄周氏所藏清代詩集計632種，其中卷一"順康詩壇點將錄之部"119種，卷二"乾嘉詩壇點將錄之部"216種，卷三"道咸詩壇點將錄之部"127種，卷四"光宣詩壇點將錄之部"170種。此目編排，係據舒鐵雲《乾嘉詩壇點將錄》、汪辟疆《光宣詩壇點將錄》所錄清代詩家，以人爲綱，於各家名號之下，著錄其詩集之題名卷次、版本、冊次、附注等款目。書末又附"清代詩壇別集未備目"54種，以備訪求增補，而先生集部收藏之重點，藉此全盤展現(其中松屬詩人之作尤爲地方文獻增重)。

先生名大烈，字迪前，號述廬。人品高潔，克己劬學，隱居里巷，迄未用世。中歲以前，蟄居金山亭林鎮，讀書自修，不求聞達，而有志鄉邦文教事業，曾參加中華圖書館協會爲個人會員，並籌辦亭林圖書館。中年身經喪亂，流寓滬上，"顛沛之餘，傭書爲活，啜荼飲水，免於汙染"，而藏書校讀不輟，家居著述以終。據先生《述廬自敘》："學術宗仰王而農氏，近儒則瑞安孫氏、餘杭章氏。論文語取仁和譚氏復堂。文筆嗜宋齊人，不甚愛浩瀚之篇。所作平實，略近東京，上規中壘，時復沾沾自喜。說詩亦主夕堂。"[4]先生撰著，自述有《書目考》《知見輯佚書目》《補南史藝文志》《清代校勘學書目》《南齊書校注》《清代詞人徵略》《松江文鈔》《松江詩鈔》《雲間詞徵》《述廬文編》諸稿。先生抱樸存真，雖未大用於世，遺著有關鄉邦文史者，已陸續刊佈於身後，而楹書萬卷，窮畢生心力以集聚者，經哲嗣東壁老人主持，又先後捐贈予上海圖書館(1991)、靜安區圖書館(1994)、金山區圖書館(2016)及復旦大學圖書館(2020)，遂令遺澤播惠於今世。

2019年歲末，金山區張堰古鎮舉行南社紀念新館落成儀式，筆者有幸獲識東壁老人。九十健翁，精光矍鑠，孜孜以光大先人潛德爲念，而

亭林周氏後來雨樓劫餘書目

新館所在,正南社名人、周老母舅姚石子(光)先生之舊宅。未幾,晉謁周老夫婦於滬寓,白髮翁媼,軟語相親,四壁蕭然,惟餘書史。承周老不棄,慨然以篋藏南社名賢詩箋稿、《亭林周迪前先生紀念冊》等贈歸復旦圖書館收藏。檢點之際,又蒙以彙編周氏後來雨樓捐贈上海圖書館、靜安區圖書館、金山區圖書館之藏書目錄見囑。受命之下,深感榮幸。

後來雨樓捐贈書目彙編,擬名《亭林周氏後來雨樓劫餘書目》,由許麗莉博士承擔,因其 2019 年參與靜安區圖書館海關樓藏古籍編目及書志撰寫工作,於後來雨樓藏書之流傳饒有興趣。嗣以核查各家所存藏書,發現金山區圖書館所藏後來雨樓主人據家藏所編之書目稿本多種,較諸捐贈書目範圍既廣,內容更富,遂改變計畫,決意彙編後來雨樓主人生前所編各種書目,定名爲《亭林周氏後來雨樓劫餘書目》,以示先河後海、窮原而竟委之意。《劫餘書目》整理,即取今藏金山區圖書館之周氏原稿爲底本,逐種迻錄爲彙編本。繼因後來雨樓所編各書目,互著別裁,分合歧出,書名著者,著錄不一,乃利用數據庫,統加梳理,循環查證,互見異同,迻錄校勘,益求精準,裘葛再易,終於成稿。

《劫餘書目》整理本之問世,爲上海地方文獻增加一新品種,並將學問優長、藏書美富之近代學人周大烈及其後來雨樓藏書引入學術界視野:先生爲生於斯、長於斯之近代上海本地藏書家,《劫餘書目》爲上海近代學人體例純正之目錄學專著,周氏後來雨樓藏書中流傳有緒之稀見文獻,更將爲上海地方文獻開發建設添磚加瓦。

吳格識於復旦大學古籍保護研究中心
2021 年 10 月 7 日

注釋

[1] 周大烈、姚竹修著,張青雲點校:《述廬文錄・惠風簃剩稿》,上海錦繡文章出版社 2017 年版,第 5 頁。
[2][3] 同上書,第 4 頁。
[4]《述廬自敘》,見《亭林周迪前先生紀念冊》稿本,復旦大學圖書館藏。

整理凡例

一、本書目收録周大烈所編《小書種堂劫後重編書目》《七録居所藏校讎學書目》《後來雨樓所藏鄉邦文獻目録》《五際宧所藏清詩目録》等書目四種（《小書種堂劫後重編書目》又含書目多種），計共著録圖書4 848部（合併重複後約3 800餘部）。

一、本書目以金山區圖書館所藏周大烈原稿爲底本。因各書目體例不同，著録格式亦異，過録整理以保持原貌爲原則，不輕改動。

一、本書目分類設置及條目編次悉依其舊，不作調整，如《七録居所藏校讎學書目》"傳本類"附列《顧千里先生年譜》（20541）、《中華圖書館協會概況》（20550）等。

一、原稿著録書名，有承前條記録省略部分文字者，爲便檢索，則據上文酌補，增補文字置入"[ ]"，如《叢書集成［目録］》（20194）、《錦文堂［書目］》（20307）等。

一、原稿著録同書之複本，稱"又"或"又一部"，又著者及版本項同前，則稱"同上"或"同前"，今仍其舊例，不加改補。

一、同書見於前後書目，題名著録或略異，如《金山姚氏兩先生集》（30409），一作《金山姚氏二先生集》（30761），因無礙檢索，不作統一，亦不出注。

一、原稿筆誤字，經查核後逕改，如《四庫全書答閣》（10343），"閣"字逕改；異體字或俗體字，逕改爲規範繁體字。

一、原稿中附注文字，一般置於册次後，其排列偶有參差者，酌予調

亭林周氏後來雨樓劫餘書目

整統一。

一、爲便檢索,今在四種書目著錄之各條目前增加序列號。序列號由五位數字組成,第一位數字(1至4)分別爲本次整理四種書目之序號,第二至五位數字爲各書目著錄條目順序號。

一、爲便檢索,特編製書名筆畫索引,索引以各條目書名作檢索詞,按照漢字筆畫順序編排,各檢索詞後分列各書序列號,以標明其在各書目中的位置。

小書種堂劫後重編書目

目錄專藏 七錄居

10001 普 四庫提要序錄 存
10002 普 漢書藝文志舉例 存
10003 普 貴園書庫目錄輯略 存
10004 普 目錄學概論 亡
10005 普 目錄學研究 存
10006 普 目錄學 姚名達 亡
10007 普 目錄學 劉咸炘 存
10008 普 中國史部目錄學 亡
10009 普 宋元本行格表 存
10010 普 藏書絕句 存
10011 普 書林清話 存
10012 普 書林餘話 存
10013 普 中國雕板源流考 存
10014 普 版本通義 亡
10015 普 古文舊書考 存
10016 普 武英殿聚珍版程式 存
10017 普 校讎通義 粵雅單本 存
10018 普 校讎通義 劉刻遺書內 亡
10019 普 劉向校讎學纂微 存
10020 普 續校讎通義 存
10021 普 校讎述林 存
10022 普 校讎新義 存
10023 普 校讎學 存
10024 普 中國文獻學概要 存
10025 普 四部正譌 亡
10026 普 諸子辨 亡
10027 普 古今偽書考 亡
10028 普 重考古今偽書考 亡
10029 普 古今偽書考考釋 存
10030 普 古今偽書考補證 存
10031 精 宋元書式 有正書局 亡
10032 精 故宮善本書影初編 亡
10033 精 重整內閣大庫殘本書影 亡
10034 精 嘉業堂善本書影 亡
10035 精 盋山書影宋本 亡
10036 精 盋山書影元本 亡
10037 精 宋本書影 日本長澤規矩也 亡
10038 普 浙江官書局刻板書式 存
10039 普 書目舉要 存
10040 批 又一部 述廬手批 存
10041 批 書目長編
10042 批 北平圖書館書目目錄類 存
10043 稿 歷代書目綜錄 述廬初稿 存
10044 普 彙刻書目 殘 少甲丙編
10045 普 續彙刻書目 傅雲龍 殘 少四五卷
10046 普 增訂彙刻書目 殘 少卷二十
10047 普 行素草堂目睹書錄 存
10048 批 增訂叢書舉要 亡
10049 普 叢書書目彙編 存
10050 普 叢書目錄續編初集 亡
10051 普 叢書目錄拾遺 存

10052 普 叢書子目索引 亡	10081 普 隋書經籍志考證 章宗源 存
10053 鈔 說郛書目考 亡	
10054 普 通志堂經解目錄 亡	10082 普 隋書經籍志考證 快閣 存
10055 鈔 皇清經解目略 存	10083 普 隋書經籍志補 存
10056 善 皇清經解提要 存	10084 普 舊唐書經籍志 八史 存
10057 普 式古堂目錄 存	10085 普 唐書藝文志 八史 存
10058 普 永樂大典現存卷目表 亡	10086 精 新唐書藝文志 擇是 亡
10059 普 啟禎兩朝遺詩考 存	10087 普 宋史藝文志 八史 存
10060 普 瓜圃叢刊敘錄續編 存	10088 普 明史藝文志 八史 存
10061 普 花近樓叢書序跋記 存	10089 普 清史稿藝文志 存
10062 普 諸城王氏金石叢書提要 存	10090 普 補後漢書藝文志 顧 金陵 亡
10063 普 四部叢刊書錄 存	
10064 普 八史經籍志 存	10091 普 補後漢[書]藝文志 姚適園 亡
10065 普 觀古堂書目叢刻 殘	
10066 普 玉簡齋叢書二集 亡	10092 普 補後漢書藝文志考 曾 存
10067 普 士禮居刻書目三種 存	10093 普 補三國藝文志 姚適園 殘 少二四卷
10068 普 江刻書目三種 存	
10069 普 二徐書目合刻 存	10094 普 補晉書經籍志 吳 存
10070 普 潛采堂書目四種 存	10095 普 補晉書藝文志 文 存
10071 普 快閣師石山房叢書 存	10096 罕 補晉書藝文志 黃 存
10072 普 禁燬書目四種 咫進單本 存	10097 普 補晉書藝文志 秦 存
10073 批 又一部 同上 述廬批注 存	10098 鈔 補後魏書藝文志 存
10074 普 前漢書藝文志 八史 存	10099 鈔 隋代藝文志 存
10075 普 漢書藝文志考證 存	10100 普 補五代史藝文志 顧 金陵 存
10076 普 漢書藝文志條理 存	
10077 普 漢書藝文志拾補 存	10101 普 宋史藝文志補 八史 存
10078 普 漢書藝文志注解 殘 少下冊	10102 普 又一部 抱經 存
	10103 普 元史藝文志 八史 存
10079 普 漢書藝文志講疏 亡	10104 普 補三史藝文志 金 八史 存
10080 普 隋書經籍志 八史 存	10105 鈔 四朝經籍志補 吳騫 亡

10106 普 補遼金元藝文志 八史 存
10107 普 又一部 抱經 存
10108 舊 國史經籍志 徐刻 殘
10109 舊 又一部 陳刻 殘
10110 鈔 明史藝文志稿 存
10111 普 千頃堂書目 適園 亡
10112 普 藝文志二十種綜合引得 亡
10113 普 杭州藝文志 存
10114 普 台州經籍志 存
10115 普 海昌藝文志 存
10116 普 溫州經籍志 存
10117 普 金華文萃書目提要 存
10118 普 金華經籍志 存
10119 普 湖錄經籍考 存
10120 普 江陰藝文志 存
10121 稿 毘陵經籍志 亡
10122 普 常熟藝文志 存
10123 普 無錫鄉賢書目 亡
10124 普 畿輔叢書已刻未刻書目 存
10125 普 大清畿輔書徵 亡
10126 普 潛江書徵 存
10127 普 鍾祥藝文考 存
10128 普 日本書目志 存
10129 普 袁氏藝文金石錄 存
10130 普 王氏藝文目 存
10131 普 上海曹氏[歷代所著書目]
10132 善 歷代載籍足徵錄 亡
10133 罕 弢園著述總目 存

10134 普 郎園四部書敍錄 存
10135 普 經籍舉要 存
10136 普 又一部 存
10137 普 經籍要略 存
10138 善 書目答問 原刻 亡
10139 批 又一部 述廬初次批注 存
10140 批 又一部 述廬二次批注 亡
10141 普 又一部 掃葉石印 亡
10142 普 增輯書目答問 朝記 存
10143 普 書目答問補正 亡
10144 普 中國文學選讀書目 鉛印 亡
10145 普 重訂中國文學選讀書目 川刻 存
10146 普 中國文學精要書目 亡
10147 普 要籍解題及其讀法 亡
10148 普 國學入門書要目 亡
10149 普 一個最低限度的國學書目 亡
10150 普 三訂國學用書撰要 存
10151 批 又一部 述廬批注 亡
10152 普 治國學門徑 存
10153 普 研究國學之門徑 亡
10154 普 國學論文索引 存
10155 普 又續編 亡
10156 普 又三編 亡
10157 普 授經圖 殘 少春秋、禮各四卷
10158 普 經義考 原刻 殘 存十二至五十五卷、八十至九十二

卷、百廿至百廿六卷、百卅一至百卅八卷、百五十一至百六十二卷
10159 普 又一部 浙局刻 殘 少序目至五十六卷、八十至九十二卷、百廿至百廿六卷、百卅一至百卅八卷、百五十一至百六十二卷
10160 普 經義考補正 亡
10161 普 先秦經籍考 亡
10162 鈔 吹萬樓藏詩經目錄 存
10163 普 小學考 存
10164 普 說文書目 葉 存
10165 普 說文目錄 存
10166 普 清人所著說文書目初編 亡
10167 普 許學考 亡
10168 普 史略 存
10169 普 晚明史籍考 存
10170 普 清開國史料考 存
10171 普 共讀樓藏年譜目 亡
10172 普 中國地方志綜錄 亡
10173 普 金陵大學圖書館中文地理書目 存
10174 普 故宮方志目 存
10175 普 北平圖書館方志目 存
10176 普 金石書目 葉 存
10177 普 印譜目 葉 存
10178 普 金石書目 黃 存
10179 普 金石書錄目 存
10180 普 癖好堂收藏金石書目 亡
10181 普 石廬金石書志 存
10182 普 癖泉書屋所藏泉幣書目 亡
10183 普 子略 存
10184 普 龍藏彙紀 存
10185 普 日本續藏經目錄 存
10186 普 又一部 存
10187 鈔 道藏經目錄 存
10188 普 正統道藏目錄 亡
10189 鈔 道藏闕經目錄 存
10190 普 又一部 松鄰 亡
10191 普 道藏舉要目錄 存
10192 普 東西學書錄 亡
10193 普 西學書目表 存
10194 普 算學書目提要 存
10195 普 珍藏醫書類目 存
10196 普 中國農書目錄彙編 亡
10197 普 琴書存目 存
10198 普 全唐詩未備書目 存
10199 普 靜惕堂宋元人集書目 存
10200 普 潛采堂宋元人集目錄 存
10201 普 鐵華館集部善本書目 存
10202 鈔 聽詩齋明人集目錄 存
10203 鈔 密韻樓［景］明人別集書目 存
10204 普 宋金元詞［集］見存卷目 存
10205 普 曲錄 存
10206 普 別集索引 亡

10207	普 清代別集篇目索引 亡	10233	普 又一部 咫進 存
10208	鈔 江蘇採輯遺書目 存	10234	批 又一部 述廬批注 存
10209	善 江蘇學使採訪書目 原刻足本 存	10235	善 禁書總目 浙刻巾箱 存
10210	鈔 又一部 鈔本 存	10236	普 又一部 咫進 存
10211	善 浙江采集遺書總錄 殘 少丙集	10237	鈔 又一部 舊鈔 存
10212	精 四庫簡明目錄標注 存	10238	批 又一部 述廬批注 存
10213	普 古書經眼錄 存	10239	善 違礙書目 浙刻巾箱 存
10214	善 宋元舊本書經眼錄 存	10240	鈔 又一部 舊鈔 存
10215	批 郘亭知見傳本書目 傅氏鉛印	10241	普 又一部 咫進 存
10216	普 又一部 掃葉石印 亡	10242	批 又一部 述廬批注 存
10217	普 日本國見在書目 亡	10243	鈔 應查銷燬書目 傳鈔粵本 存
10218	鈔 日本國見在書目考證 存	10244	鈔 違禁書籍名目 傳鈔粵本 存
10219	普 經籍訪古志 存	10245	鈔 奏繳諮禁書目 存
10220	普 鳴沙山石室秘錄 存	10246	普 清代禁燬書目四種索引 存
10221	善 敦煌石室記 存	10247	普 索引式的禁書總錄 亡
10222	善 敦煌石室真跡錄 存	10248	普 秘書[省]續編到四庫闕書目 存
10223	鈔 文選李注引用書目 存	10249	普 徵刻唐宋秘本書目 存
10224	鈔 太平御覽引用書目 存	10250	鈔 徵訪明季遺書目 存
10225	普 明詩綜采摭書目 存	10251	普 直介堂徵訪書目 存
10226	普 兩淮鹽筴書引證書目 存	10252	鈔 南獻遺徵 存
10227	普 説文詁林引用書目表 存	10253	普 南獻遺徵箋 存
10228	普 四部書目總錄引用書目表 存	10254	普 國朝未刊遺書志略 存
10229	善 全燬書目 浙刻巾箱本 存	10255	普 元西湖書院重整書目 亡
10230	普 又一部 咫進 存	10256	普 古今書刻 存
10231	批校 又一部 述廬批注 存	10257	普 南雍志經籍考 觀古 存
10232	善 抽燬書目 浙刻巾箱本 存	10258	普 又一部 松鄰 亡

10259 普	明太學經籍志 存	10285 普	思適齋集外書跋輯存 亡
10260 普	内板經書紀略 亡	10286 普	思適齋書跋 亡
10261 鈔	皇朝欽定書目 存	10287 普	古泉山館題跋 存
10262 普	浙江省立圖書館印行所書目 存	10288 普	破鐵網 亡
10263 普	蘇州圖書館印行所書目 亡	10289 鈔	焦里堂讀書記 亡
		10290 普	經籍跋文 存
10264 普	廣雅板片印行所書目 亡	10291 鈔	目治偶鈔 亡
10265 普	雲南圖書館印行書目 亡	10292 普	四部寓眼錄 存
10266 普	成都書局書目 存	10293 稿	書城偶輯 存
10267 善	金山錢氏家刻書目 存	10294 普	拜經樓藏書題跋記 存
10268 普	雪堂校刊羣書敍錄 存	10295 鈔	南野草堂耳食錄 存
10269 普	郋園刻板書提要 存	10296 普	鄭堂讀書記 存
10270 普	嘉業堂刊印書目 存	10297 善	羣書提要 存
10271 普	申報館書目續集 存	10298 普	曝書日記 存
10272 普	重編紅雨樓題跋 存	10299 善	甘泉鄉人邇言 存
10273 普	漁洋書籍跋尾 存	10300 普	善本書室藏書題識 存
10274 普	讀書敏求記 亡	10301 普	東湖叢記 存
10275 普	讀書敏求記校證 亡	10302 稿	丹鉛精舍藏書題識
10276 善	讀書蕞殘 殘 少上卷	10303 普	勞氏碎金 亡
10277 鈔	小眠齋讀書日札 亡	10304 鈔	舒藝室題跋 存
10278 鈔	藏書題識 汪 亡	10305 普	復堂日記 存
10279 校	知聖道齋讀書跋 存	10306 普	開有益齋讀書志 存
10280 校	士禮居藏書題跋記 殘 少卷五	10307 普	華延年室題跋 殘
		10308 普	儀顧堂題跋 存
10281 普	士禮居藏書題跋再續記 亡	10309 普	儀顧堂續跋 存
		10310 普	續語堂題跋 存
		10311 罕	敦書咫聞 存
10282 普	士禮居藏書題跋補錄 存	10312 普	日本訪書志 殘 少三四卷
10283 普	蕘圃藏書題識 亡	10313 普	日本訪書志補 亡
10284 普	蕘圃藏書題識續錄 存	10314 普	郋園讀書志 存

10315	普 藏園羣書題記 亡 一至四集	10340	普 又一部 掃葉石印 存
10316	鈔 盋山檢書錄 存	10341	普 四庫大辭典 亡
10317	普 百衲本十八史跋文 存	10342	普 四庫全書總目未收書目索引 存
10318	普 百衲本廿四史後跋 存	10343	普 四庫全書答問 亡
10319	普 七略別錄 玉函 亡	10344	普 四庫全書簡說 亡
10320	善 劉向別錄 經典集林 存	10345	普 壬子文瀾閣目 殘 少卷五及補
10321	鈔 又一部 顧觀光 亡		
10322	普 七略別錄佚文 快閣 存	10346	普 補鈔文瀾閣四庫闕簡書目錄 存
10323	普 劉歆七略 經典集林 存		
10324	鈔 又一部 顧觀光 亡	10347	普 文瀾閣目索引 存
10325	普 七略佚文 快閣 存	10348	普 圖書寮漢籍善本書目 亡
10326	鈔 宋崇文總目 存	10349	普 清學部圖書館善本書目 亡
10327	善 崇文總目輯釋 存		
10328	普 文淵閣書目 存	10350	普 國立北平圖書館善本書目 存
10329	鈔 秘閣書目 存		
10330	普 內閣藏書目錄 適園 殘 少一二七八卷	10351	普 北平圖書館善本書目乙編 存
		10352	普 梁氏飲冰室藏書目 存
10331	鈔 欽定天祿琳琅書目 存	10353	普 故宮善本書目 存
10332	鈔 欽定天祿琳琅書目後編 存	10354	普 故宮普通書目 存
		10355	罕 大高殿藏楊氏書目 存
10333	普 四庫全書總目提要	10356	普 故宮觀海堂書目 存
10334	**普 四庫薈要目** 亡	10357	普 故宮殿本書庫現存目 存
10335	普 四庫簡明目錄 八杉齋 殘 少五六卷	10358	善 天津直隸圖書館書目 存
		10359	普 江南圖書館善本書目 存
10336	批 又一部 掃葉石印 存	10360	普 南京圖書局閱覽室檢查書目二編 存
10337	批 四庫書目略 述廬標注		
10338	普 四庫目略 殘 少子部一冊	10361	普 江蘇省立第一圖書館覆校善本書目 存
10339	普 四庫未收書目提要 川刻 亡		

亭林周氏後來雨樓劫餘書目

10362 罕	又續提善本書目 存
10363 罕	又普通書目 殘
10364 普	國學圖書館圖書總目 殘 少三十九至四十一卷
10365 普	學古堂藏書目 存
10366 普	江蘇省立第二圖書館書目續編 存
10367 普	又三編 存
10368 普	蘇州圖書館書目 存
10369 普	南通圖書館第一次目錄 存
10370 普	焦山書藏目錄 存
10371 普	無錫縣立圖書館書目 存
10372 普	又善本書目 存
10373 普	太倉縣立圖書館目錄 存
10374 普	常熟圖書館續增舊書目錄 存
10375 普	浙江公立圖書館通常類書目 存
10376 普	又保存類書目 存
10377 普	浙江省立圖書館善本書目 存
10378 普	又善本書目續編 存
10379 普	又善本書目題識 亡
10380 普	又書目提要 存
10381 普	古越藏書樓書目 存
10382 普	諸暨圖書館目錄初編 殘 少三四卷
10383 普	上虞公立圖書館書目 存
10384 普	安徽省立圖書館中文書目 亡
10385 普	湖南省立中山圖書館目錄 亡
10386 普	烏山圖書館目錄 亡
10387 普	雲南圖書館書目初編 存
10388 普	又二編 存
10389 普	無錫私立大公圖書館書目 存
10390 普	趙氏圖書館藏書目錄 存
10391 普	景堂圖書館目錄 亡
10392 普	涵芬樓藏書目錄 存
10393 罕	國子監南學存書目 存
10394 普	中江尊經閣藏書目 存
10395 罕	龍游鳳梧書院藏書目 存
10396 普	上海格致書院藏書樓書目 存
10397 普	國立中央大學圖書館目錄 亡
10398 普	國立中央大學商學院藏書目錄 存
10399 普	中山大學圖書館新編中文書目 亡
10400 普	又中日文書目 亡
10401 普	清華學校圖書館中文書目 亡
10402 普	清華大學圖書館新編中文書目二期 存
10403 普	北京大學藏政府出版品目錄 亡
10404 普	大同大學中文圖書目錄 亡

10405	普 南洋中學校藏書目 存	10432	普 竹垞行笈書目 存
10406	普 郡齋讀書志 殘 存卷五下	10433	普 傳是樓目 二徐 存
10407	校 直齋書錄解題 亡	10434	普 傳是樓宋元本書目 玉簡 亡
10408	普 遂初堂書目 存		
10409	普 又一部 亡	10435	普 培林堂書目 二徐 存
10410	普 濮陽蒲汀李先生家藏書目 玉簡 亡	10436	校 孝慈堂書目 觀古 存
		10437	校 述古堂藏書目 存
10411	普 四明天一閣藏書目錄 玉簡 亡	10438	鈔 又一部 殘
		10439	普 也是園藏目 玉簡 亡
10412	善 天一閣書目 殘 存首至進呈書目廿二頁	10440	鈔 好古堂書目 鈔 亡
		10441	普 好古堂書目 影印 存
10413	普 天一閣現存書目 存	10442	普 文瑞樓藏書目錄 存
10414	普 重編天一閣目錄 存	10443	普 繡谷亭薰習錄 松鄰 亡
10415	普 百川書志 存	10444	普 佳趣堂書目 觀古 存
10416	鈔 萬卷堂書目 舊鈔 存	10445	普 振綺堂書目 存
10417	普 又一部 觀古 存	10446	鈔 振綺堂兵燹後藏書目 存
10418	普 又一部 玉簡 亡	10447	稿 振綺堂書錄 舊鈔 存
10419	普 脈望館書目 玉簡 亡	10448	鈔 環碧山房書目 存
10420	鈔 徐氏家藏書目 存	10449	鈔 江上雲林閣書目 存
10421	普 得月樓書目 存	10450	鈔 拜經樓書目 亡
10422	普 汲古閣珍藏秘本書目 存	10451	鈔 醉經閣書目 存
10423	普 又一部 存	10452	普 知聖道齋書目 玉簡 亡
10424	普 又一部 目睹書目附刻 存	10453	普 孫氏祠堂書目 存
10425	普 近古堂書目 玉簡 亡	10454	鈔 又一部 存
10426	普 世善堂書目 亡	10455	普 平津館鑒藏書籍記 存
10427	鈔 絳雲樓目 舊鈔 存	10456	普 廉石居藏書記 存
10428	普 又一部 粵雅單本 存	10457	善 愛日精廬藏書志 存
10429	普 絳雲樓目補遺 觀古 存	10458	普 稽瑞樓書目 存
10430	普 季滄葦藏書目 存	10459	普 百宋一廛書錄 適園 存
10431	普 又一部 存	10460	普 求古居宋本書目 觀古 存

亭林周氏後來雨樓劫餘書目

10461 校 藝芸書舍宋元本書目 存
10462 普 又一部 晨風 存
10463 稿 藝芸書舍書目詳注 鈔 存
10464 普 上善堂書目 存
10465 普 五桂樓書目 存
10466 普 帶經堂書目 存
10467 普 讀有用書齋韓氏藏書目 存
10468 普 雲間韓氏藏書目 存
10469 普 鐵琴銅劍樓藏書目錄 殘 少廿三廿四卷
10470 普 鐵琴銅劍樓藏宋元本書目 江刻三種 存
10471 普 清吟閣書目 松鄰 亡
10472 普 寶書閣著錄 松鄰 亡
10473 普 善本書室藏書志 存
10474 普 八千樓書目 亡
10475 普 楹書隅錄 殘 初編少卷五、續編存卷三
10476 普 海源閣藏書目 江刻三種 存
10477 普 海源閣宋元秘本書目 存
10478 普 豐順丁氏持靜齋書目 江刻三種 存
10479 善 持靜齋書目 存
10480 善 又藏書紀要 存
10481 鈔 塾南書庫書目 亡
10482 鈔 四明盧氏抱經樓書目 亡
10483 鈔 咫進齋善本書目 存
10484 普 竹庵盦傳鈔書目 觀古 存
10485 普 結一廬書目 晨風 存
10486 普 又一部 觀古 存
10487 普 結一廬宋元本書目 觀古 存
10488 普 結一廬書目別本 存
10489 校 皕宋樓藏書志 殘 少十六至四十八卷、五十八至七十八卷
10490 普 又續志 存
10491 稿 皕宋樓書目 存
10492 稿 十萬卷樓書目 殘 少卷六
10493 善 滂喜齋藏書記 家刻 存
10494 普 又一部 鉛印 存
10495 普 又宋元本書目 晨風 存
10496 普 又一部 附鉛印藏書記後 存
10497 鈔 澹庵書目 殘 少三四五卷
10498 普 抱經樓藏書志 沈 存
10499 善 揚州吳氏測海樓藏書目錄 家刻 存
10500 普 又 富晉書社重編石印本 存
10501 普 測海樓舊本書目 存
10502 鈔 顧鶴逸藏舊槧書目 存
10503 普 藝風堂藏書記 存
10504 普 又續記 存
10505 鈔 觀海堂書目 亡
10506 校 觀古堂藏書目 存
10507 鈔 傳書堂善本書目 存
10508 鈔 又補遺 亡
10509 普 適園藏書志 存
10510 鈔 羣碧樓善本書目 存
10511 普 羣碧樓善本書錄 存
10512 普 寒瘦山房鬻存善本書目 存
10513 普 萇楚齋書目 存

10514	普 詒莊樓書目 存		10541	普 中外圖書統一分類法 亡
10515	普 雙鑒樓善本書目 存		10542	普 中國圖書分類法 亡
10516	普 又藏書續記 殘 少卷上		10543	普 蘇州圖書館圖書分類法 存
10517	普 崇雅堂書錄 存		10544	普 北平圖書館圖書展覽會陳列目錄 亡
10518	稿 田藩文庫書目 日本舊鈔 存		10545	普 北平圖書館圖書展覽會目錄 亡
10519	普 真軒先生舊藏書目錄 亡		10546	普 中華圖書館協會概況 存
10520	普 澹生堂藏書約 存		10547	普 北平圖書館概況 存
10521	普 流通古書約 存		10548	普 國學圖書館小史 存
10522	普 古歡社約 存		10549	普 東方圖書館概況 亡
10523	普 藏書紀要 存		10550	普 無錫縣立圖書館歷年概況 亡
10524	普 又一部 存		10551	普 安徽省立圖書館概況 存
10525	普 藏書紀事詩 六卷本 存		10552	普 北平北海圖書館第三年度報告 亡
10526	普 藏書紀事詩 七卷本 存		10553	普 中山大學圖書館十七年度報告 亡
10527	普 吳興藏書錄 存			
10528	普 武林藏書錄 存			
10529	普 中國藏書家考略 存			
10530	普 天一閣藏書考 存			
10531	普 百宋一廛賦注 存			
10532	普 顧千里先生年譜 存			
10533	普 皕宋樓藏書源流考 存			
10534	普 聊城楊氏海源閣藏書之過去現在 亡			

附錄坊肆目

10535	普 丁松生百年紀念集 亡	
10536	普 五十萬卷樓藏書目錄初編序 存	
10554	蟬隱廬書目 殘 存十三至廿六期 又廿八至卅期	
10537	普 琉璃廠書肆記 存	
10555	又新板書目 殘 存一、四、五、六期	
10538	普 尊經閣募捐藏書章程 存	
10556	博古齋書目 殘 存四至七期 又十一、十三、十五、十七期	
10539	普 中江講院建立經誼治事兩齋章程 存	
10557	知無涯齋書目 存第一期	
10540	普 蘇州圖書館閱覽指南 存	
10558	來青閣書目 殘 存十八年	

	第一册、十九年第一册、廿年第二册、廿一年第一册 又有編號第一、六、七期
10559	受古書店書目 殘 丁卯年起 廿六年六月止 內少丁卯第二期、戊辰第一期、己巳第二期、廿三年、廿五年全缺
10560	中國書店書目 殘 存六册 內少丁卯年份
10561	又廉價書目 存一册
10562	又編卷書目 殘 存三卷下至四卷、七至九卷、十一至廿一卷
10563	中國通藝館書目 存第一期
10564	上海富晉書社書目 存第一期上下册
10565	二酉書店書目 殘 存第五期、又特刊一册
10566	古書流通處書目 殘 存第一期 又繆氏書目第三册
10567	古物書畫流通處臨時書目 存一册
10568	漢文淵書目 殘 存第九期一册
10569	傳經堂書目 殘 存第四期一册
10570	樹仁書店書目 殘 存廿六年六月份一册
10571	同文書店書目 亡 無存
10572	集成書局書目 亡 無存
10573	錦文堂書目 亡 無存
10574	華亭書店書目 亡 無存
10575	西泠印社書目 殘 存廿三期一册
10576	千頃堂書目 殘 存十五年一册
10577	文學山房書目 存第一期至第三期
10578	大華書店書目 存一至七期
10579	蘇州來青閣書目 殘 存四五期
10580	萃文書局書目 殘 存一、二、八、九期 又廿五年八月 最近書目一册
10581	保文堂書目 殘 存第四期
10582	抱經堂書目 殘 存一至五期 七、八期 十、十一期 十四、十七期
10583	又臨時書目 存七八九十 十四期 殘
10584	又殘書目錄 殘 存第二期
10585	又新書目錄 存第一期
10586	文元堂書目 存第一期
10587	復初齋書目 殘 存五、六期
10588	經訓堂書目 亡 無存

10589	經香樓書目 亡 無存	
10590	寧波通雅書局書目 殘 存第三期	
10591	北平直隸書局書目 殘 存十七、廿、廿三年三冊	
10592	又寄售新書目錄 殘 存廿五、廿六年二冊	
10593	北平富晉書社[書目] 殘 存十八年二冊、癸[巳]年上下冊	
10594	來薰閣書目 殘 存三、四、四續、五、五續期	
10595	文奎堂書目 殘 存十九年上下冊	
10596	粹雅堂書目 存第一期	
10597	修綆堂書目 殘 存三、五期	
10598	東來閣書目 殘 存第二期	
10599	邃雅齋書目 亡 無存	

鄉邦文獻專藏 今來雨樓

10600	鈔 明夷待訪錄 存
10601	鈔 則古昔齋算學 存
10602	鈔 辨症秘旨
10603	鈔 釋柯集 存
10604	鈔 鄂游草 存
10605	稿 周易注 張若羲 存
10606	鈔 寒圩小志 存
10607	普 美國水師考 存
10608	善 二初齋讀書記 亡
10609	普 儒門語要 存
10610	普 二曲集錄要 存
10611	稿 誦翁鐵筆 存
10612	普 讀書樂 存
10613	鈔 釋柯集 存
10614	稿 蕭山人集 存
10615	鈔 頤頷集 存
10616	普 吳日千先生集 存
10617	稿 吳高士文稿 存
10618	普 畬香草存 存
10619	普 適可集 存
10620	鈔 又一部 鈔 存
10621	罕 詠菊小品 存
10622	鈔 楊魚堂詩集 亡
10623	普 實夫未定稿 存
10624	罕 霞泉詩草 存
10625	鈔 又一部 鈔 存
10626	普 刖足集 存
10627	稿 侶樵詩集 存
10628	善 蘭綺堂詩鈔 存
10629	罕 洞庭詩文集 存
10630	罕 端居室集 存
10631	善 宜齋詩鈔 存
10632	普 鐵華仙館吟草 存
10633	普 大吉祥室遺稿 存
10634	善 綠雪館詩鈔 存
10635	罕 綠雪館詩文鈔 存

10636	普 蘋花水閣詩草 存		10663	善 實事求是齋經義 存
10637	普 得真趣齋詩鈔 存		10664	普 周禮節訓 存
10638	普 曼陀[羅]館詩鈔 存		10665	普 韻學驪珠 存
10639	普 曼陀羅館詞鈔 存		10666	鈔 幸存錄 存
10640	鈔 蘭雪詩稿 存		10667	鈔 續幸存錄 存
10641	善 聞音室詩集 存		10668	普 兵垣奏議 存
10642	稿 書臺詩鈔 存		10669	普 華亭縣志 存
10643	稿 又續 存		10670	普 華亭司法實紀 存
10644	稿 亭湖三家詩鈔 存		10671	普 松江縣公款公產管理處報告冊 存
10645	鈔 南塘張氏詩略 存		10672	善 正蒙注
10646	鈔 秦望山莊耆年讌集詩 亡		10673	舊 古今藥石 殘 少卷一
10647	普 醉心閣四十唱酬集		10674	普 高厚蒙求 存
10648	善 唐詩定編 存		10675	普 竊悟軒算草 存
10649	普 唐律酌雅 存		10676	善 畫禪室隨筆 存
10650	普 讀禮志疑 存		10677	普 民抄董宦事略 存
10651	善 痘疹慈航 存		10678	普 閑漁閑閑錄 存
10652	善 遺山新樂府 存		10679	普 三岡識略 存
10653	鈔 雲間據目鈔 存		10680	太史華句
10654	舊 何氏類鎔 殘 少廿八至卅二卷		10681	普 海叟詩集 存
10655	普 地理辨正 存		10682	普 蚓竅集 存
10656	舊 何氏芝園集 存		10683	舊 張東海文集 存
10657	普 雲間二何君集 亡 何翰林集 何禮部集		10684	舊 萬里志 存
			10685	舊 雲間二韓詩 存
			10686	普 陳夏二公集 存
10658	罕 盧文子集 亡		10687	普 安雅堂稿 存
10659	罕 塊石山房集 存		10688	普 徐闇公集 亡
10660	稿 愛蓮居詩鈔 存		10689	普 續華亭百詠 存
10661	談經齋詩鈔 存		10690	普 一硯齋詩集 殘 少一至十一卷
10662	批 杜詩闡 存			

10691 善	符勝堂集 存	10717 善	易憲 原刻 亡
10692 善	澹吟樓詩鈔 存	10718 普	又一部 存
10693 善	通藝閣文集 存	10719 善	此木軒四書説 存
10694 普	延青齋詩鈔 存	10720 普	禹貢便讀 存
10695 善	小重山房初稿 存	10721 普	紹熙雲間志 存
10696 善	詩舲詩外 存	10722 精	松江府屬舊志二種 存
10697 普	小重山房全集 殘 少駿鸞吟稿、桂勝集、桂勝外集三種	10723 普	松江府志 存
		10724 普	又續志 存
		10725 普	金山縣志 焦 亡
10698 普	樂志簃 存	10726 普	金山縣志 存
10699 普	素心簃集 存	10727 普	南湖舊話録 殘 少四至二十卷
10700 普	式古訓齋文集 存		
10701 普	八指詩存 存	10728 鈔	雲間人物志摘鈔 存
10702 普	茹荼軒文集 存	10729 普	金山衛廟學紀略 存
10703 普	炊萸子感舊初集 存	10730 普	重輯張堰志 存
10704 舊	壬申合稿 存	10731 普	王席門先生雜記 存
10705 舊	雲間三子新詩合稿 殘 少五至七卷（原刻）	10732 普	金山衛佚史 存
		10733 普	上海曹氏鄉賢録 存
10706 善	松風餘韻 殘 少二十至二十三卷	10734 普	松郡均役成書 殘 存同治四年奉賢縣一冊
10707 善	松江詩鈔 存	10735 普	金山張涇河工徵信録 存
10708 罕	白燕倡和詩 存	10736 善	紀元通考 存
10709 普	華亭姜氏恩慶編 存	10737 普	西夏書事 存
10710 普	谷水口碑録 存	10738 普	華陽國志校勘記 存
10711 普	又一部 存	10739 鈔	兩漢碑跋 存
10712 普	國朝文録 存	10740 鈔	苦鐵齋金石跋 存
10713 舊	老子王注 存	10741 善	貨布文字考 存
10714 舊	武林舊事前後集 存	10742 善	松陽鈔存 存
10715 善	馬氏南唐書 存	10743 善	訂訛雜録 存
10716 善	陸氏南唐書 存	10744 鈔	法帖釋文 存

10745 普 硯小史 存	10774 普 絮庭惆悵集 存
10746 舊 說郛 存	10775 普 棠蔭錄 存
10747 普 幽夢影節鈔 存	10776 普 柘湖祖餞圖題詞 存
10748 普 大生要旨 存	10777 普 舒藝室全集 存
10749 校 後樂集 存	10778 普 武陵山人遺書 存
10750 善 芝雲堂雜言 存	10779 普 顧氏二種 存
10751 普 葉忠節公遺稿 存	10780 罕 鄉賢試藝彙編 存
10752 善 西樵文鈔 存	10781 善 指海零種
10753 善 藏齋詩鈔 存	10782 　 史糾 少卷四
10754 善 幹山草堂小稿 存	10783 善 明皇雜錄 守山閣叢書零種 存
10755 罕 謙受堂全集 存	
10756 善 白華前後稿 存	10784 善 珩璜新論 珠叢別錄零種 存
10757 善 白華詩鈔	
10758 善 述庵詩鈔 亡	10785 善 越絕書 小萬卷樓叢書零種 存
10759 普 二垞詩稿 存	
10760 普 一樹梅花老屋詩 存	10786 普 內經 景印守山閣單刻本 亡
10761 普 金山姚氏二先生集 存	
10762 普 張氏二先生集 存	
10763 普 見川文稿 存	

乾嘉詩壇點將錄別集專藏

10764 普 受川公牘 存	
10765 普 見齋詩稿 存	
10766 普 香草文鈔 存	10787 善 竹嘯軒詩鈔 存
10767 普 天梅遺集 存	10788 善 歸愚全集 存
10768 普 盟梅館詩初稿 存	10789 善 籜石齋詩集 存
10769 普 流霞書屋遺集 存	10790 善 述庵詩鈔 亡
10770 普 梓鄉叢錄 殘 少上冊	10791 罕 鏡西閣詩選 殘
10771 鈔 雲間七家詩合鈔 存	10792 善 瓶水齋集 存
10772 善 國朝海上詩鈔 殘 少六至八卷	10793 罕 頤道堂詩選 亡
	10794 普 小謨觴館詩文集 存
10773 普 清河節孝徵詩錄 存	10795 普 船山詩草 存

10796 善 菽原堂初集 存
10797 善 篔谷詩文鈔 存
10798 罕 賜書堂詩文稿 殘 存文稿四至六卷
10799 善 兩當軒集 存
10800 善 兩當軒詩鈔 趙刻 存
10801 善 兩當軒詩集 吳刻 亡
10802 普 靈芬館詩集 亡
10803 善 雅雨堂詩文集 存
10804 善 賞雨茅屋集 存
10805 罕 蔵園詩集 存
10806 善 勉行堂詩集 存
10807 善 戴簡恪公遺集 存
10808 善 句餘土音 存
10809 善 青芝山館詩集 存
10810 善 白雲草堂詩文鈔 存
10811 善 竹初詩鈔 存
10812 罕 高東井先生詩選 存
10813 罕 秋水池塘集 亡
10814 善 師竹齋集 亡
10815 普 鐵如意庵詩稿 存
10816 善 松壺畫贅 潘刻 存
10817 普 又一部 許刻 存
10818 善 淵雅草堂編年詩稿 存
10819 善 響泉集 存
10820 善 硯山堂集 存
10821 善 大谷山堂集 存
10822 善 夢喜堂集 存
10823 善 秋樹讀書樓遺集 存
10824 善 留春草堂詩鈔 殘 存一至四卷
10825 善 玉磬山房詩文集 存
10826 普 道古堂詩文集 亡
10827 善 吞松閣集 存
10828 善 素修堂詩集 殘 存十一至十四卷
10829 善 小湖田樂府 存
10830 罕 綠溪詩鈔 存
10831 善 吳侍讀全集 存
10832 善 抱山堂集 存
10833 普 敦拙堂詩集 存
10834 善 青嶁遺稿 存
10835 善 教經堂詩集 存
10836 普 青虛山房集 存
10837 罕 晚晴軒稿 存
10838 善 南野草堂詩集 亡
10839 善 南野草堂筆記 亡
10840 鈔 種榆仙館詩鈔 存
10841 普 錢南園遺集 存
10842 善 知恥齋詩文集 殘
10843 善 二娛詩詞鈔 亡
10844 善 又一部 少詩鈔補遺一卷 存
10845 罕 玉山閣詩古文選 亡
10846 善 桐花吟館詩詞稿 亡
10847 善 真率齋初稿 存
10848 善 芙蓉山館詩詞 存
10849 普 芙蓉山館全集 存
10850 善 辟疆園遺集 存
10851 普 樹經堂詠史詩 存

10852 善 泊鷗山房集 存
10853 善 梅庵詩文鈔 存
10854 善 惟清堂詩文鈔 亡
10855 善 淩雪軒集 存
10856 罕 迂村詩稿四種 存
10857 罕 謙受堂全集 存
10858 善 樂潛堂全集 存
10859 鈔 樂潛堂詩選 存
10860 普 是程堂詩集 殘 存一至三卷
10861 罕 瘦生詩鈔 存
10862 善 香聞遺集 存
10863 善 九曲山房詩集 存
10864 普 又一部 鉛印本 存
10865 善 強恕齋詩文鈔 亡
10866 善 海門詩鈔 存
10867 善 海門詩選 存
10868 罕 玉鉤草堂詩集 存
10869 善 賜倚堂集 亡
10870 普 心安隱室詩詞集 存
10871 善 白華前後稿 存
10872 善 白華入蜀詩鈔 存
10873 善 心知堂詩稿 存
10874 善 小海自定稿 存
10875 善 又一部 存
10876 善 弱水集 亡
10877 罕 二榆山人詩略 存
10878 善 正聲集 存
10879 善 國子先生全集 殘 少詩十三至十八卷、詞一至七卷

10880 善 板橋全集 存
　　　附錄
10881 善 七子詩選 存
10882 善 羣雅集 殘 少五至八卷
10883 善 國朝正雅集 殘 少三至五卷、六十七至六十九卷
10884 善 國朝律介 存
10885 普 湖海詩傳 存

光宣詩壇點將錄別集專藏

10886 普 湘綺樓詩集 存
10887 罕 湘綺樓自定詩 存
10888 普 湘綺樓詩五種 存
10889 善 散原精舍詩 存
10890 普 又一部 殘 存卷上
10891 普 海藏樓詩 存
10892 罕 南遊草 存
10893 普 石遺室詩集 存
10894 善 白華絳柎閣詩集 亡
10895 普 越縵堂詩續集 存
10896 罕 沈觀齋詩 亡
10897 普 蒼虬閣詩存 亡
10898 普 蟄庵詩存 亡
10899 普 濤園詩集 存
10900 普 觚庵詩存 亡
10901 普 寐叟乙卯稿 亡

10902 普 海日樓詩 亡
10903 罕 持庵詩 亡
10904 普 含嘉室詩集 存
10905 普 裒碧齋集 亡
10906 罕 知稼軒詩稿 亡
10907 罕 蘭臺集 存
10908 普 陳師曾遺詩 亡
10909 普 聖遺詩集 殘 存丙丁卷
10910 普 慎宜軒詩 存
10911 普 秋蟪吟館詩鈔 殘 存卷八
10912 普 環天室詩集 存
10913 普 琴志樓編年詩集 殘 少首至十一卷
10914 普 十髮居士全集 亡
10915 罕 鹿川田父集 亡
10916 罕 北山樓集 亡
10917 普 小雅樓詩集 存
10918 善 雁影齋詩存 亡
10919 普 蒹葭里館詩 亡
10920 普 張季子詩錄 存
10921 善 鷗堂剩稿 存
10922 普 畏廬詩存 存
10923 普 桂之華軒詩文集 亡
10924 普 介白堂詩集 亡
10925 普 瘦庵詩集 亡
10926 罕 雲起軒詩錄 存
10927 普 澹如軒詩 存
10928 罕 碧棲詩集 亡
10929 普 瓶庵詩鈔 存
10930 普 廣雅堂詩集 亡

10931 普 悔餘生詩 存
10932 罕 丙寅游杭絶句 存
10933 普 居東集 存
10934 罕 據梧集 存
10935 罕 尊匏室詩 存

附錄

10936 普 晚清四十家詩鈔 存
10937 普 門存詩錄 存

小書種堂劫後重編書目

經　部

10938 鈔 子夏易傳鈎遺 吳騫 存
10939 普 李氏易傳 雅雨零本 亡
10940 普 周易集解纂疏 存
10941 善 漢魏二十一家易注 存
10942 普 周易本義 存
10943 普 張氏易學三種 存
10944 普 周易姚氏易 亡
10945 善 易確 存
10946 罕 周易通義 莊忠棫 存
10947 　 周易王韓注 相台
10948 　 周易略例 相台
10949 　 周易注疏 阮刻注疏
10950 　 周易口訣義 岱南
10951 　 吳園易解 金壺

21

10952	仲氏易 經解		10981 普	尚書孔傳參正 存
10953	易說 惠 阮經解		10982 普	尚書駢枝 存
10954	周易述 經解		10983 善	尚書釋天 存
10955	觀象居易傳箋 叢睦		10984	又一部 學海堂經解
10956	周易義說 洪榜 二洪		10985 普	禹貢班義述 存
10957	周易虞氏義 經解		10986 普	禹貢圖考正 陳 存
10958	周易虞氏消息 又		10987 普	古文尚書考 存
10959	虞氏易禮 又		10988	又一部 經解
10960	周易鄭氏義 又		10989 罕	古文尚書私議 殘 少卷下
10961	周易荀九家義 又		10990	尚書孔傳 相台
10962	易義別錄 又		10991	尚書注疏 阮注疏
10963	易通釋 焦氏叢書 經解		10992	尚書馬鄭注 岱南
10964	易章句 又 又		10993	尚書小疏 經解
10965	易圖略 又 又		10994	尚書集注音疏 又
10966	周易補疏 又 又		10995	古文尚書撰異 又
10967	易話 焦氏		10996	尚書今古文注疏 又
10968	易廣記 又		10997	尚書補疏 焦氏 經解
10969	周易述補 經解		10998	尚書地理今釋 借月 經解
10970	易例 借月		10999	禹貢錐指 經解
10971	易卦圖說 東壁		11000	禹貢三江考 通藝 經解
10972	易音 五書 經解		11001	禹貢鄭注釋 焦氏 經解
10973	周易校勘記 阮注疏附 經解		11002	尚書注疏考證 經解
			11003	尚書校勘記 經解 阮注疏附
10974 善	尚書大傳定本 存			
10975 普	尚書大傳疏證 存		11004	晚書訂疑 金陵
10976 普	今文尚書考證 存		11005	尚書辨偽 東壁
10977 普	吳氏寫定尚書 存		11006 校	毛詩傳箋 存
10978 善	尚書後案 存		11007	又一部 日本刻本 存
10979	又一部 學海堂經解		11008	又一部 相台 存
10980 普	書傳音釋 存		11009 普	毛詩注疏 淮南局大字本

		殘 少一至十八卷	11038	詩地理考 玉海附 存
11010		又一部 阮注疏 亡	11039	毛詩陸璣疏考證 焦氏 亡
11011	普	毛詩傳疏 存	11040	詩本音 五書 存 經解 存
11012	善	毛詩日箋 存	11041	詩經小學 拜經堂 經解 存
11013	普	毛詩説 莊有可 亡	11042	詩音表 錢氏四種 亡
11014	善	詩氏族考 存	11043	詩經均讀 音學十書 亡
11015	普	詩經廿二部古音集説 亡	11044	毛詩校勘記 亡 經解 存
11016	罕	韓詩續考 顧震福 存		阮注疏附 亡
11017	鈔	韓詩遺説補 陶方琦 存	11045	蜀石經毛詩考異 拜經樓 存
11018	善	詩考異補 嚴蔚 亡		
11019	普	詩三家義集疏 殘 少四至十二卷	11046	三家詩考 玉海附 存
			11047	詩考補正 崇雅 亡
11020	校	詩外傳 録毛校 存	11048	三家詩異文疏證 經解 存
11021	校	又一部 録盧抱經校 存	11049	詩四家異文考補 晨風 存
11022	普	韓詩外傳 望三益齋本 存	11050	普 周官禮注 一得齋校刻本 存
11023	普	詩集傳音釋 亡		
11024	普	毛詩學 馬其昶 亡	11051	又一部 士禮
11025	普	詩經大義 存	11052	普 周禮三家佚注 亡
11026		吕氏家塾讀詩記 金壺	11053	普 九旗古義述 存
11027		毛詩稽古編 學海堂 存	11054	普 周禮政要 存
11028		詩説 惠 借月 經解 存	11055	周禮注疏 阮注疏 少一至二十卷
11029		詩説 陶 借月		
11030		毛鄭詩考正 經解 存	11056	禮説 惠 經解 存
11031		杲溪詩經補注 又 存	11057	周禮疑義舉要 又 存
11032		毛詩古訓傳 又 存	11058	周禮漢讀考 又 存
11033		毛詩紬義 又 存	11059	周官禄田考 又 存
11034		毛詩補疏 焦氏 亡 經解 存	11060	周禮軍賦説 又 存
11035		讀風偶識 東壁 存	11061	周禮序官考 借月
11036		詩譜補亡後訂 拜經樓 存	11062	考工記圖 經解 存
11037		詩序辨正 叢睦 存	11063	考工創物小記 通藝 學海

	堂 存	11090	儀禮小疏 經解 存
11064	磬折古義 又 又 存	11091	儀禮漢讀考 又
11065	溝洫疆理小記 又 又 存	11092	儀禮釋官 又 存
11066	水地小記 又 又 存	11093	弁服釋例 又
11067	九穀考 又 又 存	11094	喪服傳馬王注 問經
11068	車制考 錢 錢氏四種	11095	喪服文足徵記 通藝 經解 存
11069	車制圖考 阮 經解 存	11096	五服異同彙考 東壁
11070	周禮校勘記 經解 存 阮注疏附	11097	儀禮注疏詳校 抱經
11071	舊 儀禮鄭注 明鍾人杰本 殘 存一至五卷	11098	儀禮校勘記 經解 存 阮注疏附
11072	普 又一部 崇文局仿宋嚴州本 亡	11099	普 禮記鄭注 崇文局仿宋撫州本 存
11073	又一部 士禮	11100	普 撫本禮記鄭注考異 張敦仁 附上刻 存
11074	普 儀禮疏 存	11101	又一部 經解 存
11075	善 儀禮經傳通解 存	11102	普 續禮經集說 杭 亡
11076	普 儀禮章句 存	11103	普 禮記集說 鄭 殘 存一之一至三之一卷、八之一至九之一卷
11077	又一部 經解 存		
11078	善 禮經釋例 存	11104	普 禮記質疑 殘 少廿一至廿五卷
11079	又一部 經解 存		
11080	善 儀禮古今文疏義 存	11105	善 蔡邕月令章句 亡
11081	鈔 儀禮士冠禮箋 存	11106	舊 大戴禮記 存
11082	善 儀禮圖 文選樓本 亡	11107	精 又一部 玉海棠景元本 亡
11083	普 又一部 崇文局本 亡	11108	普 大戴禮記補注 存
11084	鈔 禮經宮室答問 鈔本 存	11109	又一部 經解 存
11085	善 又一部 存	11110	校 又一部 陶方琦手校 亡
11086	罕 五服釋例 殘 存一、二卷	11111	普 校正大戴禮記補注 存
11087	儀禮注疏 阮刻注疏	11112	普 大戴禮記斠補 存
11088	儀禮釋宮 李 金壺		
11089	儀禮釋例 金壺		

11113	禮記鄭注 相台 存		11141	又一部 經解 存
11114	禮記注疏 阮注疏 存		11142	學禮質疑 經解 存
11115	禮記訓義擇言 金壺本		11143	禮學卮言 又 存
11116	禮記補疏 焦氏 亡 經解 存		11144	罕 禮論略鈔 蜚雲 存 經解題禮説 存
11117	深衣考 借月 存		11145	三禮圖 問經
11118	深衣考誤 經解 存		11146	經傳禘祫通考 東壁
11119	燕寢考 又 存		11147	宗法小記 通藝 經解 存
11120	考定檀弓 借月		11148	罕 琴音記 存
11121	王制義按 半帆		11149	聲律小記 通藝 經解 存
11122	王制通論 又		11150	樂器三事能言 通藝
11123	禮記校勘記 經解 存 阮注疏附 存		11151	普 左傳賈服注輯述 殘 少十五至十七卷
11124	夏小正附校録 士禮		11152	善 左傳舊疏考正 存
11125	夏小正集解 士禮		11153	善 春秋內傳古注輯存 亡
11126	夏小正疏義 經解 存		11154	普 左傳事緯 存
11127	曾子注釋 經解 存		11155	鈔 春秋地名考略 存
11128	孔子三朝記 邃雅 學海堂經義叢鈔 存		11156	春秋經傳集解 相台 存
11129	舊 白虎通 存		11157	左傳注疏 阮注疏 少三十至六十卷
11130	又一部 隨庵叢書景元刻 亡		11158	春秋釋例 岱南
11131	普 白虎通疏證 亡		11159	左傳杜解補正 借月 經解 存
11132	鈔 明堂臆 存		11160	左傳補注 惠 金壺 經解 存
11133	普 禮書通故 殘		11161	左傳補注 馬 經解 存
11134	普 三禮圖集注 亡		11162	左傳小疏 經解 存
11135	普 書儀 亡		11163	左傳補疏 焦氏 亡 經解 存
11136	普 文公家禮 亡		11164	左傳杜解集正 適園
11137	普 鄭氏家儀 亡		11165	左氏春秋考證 經解 存
11138	普 四禮翼 存		11166	箴膏肓評 經解 存
11139	善 禮箋 存			
11140	善 又一部 殘 少卷一			

11167		春秋本義 金陵	11194	普 穀梁補注 鍾 亡
11168		春秋左傳讀敘錄 章氏叢書 存	11195	穀梁注疏 阮注疏 存
			11196	穀梁廢疾申何 經解 存
11169		劉子政左氏說 又 亡	11197	穀梁注疏考證 經解 存
11170		春秋地理考實 經解 存	11198	穀梁傳校勘記 存 經解 阮注疏附 存
11171		春秋列國官名異同考 汪氏遺書 亡		
			11199	善 春秋大事表 存
11172		春秋人名辨異 金陵	11200	學春秋隨筆 經解 存
11173		春秋地名辨異 又	11201	春秋說 惠 又 存
11174		春秋職官考略 又	11202	春秋說 陶 借月
11175		左傳注疏考證 經解 存	11203	春秋屬辭比事記 經解 存
11176		春秋左氏傳校勘記 阮注疏附 經解 存	11204	春秋經傳比事 竹柏 存
			11205	春秋日食質疑 借月
11177	普	公羊解詁 存	11206	春秋毛氏傳 經解 存
11178	普	春秋繁露 存	11207	春秋簡書刊誤 又 存
11179		又一部 抱經	11208	春秋三傳異文箋 又 存
11180	普	春秋繁露義證 亡	11209	罕 論語鄭注 宋 亡
11181		春秋公羊注疏 阮注疏 存	11210	鈔 論語義疏 存
11182		春秋正辭 經解 存	11211	普 論語正義 存
11183		春秋公羊通義 經解 存	11212	善 論語古訓 亡
11184		公羊何氏釋例 又 存	11213	罕 鄉黨正義 存
11185		公羊何氏解詁箋 又 存	11214	普 論語大義 殘 少十一至十四卷
11186		發墨守評 又 存		
11187		論語述何 又 存	11215	論語注疏 阮注疏 亡
11188		公羊禮疏 蟄雲 存	11216	論語稽求編 經解 存
11189		公羊禮說 蟄雲 存 經解 存	11217	魯論說 金陵
11190		公羊問答 蟄雲 存	11218	論語後錄 錢氏四種 亡
11191		春秋繁露注 蟄雲 存	11219	論語餘說 東壁
11192	精	穀梁傳集解 存	11220	論語補疏 焦氏 亡 經解 存
11193	普	穀梁疏 存	11221	論語偶記 經解 存

11222	論語駢枝 又 存		11249	孝經約義 叢睦 存
11223	鄉黨圖考 又 存		11250	孝經通論 半帆
11224 鈔	孟子疏證 迮 亡		11251	孝經校勘記 經解 存 阮注疏附 亡
11225	論語校勘記 經解 存 阮注疏附 亡		11252 善	爾雅義疏 存
11226 罕	孟子劉注輯述 亡		11253 普	又一部 蜀南閣本 殘 存釋詁下一卷
11227 普	孟子要略		11254	又一部 經解 存
11228	孟子注疏 阮注疏 亡		11255 善	爾雅正義 存
11229	孟子音義 士禮 抱經		11256	又一部 學海堂經解 存
11230	孟子正義 焦氏 亡 經解 存		11257 善	爾雅古義 胡 存
11231	孟子師説 適園 梨洲		11258 善	爾雅補郭 存
11232	孟子外書補正 竹柏 存		11259 普	爾雅例説 存
11233	孟子生卒年月考		11260 普	爾雅今釋 存
11234	孟子校勘記 經解 存 阮注疏附 亡		11261	爾雅注疏 阮注疏 亡
11235 普	四書集注 存		11262	爾雅鄭注 問經
11236 普	四書章句附考 存		11263	爾雅古義 黃氏逸書考
11237 罕	四書地理考 存		11264	爾雅郝注刊誤 殷禮 亡
11238 普	四書釋地 殘 少續 又續 三續		11265	爾雅郭注 拜經堂
11239	又一部 經解 存		11266	爾雅釋義 錢氏四種 亡
11240	四書剩言 經解 存		11267	爾雅釋地四篇注 錢氏四種 亡
11241	四書釋地辨證 又 存		11268	爾雅校勘記 經解 存
11242	四書典故覈 蜚雲 亡		11269	釋繪 經解 存
11243	四書拾遺 竹柏 存		11270	釋宮小記 通藝 經解 存
11244	四書考異 經解 存		11271	釋草小記 通藝 經解 存
11245 普	孝經		11272	釋蟲小記 又 又 存
11246	孝經注疏 阮注疏 亡		11273 善	十一經問對 存
11247	孝經述注 借月		11274 善	六藝綱目 海源閣本 存
11248	孝經義疏補 經解 存		11275 校	十三經詁答問 存

11276	罕 群經釋地 戴清 存		11304	觀象授時 經解 存
11277	罕 讀經校語 孫濟世 存		11305	經書算學天文考 經解 存
11278	普 經傳釋詞 亡		11306	逸經補正 適園
11279	普 續經傳釋詞 孫濟世 亡		11307	經學導言 半帆
11280	善 經義述聞 存		11308	經義叢鈔 經解 存
11281	又一部 廿八卷 經解 存		11309	古微書 金壺
11282	五經異義疏證 經解 存		11310	善 漢儒傳經記 存
11283	九經古義 經解 存		11311	善 五經博士考 存
11284	經義雜記 拜經堂 經解不足 存		11312	普 國朝漢學師承記 存
11285	經問 經解 存		11313	普 經學歷史 存
11286	群經補義 經解 存		11314	普 五經通論 存
11287	經學卮言 又 存		11315	普 十經文字通正書 亡
11288	經義知新記 汪遺書 亡 經解 存		11316	善 七經孟子考文補遺 存
11289	群經識小 經解 存		11317	普 漢書引經異文錄證 存
11290	左海經辨 經解 存		11318	普 經典釋文 存
11291	寶甓齋札記 又 存		11319	又一部 抱經
11292	秋槎雜記 又 存		11320	普 經籍纂詁 亡
11293	吾亦廬稿 又 存		11321	十三經注疏姓氏 蘇齋 亡
11294	經傳考證 又 存		11322	九經誤字 借月
11295	甓齋遺稿 又 存		11323	注疏考證 經解 存
11296	拜經日記 拜經堂 經解 存		11324	十三經注疏校勘記 經解 存
11297	遠春樓讀經筆存 叢睦 存		11325	蜀大字本三經音義 岱南 亡 士禮
11298	目耕帖 玉函		11326	經讀考異 經解 存
11299	讀經如面 蛾術		11327	群經韻讀 江氏音學十書 亡
11300	考信錄 東壁		11328	善 唐石經校文 殘
11301	三代經界通考 東壁		11329	善 唐石經考正 存
11302	群經宮室圖 焦氏 亡		11330	善 石經考文提要 存
11303	六經天文編 玉海附 存		11331	善 歷代石經略 存

11332	石經考 顧 借月		11361	説文解字校勘記殘稿 晨風 存
11333	漢石經考異補正 適園		11362	説文校定本 春雨樓 亡
11334	唐開成石經圖考 藕香 存		11363	解字小記 通藝 經解 存
11335	蜀石經校記 古學 亡		11364	小斅答問 章氏叢書 存
11336	石經補考 馮 經解 存		11365	説文部首均語 又 存
11337	蜀石經殘字 經義叢鈔 存		11366	善 積古[齋]鐘鼎款識 存
11338	漢石經殘字考 蘇齋 亡		11367	普 説文古籀補 亡
11339	精 説文解字 亡		11368	普 殷虚文字類編 亡
11340	普 又一部 存		11369	普 殷商貞卜文字考 存
11341	善 説文解字段氏注 存		11370	普 金文編 亡
11342	又一部 經解 存		11371	普 隸韻 亡
11343	善 説文段注訂補 胡刻足本 存		11372	普 倉頡字林合編 亡
11344	普 説文段注考正 亡		11373	善 字林考逸 存
11345	普 説文句讀 殘 存一、二卷		11374	普 經字辨體 亡
11346	普 説文新附考 亡		11375	普 今字解剖 亡
11347	普 六書假借經徵 亡		11376	普 文字學形義篇 存
11348	善 説文聲類 亡		11377	汪本隸釋刊誤 士禮
11349	普 説文假借義證 亡		11378	文始 章氏叢書 殘 少一至三卷
11350	普 説文通訓定聲 亡		11379	千字文萃 借月
11351	普 説文引經考證 亡		11380	校 集韻 存
11352	稿 説文經傳字詁 存		11381	普 集韻校正 存
11353	普 説文提要 亡		11382	校 六書音韻表 存
11354	普 説文部首箋正 存		11383	又一部 經解 存
11355	普 文字蒙求 存		11384	普 古音諧 亡
11356	普 湖樓筆談 亡		11385	善 聲類 殘 存卷一
11357	普 説文通檢 存		11386	校 古韻通説 存
11358	惠氏讀説文記 借月		11387	舊 六書賦音義 亡
11359	席氏讀説文記 又		11388	普 增補五方元音 亡
11360	讀説文記 古均閣 存			

11389 普	音學五書 殘 少音論、唐韻正三至五卷	11417 普	説雅 亡
11390 校	江氏音學十書 亡	11418	急就篇補注 玉海附 存
11391 普	續音説 亡	11419	新方言 章氏叢書 存
11392	韻補正 借月	11420	嶺外三州語 章氏叢書 存
11393	九經補韻 百川	11421	小爾雅訓纂 龍谿精舍 亡
11394	音學辨微 借月	11422	廣雅疏證補正 殷禮 亡
11395	四聲均和表 二洪 存	11423	駢雅 借月
11396	考定廣韻同獨用四聲表 又 存	11424	華嚴音義 拜經堂 存

史　部

11397	廣韻音和急就編 又 存		
11398	示兒切語 又 存	11425 普	震澤王氏本史記 亡
11399	五韻論 敦藝 存	11426	又一部 南監廿一史 亡
11400 普	倉頡篇 亡	11427 普	史記志疑 存
11401 普	小學鉤沈 存	11428 普	史記校 存
11402 善	小學鉤沈續編 存	11429 普	史記探源 存
11403 普	小學駢文 存	11430 普	史記訂補 存
11404 普	方言疏證 亡	11431	史記三書釋疑 邃雅 亡
11405 普	方言合刻三種 存	11432	史記辯證 持雅 存
11406	方言	11433	史記惠景間侯者年表 抱經 亡
11407	續方言		
11408	又一部 抱經 存	11434 批	漢書 殘 存九十六至二百卷
11409	續方言補正		
11410 普	方言箋疏 存	11435	又一部 南監 亡
11411 普	續方言 存	11436 罕	漢書補注 王榮商 存
11412 普	廣雅疏證 存	11437 善	校正古今人表 存
11413 普	博雅音 存	11438 校	漢書地理志校本 存
11414 普	一切經音義 亡	11439 罕	漢書地理志校注 存
11415 普	三部經音義 亡	11440 普	漢書地理志水道圖説 存
11416 普	匡謬正俗 存	11441 普	漢書地理志水道圖説補

　　　　正　亡
11442　校　補漢兵志　存
11443　善　史漢字類　殘　存平聲
11444　鈔　班馬字類　景宋鈔　存
11445　普　又一部　思賢局本　存
11446　　　漢書管見　質盦叢稿　存
11447　　　漢書音義　拜經堂　亡
11448　　　漢志水道疏證　問經　亡
11449　批　後漢書　殘　少首至三十五卷
11450　　　又一部　南監　殘　存傳廿九至八十卷
11451　稿　兩漢地志沿革表　存
11452　普　讀兩漢書記　存
11453　善　後漢書補逸　殘　少六至八卷
11454　普　謝承後［漢］書　孫志祖輯　亡
11455　普　七家後漢書　亡
11456　罕　三國志注補　趙一清　存
11457　善　三國志辨微　尚鎔　存
11458　普　三國志質疑　存
11459　　　三國志　南監　殘　少魏志一至十卷、廿二至末、吳志卷六
11460　　　三國［志］辨誤　金壺
11461　善　晉書校文　存
11462　　　晉書　南監　亡
11463　　　補晉兵志　訓纂　亡　衍石齋記事稿　存
11464　　　宋書　南監　殘　存傳五十四至六十卷
11465　　　補宋書宗室世系表　永豐　存
11466　校　南齊書　存
11467　　　又一部　南監　亡
11468　　　梁書　南監　亡
11469　　　陳書　又　亡
11470　　　魏書　又　亡
11471　　　魏書地形志集釋　適園　亡
11472　普　五史斠義　存
11473　舊　北齊書　北監單本　亡
11474　　　又一部　南監　亡
11475　　　周書　南監　亡
11476　普　南史　書業堂本　亡
11477　　　又一部　南監　亡
11478　　　北史　南監　亡
11479　　　隋書　南監　亡
11480　善　舊唐書　亡
11481　普　舊唐書疑義　存
11482　校　新唐書糾繆　亡
11483　　　唐書　南監　亡
11484　普　舊五代史　殘　少首至一百十卷
11485　舊　五代史記　亡
11486　　　又一部　南監　存
11487　精　又一部　玉海堂景宋刻　殘　少七至十四卷、五十六至五十八卷、六十三至末
11488　普　又一部　歐陽氏家刻　存
11489　罕　又一部　味經書院刻　亡
11490　校　又一部　味經書院本　述廬

校閱 存	11519 普 讀史諍言 亡
11491 校 又一部 局本 述廬校閱 亡	11520 史目表 續刻北江遺書 存
11492 罕 五代史劄記 味經書院附刻本 亡	11521 歷代紀元考 金壺
	11522 善 資治通鑒 殘
11493 普 五代史記補注 存	11523 校 稽古錄 亡
11494 普 又一部 殘	11524 善 通鑒胡注舉正 亡
11495 普 五代史記纂誤	11525 普 通鑒補識誤 亡
11496 善 五代史記纂誤補 存	11526 普 通鑒補正略 存
11497 普 又一部 存	11527 通鑒地理通釋 玉海附刻 存
11498 普 五代史記纂誤續補 存	
11499 五代史[記]補考 適園 存	11528 普 漢紀 存
11500 宋史 南監 殘	11529 又一部 龍谿 亡
11501 遼史 又 存	11530 普 後漢紀 存
11502 金史 又 亡	11531 又一部 龍谿 亡
11503 元史 又 存	11532 普 兩漢紀字句異同考 存
11504 普 遼史拾遺 亡	11533 普 通曆 亡
11505 鈔 遼史拾遺續 錢儀吉 存	11534 普 五代春秋志疑 存
11506 普 遼史地理志考 存	11535 普 皇宋十朝綱要 存
11507 善 金史詳校 存	11536 普 明通鑒 殘
11508 善 金源劄記 存	11537 鈔 東華錄 存
11509 元史備忘錄 借月	11538 舊 世史類編 殘
11510 普 歷代史表 亡	11539 普 通鑒輯覽 亡
11511 善 歷代帝王年表 存	11540 善 綱目訂誤 存
11512 普 明年表 存	11541 善 綱目釋地糾繆 存
11513 普 歷代帝王廟諡年諱譜 存	11542 善 綱目釋地補注 亡
11514 普 紀元通考 存	11543 普 通鑒紀事本末 殘
11515 普 重校訂紀元編 存	11544 善 三朝北盟彙[會]編 殘
11516 普 歷代地理志韻編今釋 存	11545 校 蜀鑒 存
11517 普 廿二史劄記 亡	11546 普 又一部 存
11518 普 讀史舉正 存	11547 普 蜀鑒札記 存

11548 普	續明紀事本末 存	11578 善	校補竹書紀年 趙紹祖 存
11549 普	湘軍志 存	11579 善	竹書紀年集證 殘
11550 普	中西紀事 存	11580	竹書紀年補證 竹柏 存
11551	三藩紀事本末 借月	11581	竹書統箋 廿二子 存
11552 善	逸周書集訓校釋 存	11582 普	穆天子傳 洪校 亡
11553 普	又一部 存	11583	又一部 龍谿 亡
11554 善	周書解義 存	11584 精	黃校穆天子傳 存
11555 普	周書斠補 存	11585 鈔	穆天子傳補注 存
11556 罕	逸周書補釋 殘	11586	世本 問經 亡
11557	逸周書 抱經 存	11587	校輯世本 龍谿 亡
11558	周書王會解 玉海附刻 存	11588 普	晏子春秋 存
11559 罕	國語正義 存	11589 普	晏子春秋集校 蘇輿 亡
11560 普	國語集解 存	11590	晏子春秋 孫校 岱南 亡
11561 普	國語 亡	11591	晏子春秋附黃以周校勘記 廿二子 存
11562	又一部 士禮		
11563 善	國語校注三種 存	11592 普	家語 何孟春注 亡
11564 普	國語補音 存	11593	越絕書 龍谿 亡
11565 罕	國語釋地 亡	11594	吳越春秋 隨庵 亡
11566	國語校文 汪氏遺書 亡	11595	吳越春秋校勘記 武陵 存
11567 善	戰國策 雅雨堂本 存	11596 舊	列女傳 殘
11568	又一部 亡	11597 善	列女傳 存
11569	又一部 士禮	11598	列女傳注 王 龍谿 亡
11570 普	戰國策補釋 存	11599	列女傳校勘記 武陵 存
11571 普	國策地名考 存	11600 舊	新序 程容刻 存
11572 普	周季編略 存	11601	又一部 龍谿 亡
11573	戰國紀年 竹柏 存	11602 校	說苑 存
11574	國策編年 顧氏二種 存	11603 普	又一部 王謨刻 存
11575	山海經 廿二子 存	11604	又一部 龍谿 亡
11576 普	校正竹書紀年 洪校 存	11605 普	古史新證 存
11577 善	竹書紀年 張宗泰 存	11606	開闢傳疑 竹柏 存

11607		古史紀年 又 存	11635 善	貞觀政要 存
11608		古史考年同異表 竹柏 存	11636 鈔	後梁春秋 存
11609		武王克殷日記 又 存	11637 鈔	鑒誡錄 存
11610		滅國五十考 又 存	11638 普	鑒誡錄 存
11611 普		東觀漢記 亡	11639 普	靖康要錄 存
11612 普		魏略輯本 亡	11640 普	南渡錄 存
11613 善		晉略 殘	11641 普	宋史翼 存
11614 精		東都事略 亡	11642	涑水記聞 涵芬宋小説 亡
11615 普		契丹國志 亡	11643	澠水燕談錄 又 亡
11616 普		大金國志 亡	11644	建炎以來朝野雜記 適園 殘
11617		續後漢書 金壺	11645	大金吊[伐]錄 金壺
11618		大唐創業起居注 藕香 存	11646	汝南遺事 借月
11619		順宗實錄	11647	燕冀貽謀錄 百川
11620		東觀奏記 藕香 存	11648	十三處戰功錄 藕香 存
11621		皇朝太平治跡統類 適園 存	11649 善	元朝秘史 連筠簃本 存
11622		宋太宗實錄 古學 亡	11650 普	元秘史山川地名考 存
11623		東都事略校勘記 錢氏 適園 亡	11651 校	元聖武親征錄 存
11624		又 繆氏 又 亡	11652 普	元代蒙古色目待遇考 存
11625		玉牒初草 藕香 存	11653 普	聖朝遺事初編 存
11626		明仁廟聖政記 晨風 存	11654 普	聖朝遺事二編 存
11627 普		古史考 存	11655	革除逸史 借月
11628		又一部 訓纂 亡	11656	列朝盛事 又
11629		又一部 龍谿 亡	11657	先撥志始 又
11630		帝王世紀 宋輯 訓纂 亡	11658	三垣筆記 古學 亡
11631		春秋別典 金壺	11659	三朝大議錄 殷禮 亡
11632		楚漢春秋 十種古佚書 存 龍谿 亡	11660	平叛記 又 亡
11633		伏侯古今注 存 又 又 亡	11661 普	明季南北略 存
11634 善		建康實錄 存	11662 普	二申野錄 殘
			11663 鈔	南疆逸史 存
			11664 普	又一部 亡 鉛印

11665	普 南疆繹史 存		11695	宣和遺事 士禮
11666	普 史外 存		11696	湘山野錄 擇是 亡
11667	普 小腆紀年 存		11697	玉壺野史 金壺
11668	普 小腆紀傳 亡		11698	東南紀聞 金壺
11669	普 南朝野史 存		11699	炎徼紀聞 借月
11670	普 南天痕 存		11700	復社紀略 國粹 存
11671	普 所知錄 存		11701	善 華陽國志 存
11672	鈔 建州私記 存		11702	又一部 龍谿 亡
11673	普 甲申傳信錄 存		11703	普 十六國春秋 存
11674	又一部 國粹 存		11704	善 鄴中記 存
11675	鈔 南明稗史三種 存		11705	普 九國志 存
11676	普 明季稗史彙編 殘		11706	普 吳越備史 存
11677	汰存錄 梨洲遺著 亡		11707	普 十國春秋 存
11678	普 掌故叢編 殘		11708	善 南漢書 存
11679	普 文獻叢編 殘		11709	普 晉唐指掌 存
11680	普 文字獄檔 殘		11710	普 渤海國志 存
11681	普 大義覺迷錄 存		11711	馬令南唐書 金壺
11682	普 莊氏史案考 亡		11712	安祿山事跡 藕香 存
11683	鈔 庚子國變記 存		11713	江南別錄 說選 存
11684	普 熙朝記政 殘		11714	三楚新錄 說選 存
11685	普 唐摭言 存		11715	高昌麴氏年表 永豐 存
11686	校 文昌雜錄 存		11716	補唐書張義潮傳 永豐 存
11687	玉堂嘉話 金壺		11717	僞齊錄 藕香 存
11688	觚不觚錄 借月		11718	劉豫事跡 借月
11689	明内廷規制考 借月		11719	西遼立國始末 古學 亡
11690	普 松漠紀聞 亡		11720	國初羣雄事略 適園
11691	精 東京夢華錄 存		11721	陳張事略 借月
11692	善 武林舊事		11722	徐海本末 又
11693	普 草莽私乘 存		11723	汪直傳 又
11694	廣陵妖亂志 藕香 存		11724	普 孔子編年 存

亭林周氏後來雨樓劫餘書目

11725	普 高士傳 存	11755	條奏疏稿 借月
11726	校 唐才子傳 存	11756	曾惠敏公奏疏 存
11727	普 名臣言行錄 存	11757	普 括地志 存
11728	普 元名臣事略 存	11758	善 元和郡縣圖志 存
11729	善 東林列傳 殘	11759	又一部
11730	普 國朝先正事略 殘	11760	普 元和郡縣逸文 存
11731	普 國朝先正事略補編 存	11761	普 補元和郡縣志四十七鎮圖説 存
11732	普 熙朝宰輔錄 存		
11733	普 文獻徵存錄 存	11762	善 元豐九域志 存
11734	普 鶴徵錄 存	11763	舊 明一統志 殘
11735	普 鶴徵後錄 存	11764	普 荊州計 存
11736	批 國朝名家詩鈔小傳 存	11765	又 陳輯 麓山 存
11737	普 清代樸學大師列傳 亡	11766	普 吳興記 存
11738	孔子世家補訂 竹柏 存	11767	又 范輯 聲山 存
11739	孔子集語 廿二子 亡	11768	普 吳興山墟名 存
11740	孔門師弟年表 竹柏 存	11769	又 范輯 聲山 存
11741	孟子列傳纂 竹柏 存	11770	普 交州記 亡
11742	孟子事實錄 東壁	11771	普 始興記 亡
11743	古孝子傳 十種古佚書 存	11772	普 永嘉郡記 存
11744	襄陽耆舊記 心齋 存	11773	校 淳祐臨安志輯逸 存
11745	嘉靖以來首輔傳 借月	11774	普 嚴州圖經 存
11746	普 陸宣公集 存	11775	普 景定嚴州續志 存
11747	普 林文忠公政書 存	11776	普 嘉泰吳興志 存
11748	普 歷代名臣奏議 殘	11777	普 嘉定赤城志 存
11749	普 皇朝經世文編 存	11778	善 四明六志 殘
11750	唐大詔令 適園 殘	11779	普 至順鎮江志 存
11751	梁公九諫 士禮	11780	普 餘杭縣志 存
11752	陽明別錄 金壺 存	11781	十三州志 二酉 亡
11753	兩垣奏議 借月	11782	太平寰宇記拾遺 麓山 存
11754	嶺海焚餘 適園 存	11783	太平寰宇記辨偽 又 存

11784		輿地記 士禮	11813	水經注箋 亡
11785		吳郡志 金壺	11814 善	水經注釋 存
11786 普		畿輔通志 亡	11815	今水經 梨洲 亡
11787 普		山東通志 殘	11816	三吳水利錄 借月
11788 普		湖北通志 亡	11817	昆侖河源考 借月
11789 普		湖南通志 亡	11818	河賦注 藕香 存
11790 普		浙江通志 亡	11819	西域水道記校補 晨風 存
11791 普		廣東通志 殘	11820	海道經 借月
11792 善		淳化縣志 存	11821 普	西域釋地 存
11793 善		登封縣志 存	11822 普	辛卯侍行記 存
11794 善		長安縣志 存	11823 普	中俄界約斠注 亡
11795 善		咸寧縣志 殘	11824 普	星槎勝覽 存
11796 普		郯城縣志 存	11825 普	瀛涯勝覽校注 存
11797 善		鄢陵志 存	11826	島夷志略廣證 古學 亡
11798 普		鳳臺縣志 存	11827	西洋朝貢典錄 借月
11799 普		湘陰縣圖志 存	11828	職方外紀 金壺
11800 善		蜀典 存	11829	從征緬甸日記 借月
11801 普		明州繫年錄 存	11830	異域錄 借月
11802		又一部 存	11831	善鄰國寶記 殷禮 亡
11803 普		重修四川通志例言 存	11832 舊	岱史 殘
11804 普		台州府志芻議 存	11833 普	西湖志 存
11805 普		鄉土志第一輯 亡	11834 精	洛陽伽藍記 存
11806		湖北通志檢存稿 章氏遺書 亡	11835 普	寒山寺志 存
11807		又未成稿 又 亡	11836 普	渚宮舊事 殘 又 金壺
11808		和州志殘本 又 亡	11837 普	北戶錄 存
11809		永清縣志 又 亡	11838 普	徐霞客遊記 亡
11810		龍沙紀略 借月	11839 普	鄉國補遊記 存
11811		廣陵通典 汪氏遺書 存	11840	兩京新記 南菁札記 存
11812 普		水經注彙校 亡	11841	兩京城坊考補 藕香 存
			11842	歷代山陵考 借月 殷禮 亡

亭林周氏後來雨樓劫餘書目

11843	三輔決錄 二酉 亡 龍谿 亡		11873	思陵典禮記 借月
11844	三秦記 二酉 亡		11874	東朝崇養錄 松鄰 亡
11845	遼東行部志 藕香 存		11875 普	元和姓纂 存
11846	廬山記 殷禮 亡		11876 普	元和姓纂校勘記 亡
11847	棲霞小志 借月		11877 普	史姓韻編 存
11848	洛陽伽藍記鉤沉 龍谿 亡		11878 普	避諱錄 存
11849	洛陽名園記 百川		11879 普	疑年錄彙編 存
11850	岳陽風土記 百川		11880 罕	四史疑年錄 存
11851	桂海虞衡志 說選 存		11881 普	歷代名人年譜 亡
11852	歲華紀麗譜 金壺		11882 普	右軍年譜 存
11853 舊	通考 殘		11883 舊	張受先行狀 存
11854 普	文獻通考正續合編 殘		11884 普	船山公年譜 存
11855 普	三通考輯要 殘		11885 普	顧寧人學譜 亡
11856 鈔	西漢會要 存		11886 普	黃梨洲學譜 亡
11857 善	又一部 存		11887 普	孫夏峰李二曲學譜 亡
11858 普	東漢會要 存		11888 普	邵二雲年譜 存
11859 普	漢官六種 亡		11889 普	全謝山年譜 亡
11860 罕	大唐開元禮 存		11890 普	章實齋年譜 亡
11861 普	政和御制冠禮 存		11891 普	梁質人年譜 亡
11862 普	政和五禮新儀 存		11892 普	牛空山年譜 存
11863 普	大清通禮 亡		11893 普	歸汪年譜 存
11864 普	吾學錄初編 存		11894 普	雷塘盦主弟子記 存
11865 普	祭祀冠服圖 存		11895	弇山畢公年譜 存
11866	漢制考 玉海附 存		11896 普	錢汪兩先生行述 存
11867	宋朝事實 金壺		11897 善	孫淵如年譜 又 藕香 存
11868	諡法 孫 問經 存		11898 普	李申耆年譜 存
11869	諡法 蘇 金壺		11899 普	言舊錄 存
11870	職源撮要 適園 存		11900 普	瞿木夫年譜 存
11871	大唐效祀錄 又 亡		11901 普	左文襄公年譜 存
11872	元婚禮貢舉考 古學 亡		11902	姓氏急就篇 玉海附刻 存

11903		名疑 借月	11932	江寧金石待録 問經 亡
11904		孔孟年表 竹柏 存	11933	唐昭陵碑録 晨風 存
11905		山谷先生年譜 適園 存	11934	寒山金石林部目 又 存
11906		王源寧年譜 附四明文獻集 存	11935	海外吉金録 永豐 存
			11936	錢録 金壺
11907		王伯厚年譜 玉海附 存	11937	隋唐兵符圖録 國學 存
11908		廣元遺山年譜 適園 存	11938	古泉山館金石跋 適園 亡
11909		王文成公年譜 附全書 存	11939	翠園墨語 古學 亡
11910		萬年少年譜 永豐 存	11940	傳古別録 葉氏 存
11911		徐俟齋年譜 永豐 存	11941	金石例 隨庵 亡
11912		戴東原行狀 二洪 存	11942	金石要例 借月 梨洲 亡
11913		戴東原年譜 附集 存	11943	善 史通通釋 存
11914	普	廣羣芳譜 殘	11944	普 史通削繁 存
11915		竹譜 百川	11945	普 史微 存
11916		茶經 百川	11946	普 中國歷史研究法 亡
11917	普	江蘇金石志 存	11947	普 中國歷史研究法補編 亡
11918	普	濬縣金石録 存	11948	唐書直筆 擇是 亡
11919	善	東甌金石志 存	11949	舊聞證誤 藕香 存
11920	普	溫州古甓記 存	11950	文史通義 章遺書 亡
11921	善	嘯堂集古録 亡	11951	方志略例 又 亡
11922	普	曹氏吉金圖 存	11952	普 東萊博議 殘
11923	普	鐵橋金石跋 存	11953	普 讀通鑒論 存
11924	普	甲骨學商史編 殘	11954	普 宋論 存
11925	精	簠齋尺牘 亡	11955	善 史林測議 亡
11926	普	觀堂遺墨 殘	11956	兩漢解疑 借月
11927	普	語石 存	11957	兩晉解疑 又
11928	普	金石學録續補 存	11958	唐史論斷 擇是 亡
11929		兩漢金石記 蘇齋 亡	11959	新舊唐書雜論
11930		金石文字記 借月	11960	明史斷略 借月
11931		粵東金石略 蘇齋 亡	11961	舊 讀史備忘捷覽 存

11962 舊 古今治統 存
11963 舊 捷錄原本 存
11964 鈔 讀史約編 存
11965 普 廿四史提綱歌 存
11966 普 讀史鏡古編 殘
11967 鈔 史記法語 存
11968 普 史記菁華錄 存
11969 普 南北史識小錄補正 存
11970 鈔 新唐書摘要 存
11971 普 通鑒總類 存
11972 　 南朝史精語 對雨 存

子　部

11973 普 荀子集解 亡
11974 善 荀子增注 存
11975 善 新書 存
11976 　 又一部 抱經 存
11977 　 又一部 廿二子 存
11978 善 法言李注 秦刻 亡
11979 　 又一部 廿二子 亡
11980 普 法言 注 存
11981 罕 法言疏證 存
11982 普 論衡 存
11983 　 又一部 龍谿 存
11984 普 論衡舉正 存
11985 普 鹽鐵論 存
11986 　 又一部 岱南 亡
11987 　 又一部 龍谿 亡
11988 普 傅子

11989 普 物理論 存
11990 普 又一部 又 龍谿 存
11991 普 明夷待訪錄 又 梨洲 亡 存
11992 普 明夷待訪錄糾謬 存
11993 普 繹志 亡
11994 普 勸學篇 存
11995 　 荀子楊注 廿二子 存
11996 　 荀子考異 對雨 存
11997 　 孔叢子 龍谿 亡
11998 　 新論 問經 存 龍谿 存
11999 　 申鑒 龍谿 存
12000 　 典論 又 存
12001 　 中論 又 存
12002 　 人物志 又 存 金壺
12003 　 中說 廿二子 亡
12004 　 因論 百川
12005 　 辟謬編 存
12006 　 新學商兌
12007 普 朱子語類日鈔 存
12008 罕 陸子學譜 亡
12009 普 王文成公全書 存
12010 普 弘道書 存
12011 普 求仁錄輯要 存
12012 善 三魚堂賸言 亡
12013 普 三魚堂日記 亡
12014 普 顏氏學記 存
12015 　 瘳忘編 存
12016 普 近思[錄]集注 存
12017 普 宋元學案 殘
12018 普 明儒學案 殘

12019 普 國朝學案小識 亡		12049 又一部 金壺
12020 普 國朝宋學淵源錄 存		12050 校 蘆浦筆記 存
12021 普 四種遺規 存		12051 舊 夢溪筆談 存
12022 普 學仕遺規 存		12052 普 又一部 存
12023 普 五種遺規 存		12053 普 又一部 存
12024 普 篤素堂雜著 存		12054 舊 西溪叢語 存
12025 普 聖學入門書 存		12055 普 雲谷雜記 存
12026 普 切近編 存		12056 普 考古質疑
12027 普 荊園語錄 存		12057 善 習學記言 存
12028 普 澄懷園語 存		12058 普 老學庵筆記 存
12029 普 課子隨筆節鈔 存		12059 又一部 宋人小說 亡
12030 普 人範須知 存		12060 善 日知錄集釋 存
12031 普 閑家編 存		12061 善 羣書疑辨 存
12032 普 修齊要語 存		12062 普 湛園札記 存
12033 普 齊家寶要 存		12063 善 讀書記疑 殘
12034 普 范家集略 存		12064 普 過庭錄 存
12035 普 宰嘉訓俗 存		12065 普 蒻厓考古錄 存
12036 普 姚氏家俗記 存		12066 普 讀書脞錄 存
12037 普 家常必讀 存		12067 普 讀書脞錄續編 存
12038 普 家訓恒言 存		12068 普 讀書叢錄 存
12039 普 增訂傳家格言 存		12069 普 娛親雅言 存
12040 普 家矩 存		12070 善 癸巳類稿 存
12041 普 閨範圖說 亡		12071 善 癸巳存稿 存
12042 鈔 閨範 存		12072 普 吹網錄 存
12043 普 聶氏重編家政學 存		12073 普 邇言 存
12044 普 朱氏傳家令範 存		12074 普 經史答問 存
12045 婦學 章氏遺書 亡		12075 普 淮南雜識 存
12046 校 封氏聞見記 存		12076 罕 午窗隨筆 存
12047 校 又一部 存		12077 普 東塾讀書記 存
12048 舊 資暇集 存		12078 普 後東塾讀書記 亡

亭林周氏後來雨樓劫餘書目

12079 普	三餘札記 殘	12108	曉讀書齋四錄 續刻北江遺書 殘
12080 普	古書疑義舉例彙刊 存	12109	溉亭述古錄 學海堂經解 存
12081 普	四庫全書考證 殘		
12082 普	義門讀書記 存	12110	拜經日記 拜經堂 亡 經解 存
12083 普	諸子評議 亡		
12084 普	諸子評議補錄 存	12111	羣書拾補 抱經 殘
12085 普	讀書餘錄 存	12112 普	老子古義 亡
12086 普	勞氏讀書雜識 存	12113 普	莊子集解 亡
12087 罕	羣書校補 亡	12114	又一部 石印 亡
12088 普	南菁札記 存	12115 普	莊子集注 阮 亡
12089 普	札迻 存	12116 善	列子盧注 亡
12090 罕	吳門銷夏記 存	12117 舊	文子 又 金壺 存
12091 普	越縵堂日記補 存	12118 舊	文子合注 存
12092 普	書林揚觶 存	12119 善	譚子化書 存
12093	獨斷 附集 存 抱經 亡 龍谿 存 百川	12120 舊	抱朴子 存
		12121 善	廣成子 存
12094	風俗通義 隨庵 亡	12122	老子王注 廿二子 亡
12095	補風俗通姓氏篇 二酉 亡	12123	老子翼 金陵 亡
12096	刊誤 百川	12124	莊子郭注 廿二子 亡
12097	宋景文筆記 又	12125	司馬彪莊子注 問經 存 十種 存 黃氏 存
12098	靖康緗素雜記 金壺		
12099	能改齋漫錄 又	12126	莊子翼 金陵 殘
12100	緯略 又	12127	莊子解故 章氏叢書 存
12101	賓退錄 擇是	12128	莊子闕誤 金陵 亡
12102	敬齋古今黈 藕香 亡	12129	齊物論釋 章氏叢書 存
12103	筆乘 金陵 存	12130	列子張注 廿二子 亡
12104	韓門綴學 叢睦 存	12131	文子纘注 廿二子 亡
12105	經史問答 附集 存	12132	關尹子 金壺
12106	鍾山札記 抱經 存	12133 鈔	管子義證 存
12107	龍城札記 又 存		

12134 普	管子校正 存	12164	尹文子 金壺
12135 普	管子校義 存	12165	公孫龍子 又
12136 普	管子探源 亡	12166 善	鬼谷子陶注
12137 普	慎子校正	12167 普	司馬法古注 存
12138 罕	商君書解詁 存	12168	孫子十家注 岱南 亡 廿二子 亡
12139 罕	商君書斠詮 殘		
12140 普	商君書集解 亡	12169	司馬法 二酉 亡
12141 善	韓非子 存	12170	歷代兵制 金壺
12142	又一部 廿二子 存	12171	練兵實紀 又
12143 善	韓非子增讀 存	12172	救命書 借月
12144 普	韓非子集解 亡	12173	手臂錄 又
12145	管子尹注 廿二子 亡	12174 普	齊民要術 亡
12146	管子識誤 過庭錄 存	12175	又一部 龍谿 亡
12147	管子餘義 章氏叢書 存	12176	計然萬物錄 十種 存
12148	慎子 金壺	12177	耕祿稿 百川
12149	商君書 廿二子 嚴校 存	12178	荒政叢書 金壺
12150	商子 孫校 問經 存	12179	農丹 藕香 存
12151	唐律疏義 岱南 殘	12180 普	內經 亡
12152	洗冤集錄 岱南 亡	12181	又一部 廿二子 亡
12153	刑統賦 藕香 存	12182 普	靈樞經 亡
12154	折獄龜鑒 金壺	12183	又一部 廿二子 亡
12155 善	墨子刊誤 存	12184 普	本草綱目 殘
12156 普	又一部 亡	12185 普	本經逢源 存
12157 普	墨子刊誤刊誤 亡	12186 普	本草從新 存
12158	墨經新釋 存	12187 普	白喉總表抉微 存
12159	墨子 廿二子 存	12188 普	保赤全篇 存
12160 罕	尹文子校錄 存	12189 普	達生保赤合編 存
12161 普	尹文子校正 亡	12190 普	外科正宗 存
12162 普	公孫龍子注 陳 存	12191 普	增廣驗方新編 存
12163 普	公孫龍子懸解 亡	12192	難經集注 借月

12193	神農本草經 問經 存			12223	普 藝舟雙楫 存
12194	脈經 借月			12224	普 廣藝舟雙楫 存
12195	褚氏遺書 百川			12225	普 南薰殿圖像考 亡
12196	傷寒總病論 士禮			12226	普 式古堂書畫彙考 殘
12197	洪氏集驗方 又			12227	普 秦漢規模 存
12198	普 算經十書 存			12228	普 安雅堂印譜 存
12199	普 九章算術細草圖説 存			12229	普 園冶 存
12200	普 開方釋例			12230	普 工段營造錄 存
12201	普 數學精詳 存			12231	普 一家言居室器玩部 存
12202	普 比例彙通 存			12232	書斷 百川
12203	普 代數術 存			12233	思陵翰墨志 又
12204	普 代數難題 存			12234	春雨雜述 又
12205	普 算牖 存			12235	珊瑚網書錄 適園 殘
12206	普 梅氏叢書輯要 存			12236	書論 百川
12207	罕 數學五書 存			12237	林泉高致 又
12208	普 白芙蓉算學叢書 存			12238	珊瑚網畫錄 適園 存
12209	普 中西算法叢書初編 殘			12239	九勢碎事 通藝 存
12210	普 秋澄算稿三種 存			12240	小山畫譜 借月
12211	普 儀象考成 殘			12241	傳神秘要 又
12212	普 談天 亡			12242	廣川書跋 適園 亡
12213	普 測候叢談 存			12243	廣川畫跋 又 亡
12214	普 決疑數學 存			12244	攻媿題跋 又 亡
12215	普 五緯捷算 存			12245	後村題跋 又 亡
12216	顓頊曆考 敦藝 存			12246	珊瑚木難 又 存
12217	舊 太玄經 存			12247	真賞齋賦 藕香 存
12218	普 開元占經 存			12248	一角編 松鄰 亡
12219	易林 士禮 龍谿 亡			12249	玉雨堂書畫記 又 亡
12220	水龍經 借月			12250	延素賞心錄 又 亡
12221	陽宅撮要 借月			12251	法帖刊誤 借月
12222	普 書譜 又百川 亡			12252	法帖釋文 又

小書種堂劫後重編書目

12253	續三十五舉 借月	12280	舊 諸子奇賞 存
12254	普 淮南集證 存	12281	普 説郛 亡
12255	善 淮南子正誤 存	12282	舊 世説新語 存
12256	普 淮南子校勘記 存	12283	普 又一部 亡
12257	普 淮南子斠補 存	12284	善 國史補 存
12258	普 呂氏春秋集釋 殘	12285	善 春渚紀聞 存
12259	普 鶡冠子吳注 存	12286	舊 梁溪漫志 亡
12260	普 淮南許注異同 存	12287	鈔 皇朝事實類苑 殘
12261	普 淮南許注異同詁補遺 存	12288	校 涵芬樓宋人小説 殘
12262	普 金樓子 又 龍谿 存	12289	舊 輟耕錄 殘
12263	校 新論 存	12290	普 千百年眼 存
12264	精 劉子袁注 亡	12291	普 池北偶談 存
12265	普 顏氏家訓 又 抱經 殘 龍谿 亡 存	12292	普 兩般秋雨盦隨筆 存
		12293	普 印雪軒隨筆 亡
12266	善 草木子 存	12294	善 説鈴 存
12267	舊 千一疏 存	12295	漢武内傳 金壺
12268	普 乙丙日記 存	12296	西京雜記 抱經 存
12269	許叔重淮南子注 問經 存 黃氏 存	12297	博物志 士禮 龍谿
		12298	述異記 隨庵 亡
12270	淮南萬畢術 問經 存 十種 存 龍谿	12299	明皇雜錄 金壺
		12300	因話錄 百川
12271	淮南天文訓補注	12301	茅亭客話 對雨 存
12272	鬻子	12302	唐語林 金壺
12273	尸子 任 心齋 存	12303	萍洲可談 金壺
12274	尸子 汪 廿二子 存	12304	冷齋夜話 殷禮 亡
12275	尸子 章 問經 存	12305	[却]掃編 擇是
12276	燕丹子 又 存	12306	藏一話腴 適園 存
12277	鈔 羣書治要考異 殘	12307	續墨客揮塵 殷禮 亡
12278	校 意林 存	12308	吹景集 適園 存
12279	善 又一部 殘	12309	西吳里語 又 殘

45

亭林周氏後來雨樓劫餘書目

12310	震澤紀聞 借月	12340	説略 金陵 亡
12311	震澤長語 又	12341	小學紺珠 玉海附 存
12312	菽園雜記 金壺		
12313	鈍吟雜錄 附集 存		集　部
12314	得樹樓雜鈔 適園 存		
12315	畏壘筆記 殷禮 亡	12342 精	屈原賦注 亡
12316 罕	報恩論 存	12343 普	屈宋方言考 存
12317 普	報恩論節本 存	12344 普	離騷章義 存
12318 普	佛爾雅 存	12345	離騷集傳 隨庵 亡
12319 普	韓文公論佛骨表糾繆 存	12346	反離騷 擇是 亡
12320	佛國記 龍谿 亡	12347 精	蔡中郎集 存
12321	大唐西域記 金壺	12348 普	曹集銓評 存
12322 罕	北堂書鈔 存	12349 普	曹子建詩注 存
12323 舊	初學記 殘	12350 校	嵇中散集 存
12324 普	又一部 殘	12351 普	陸士衡詩注 亡
12325 普	玉海 存	12352 舊	潘黃門集 存
12326 舊	錦繡萬花谷 殘	12353 精	陶淵明集 存
12327 善	齊名紀數 存	12354 普	硃批陶淵明集 存
12328 普	佩文韻府 存	12355 精	陶淵明集箋注 存
12329 普	年華錄 存	12356 普	陶靖節詩箋 存
12330 普	月令粹編 存	12357 舊	謝康樂集 存
12331 普	文選類雋 存	12358 普	鮑氏集 存
12332 普	唐詩金粉 存	12359 精	昭明太子集 存
12333 普	又一部 殘	12360 普	又一部 存
12334 普	文林綺繡五種 殘	12361 舊	江文通集 存
12335 普	室名索引 存	12362 善	又一部 存
12336 善	留青采珍集 存	12363	曹集考異 金陵 亡
12337	留青新集 存	12364	謝宣城集 拜經樓 存
12338	皇覽 問經 存	12365	陶靖節詩注 湯 拜經樓 存
12339	修文殿御覽殘卷 圖學叢刻	12366	陶貞白集 金陵 存

12367	普 初唐四傑集 存		本 亡
12368	普 王子安集注 存	12394	善 張司業集 存
12369	舊 宋之問集 存	12395	普 玉川子詩注 存
12370	普 陳伯玉詩文集 存	12396	普 長江集 存
12371	普 張燕公集 亡	12397	普 會昌一品集 亡
12372	精 李太白集 亡	12398	普 白香山詩集 殘
12373	批 批本錢注杜詩 存	12399	普 姚少監詩集 存
12374	舊 王右丞集 亡	12400	精 樊川文集 亡
12375	普 孟浩然集 碧琳琅館硃批本 存	12401	普 樊川詩集注 存
12376	普 孟浩然集 存	12402	普 錢鈔李義山詩 存
12377	普 劉隨州集 亡	12403	鈔 李義山詩 舊鈔本 存
12378	鈔 元次山集 存	12404	普 色批李義山詩集 存
12379	舊 元次山集 明 存	12405	校 李義山詩集 校高麗本 存
12380	普 錢考功集 亡	12406	普 玉谿生詩詳注 存
12381	普 韋蘇州集 亡	12407	普 又一部 初刻題箋注 亡
12382	普 蕭茂挺文集 存	12408	普 樊南文集詳注 存
12383	鈔 毘陵集 存	12409	普 又一部 初刻題箋注 亡
12384	善 顧華陽集 亡	12410	普 樊南文集補編 亡
12385	普 岑嘉州詩 存	12411	善 丁卯集 存
12386	精 三唐人集 亡	12412	精 皮子文藪 亡
12387	精 後三唐人集 存	12413	精 笠澤叢書 大墨山房本 亡
12388	精 韓昌黎集 景印世彩堂本 亡	12414	普 笠澤叢書 景印許刻本 存
12389	普 韓集箋正 存	12415	普 麟角集 存
12390	普 昌黎詩注 顧 存	12416	普 黃御史集 存
12391	普 昌黎詩集箋注 雅雨本 存	12417	普 香奩集發微 存
12392	普 色批昌黎詩集 膺德堂本 存	12418	普 韓内翰集注 亡
		12419	普 溫飛卿集箋注 殘
12393	精 柳河東集 景印世彩堂	12420	李君虞集 二酉 亡
		12421	孫文志疑 叢睦 存
		12422	讒書 拜經樓 存

12423	鹿門詩集 晨風 存	12451	二薇亭集 又 亡
12424	魚玄機詩 隨庵 亡	12452 普	拙軒集 存
12425 普	徐騎省集 殘	12453 普	滏水集 殘
12426 普	徐騎省集校勘記 殘	12454 普	滹南遺老集 存
12427 善	武夷新集 亡	12455 善	遺山集 殘
12428 普	和靖詩集 亡	12456 普	剡源集 亡
12429 善	宋元憲集 亡	12457 校	剡源佚詩佚文 存
12430 普	宋景文集 殘	12458 普	剡源文鈔 存
12431 普	蘇學士集 亡	12459 普	金淵集 存
12432 普	元豐類稿 亡	12460 普	道園學古錄 亡
12433 普	宛陵集 亡	12461 普	淵穎集 亡
12434 普	蘇詩合注 亡	12462 普	句曲外史貞居集 亡
12435 善	蘇詩補注 查 殘	12463 普	雁門集注 亡
12436 普	紀批蘇文忠詩集 存	12464 鈔	松鄉詩集 存
12437 普	箋注簡齋詩集 存	12465	遺山新樂府 殷禮 亡
12438 普	茶山集 存	12466	寓安集 藕香 存
12439 舊	渭南文集 存	12467	静軒集 藕香 存
12440 善	晁具茨詩集 存	12468 精	還山遺稿 適園 存
12441 普	黃太史精華錄 存	12469	周此山集 擇是 亡
12442 普	龍川文集 亡	12470	清河文集 藕香 存
12443 普	陵陽集 牟巘 亡	12471	菊澤集 又 存
12444 鈔	柘岡集 存	12472	貞一齋雜著 適園 存
12445 普	四明文獻集 存	12473	滋溪文稿 又 殘
12446 精	毛鈔南宋六十家集 附鮑鈔八家 亡	12474	方叔淵遺稿 晨風 存
12447	蘇詩補注 蘇齋 亡	12475 普	宋文憲公全集 亡
12448	後山集 適園 存	12476 校	危太樸集 殘
12449	滄浪吟 適園 存	12477 普	高季迪大全集 殘
12450	芳蘭軒集 永嘉詩人祠堂叢刻 亡	12478 善	于忠肅公和梅花詩 存
		12479 善	大復山人精華錄 存
		12480 普	遵巖集 亡

12481	普 遵岩文鈔 亡		12511	虞山人詩 殷禮 亡
12482	普 荊川集 殘		12512	顧華玉集 金陵 存
12483	善 又一部 亡		12513	澹園集續集 焦 又 殘
12484	普 荊川外集文集補遺 存		12514	嬾真草堂集 又 存
12485	舊 弇州山人四部稿 殘		12515	周忠介燼餘集 借月
12486	舊 滄溟集 亡		12516	石臼前後集 又 亡
12487	善 鈐山堂集 亡		12517	何太樸集 又 存
12488	普 震川大全集 亡		12518	顧與治詩集 又 存
12489	舊 來禽館集 存		12519	祝月隱遺集 適園 亡
12490	鈔 鳴玉集 存		12520	祇欠庵集 又 存
12491	鈔 迪公外集 存		12521	塔影園集 殷禮 亡
12492	普 孫文恭公遺書 亡		12522	善 湯子遺書 存
12493	舊 蠛蠓集 存		12523	普 三魚堂文集 亡
12494	普 四溟詩集 殘		12524	普 南雷文約 存
12495	普 隱秀軒集 存		12525	普 亭林餘集 存
12496	普 即山文鈔 存		12526	普 曝書亭集 存
12497	普 松石齋全集 存		12527	普 樊榭山房全集 存
12498	普 松園浪淘集偈庵集 存		12528	普 戴東原集 存
12499	舊 潔身堂集 亡		12529	普 經韻樓集
12500	舊 學餘園初集 存		12530	善 高郵王氏父子集 存
12501	舊 螢芝集 存		12531	善 有竹居集 殘
12502	普 螢芝全集 存		12532	普 鮚埼亭集 存
12503	舊 睡庵全集 存		12533	善 述學 存
12504	普 少室山房類稿 亡		12534	善 又一部 存
12505	舊 一枝園文稿 存		12535	普 又一部 存
12506	舊 雙星館集 存		12536	普 落帆樓文集 存
12507	舊 劉文烈公全集 存		12537	普 恩餘堂經進稿 亡
12508	普 侯忠節公集 亡		12538	普 存悔齋集 存
12509	校 張蒼水集 存		12539	鈔 拜經文集 存
12510	普 樓山堂集 殘		12540	普 又一部 存

亭林周氏後來雨樓劫餘書目

12541 普 劉禮部集 存	12571 普 儀顧堂集 存
12542 普 十經齋文集 存	12572 校 又一部 存
12543 普 雕菰樓集 存	12573 普 結一宧遺文 存
12544 善 隱拙齋文鈔 存	12574 普 後樂堂文鈔 存
12545 普 曬書堂集 亡	12575 普 籀高述林 存
12546 善 養素堂文集 亡	12576 普 通介堂文集 存
12547 普 復初齋文集 存	12577 普 藝風堂文集 存
12548 善 九水山房文存 存	12578 普 藝風堂續集 存
12549 罕 東潛文稿 存	12579 普 藝風文別存漫存 存
12550 鈔 石經閣文續集 存	12580 普 藝風堂乙丁稿 存
12551 善 晚學集未谷詩集 存	12581 上湖分類文編 叢睦 存
12552 普 鐵橋漫稿 存	12582 抱經堂文集 殘
12553 普 衎石齋記事稿續稿 存	12583 青溪集 金陵 亡
12554 普 甘泉鄉人稿 存	12584 勘書巢未定稿 適園 存
12555 善 月齋詩文集 存	12585 普 寒支初二集 存
12556 普 冬青館甲乙集 存	12586 善 懷葛堂文集 存
12557 普 研六室文鈔 存	12587 舊 彭躬庵文集 存
12558 普 青谿舊屋文集 存	12588 普 海虞三陶先生集 亡
12559 善 魯岩所學集 存	12589 善 笥河詩文集 存
12560 普 續東軒遺集	12590 善 笥河文鈔 殘
12561 善 校經廎文稿 存	12591 鈔 椒花唫舫文稿 存
12562 普 謫麐堂遺集 存	12592 普 嘉樹山房集 存
12563 普 攀古小廬文 存	12593 普 定盦文集 存
12564 普 三百堂文集 存	12594 普 通甫［類稿］存
12565 普 復堂類集 存	12595 普 悔廬文鈔 存
12566 普 復堂文續 存	12596 普 心白日齋集 存
12567 普 嵩庵遺集 亡	12597 解春文鈔 抱經 存
12568 普 敬孚類稿 存	12598 普 藏山閣集 存
12569 普 越縵堂文集 存	12599 普 木厓文集 存
12570 善 樵隱昔寱 存	12600 善 木厓續集 亡

12601 普 南山集 存			12631 普 崇雅堂駢體文鈔 存	
12602 善 杜溪先生集 存			12632 罕 淳則齋駢體文 存	
12603 普 海峰文集 存			12633 普 玉井山館全集 殘	
12604 普 初月樓四種 存			12634 善 琴語堂文述 存	
12605 普 儀衛軒文集 存			12635 善 琴語堂雜體文續 存	
12606 普 壯學齋集 存			12636 普 梧生詩文鈔 存	
12607 普 澹成居文鈔 存			12637 普 萬善花室文集 存	
12608 普 休復居詩文集 存			12638 普 越縵堂駢體文 存	
12609 普 怡志堂文鈔 存			12639 普 湖塘林館駢體文 存	
12610 普 景詹闇遺文 存			12640 普 古紅梅閣遺集 存	
12611 普 天岳山館文鈔 存			12641 普 古紅梅閣集 存	
12612 普 蒼筤全集 存			12642 普 琴鶴山房遺稿 存	
12613 普 移芝室文集詩集 存			12643 普 樂志堂詩文略 存	
12614 普 移芝室詩古文集 存			12644 普 湘綺樓文集 存	
12615 普 梓湖文集 存			12645 罕 問琴閣文錄附詞 存	
12616 普 濂亭文集 存			12646 普 學制齋駢文 存	
12617 普 大雲山房初二集 存			12647 普 結一宧駢文詩略 存	
12618 普 又一部 亡			12648 普 顧詩箋注 存	
12619 普 茗柯文編 存			12649 善 初學集詩注 存	
12620 普 宛陵詩文 存			12650 善 有學集詩注 殘	
12621 善 養一齋集 存			12651 普 吳梅村集箋注 殘	
12622 普 小倦遊閣文稿 存			12652 舊 變雅堂集 存	
12623 普 孔洪駢體文合刻 存			12653 普 翁山詩外 殘	
12624 普 汪容甫文箋 存			12654 普 陋軒詩 存	
12625 普 有正味齋駢體文注 存			12655 普 桐野集 存	
12626 普 思補齋文集 存			12656 普 常熟二馮先生集 存	
12627 普 煙霞萬古樓文集 存			12657 鈔 拂舒集 存	
12628 普 吳學士詩文集 存			12658 鈔 松齋詩稿 存	
12629 普 栘華館駢體文 存			12659 普 曝書亭詩注 存	
12630 普 示樸齋駢文 存			12660 普 秋水集 存	

亭林周氏後來雨樓劫餘書目

12661 批 漁洋精華錄箋注 存		12691 普 白香亭詩 存
12662 善 漁洋精華錄訓纂 存		12692 普 又一部 亡
12663 善 漁洋精華錄訓纂補 存		12693 普 堅白齋集 殘
12664 普 安雅堂詩文集 存		12694 鈔 冬青館古宮詞 存
12665 善 蓮洋詩鈔 存		12695 普 定庵詩詞定本 存
12666 普 溉堂集 存		12696 普 輶山堂詩文集 存
12667 普 馮舍人遺詩 存		12697 善 程侍郎集 存
12668 普 秋影樓集 存		12698 善 熳魿亭集 存
12669 普 黃葉村莊詩集 存		12699 普 莫子偲詩集 存
12670 普 茶坪詩鈔 亡		12700 普 黃鵠山人詩集 殘
12671 普 樊桐詩選 存		12701 善 沂漈集 存
12672 善 絳柎閣詩稿 殘		12702 普 敦夙好齋詩初編 存
12673 善 黃吾野集 亡		12703 普 雙藤書屋詩集 存
12674 普 陶園詩文集 存		12704 普 半行庵詩 殘
12675 善 味經書屋詩稿 存		12705 普 湘麇閣遺詩 存
12676 善 茶聲館詩集 存		12706 普 蓬萊閣詩錄 存
12677 普 香草齋詩注 存		12707 普 蠙廬詩鈔 存
12678 普 秋江集注 存		12708 普 曼志堂遺稿 存
12679 善 筠心書屋集 存		12709 普 通雅堂詩鈔 存
12680 普 海珊詩鈔 存		12710 普 敦艮吉齋詩文存 存
12681 善 九柏山房詩集 存		12711 普 海秋詩集 存
12682 普 徐江菴詩		12712 普 圭盦詩錄 存
12683 普 榕園吟稿 存		12713 普 罙愚草堂詩集 存
12684 普 八松庵詩集 存		12714 善 女蘿亭詩稿 殘
12685 善 夢陔堂詩集 存		12715 普 緯青遺稿 存
12686 善 舍是集 存		12716 普 綠槐書屋詩稿 存
12687 善 稽庵詩集 存		12717 普 讀選樓詩稿 存
12688 普 白石山館詩 存		12718 鈔 又一部 存
12689 普 簡學齋詩 存		12719 善 珂雪詞 亡
12690 罕 擬古詩錄 存		12720 普 曝書亭詞注 殘

12721	普 彈指詞 亡		12751	全上古秦漢三國六朝文 殘
12722	普 空青館詞 亡		12752	又編目 殘
12723	普 二白詞 亡		12753	漢魏六朝女子文選 存
12724	普 瓶隱山房詞 亡		12754	六朝文絜 存
12725	普 東江別集 存		12755	唐文粹 存
12726	普 芬陀利室詞集 存		12756	唐文粹補遺 存
12727	普 水雲樓詞 亡		12757	校 唐文粹簡編 存
12728	普 左盦集 存		12758	宋文鑒 殘
12729	師鄭堂集 存		12759	宋四六選 存
12730	師鄭堂駢體文 存		12760	山曉閣明文選 存
12731	畏廬文集續集三集 存		12761	舊 文娛 殘
12732	石遺室文集 存		12762	舊 狀元策 存
12733	木庵居士詩 存		12763	善 遼文存 存
12734	天放樓詩集 存		12764	又一部 存
12735	蘿庵遺稿 存		12765	遼文萃 存
12736	天嬰室叢稿 亡		12766	善 國朝文徵 存
12737	唐次昉遺稿 存		12767	國朝古文正的 存
12738	燕子龕遺詩 存		12768	國朝駢體正宗評 存
12739	至剛詩鈔 存		12769	駢文類苑 存
12740	龐檗子遺集 存		12770	罕 同光駢文正軌
12741	又一部 存		12771	國朝常州駢體文錄 存
12742	茹麗園詩 存		12772	詁經精舍文集 存 又三集 存 又四集 存
12743	樵風樂府 存			
12744	曼陀羅㝢詞 存		12773	南菁講舍文集 殘
12745	木棉集 存		12774	國學專修館文集初二編 存
12746	善 胡刻文選 殘		12775	八家四六文鈔 亡
12747	文選尤本考異 存		12776	十家四六文鈔 存
12748	文選古字通疏證 亡		12777	善 七十家賦鈔 存
12749	文選古字通補訓 存		12778	又一部 存
12750	續文選 存		12779	善 古賦識小錄 存

12780		古文辭類纂 存		12810	鈔	知年堂明詩選 存
12781		續古文辭類纂 亡		12811	鈔	明詩偶鈔 存
12782		黎選續古文辭類纂 殘		12812	鈔	明人萬首絕句 存
12783		古文四象 存		12813		明三十家詩選 存
12784	善	駢體文鈔 存		12814		明末四百家遺民詩 存
12785		駢文類纂 殘		12815		作朋集 存
12786		唐宋十二大家文歸 存		12816	善	國朝詩別裁集 殘
12787		唐宋文醇 殘		12817		吳選國朝詩 存
12788		天蓋樓評四大家文稿 存		12818		國朝詩鐸 存
12789		樂府詩集 殘		12819	批	國朝六家詩鈔 亡
12790	精	玉臺新詠 亡		12820		感舊集 存
12791		玉臺新詠箋注 殘		12821		篋衍集 存
12792		全唐詩 亡		12822		宛雅初二三編 存
12793	善	中晚唐詩紀 亡		12823		國朝山左詩彙鈔 存
12794	善	□□ 殘		12824		國朝全蜀詩鈔 存
12795	精	中興間氣集 存		12825		姚江詩錄 存
12796	精	才調集 存		12826		隨園女弟子詩選 殘
12797		大曆詩略 存		12827	精	碧城仙館女弟子詩 存
12798		唐賢三昧集箋注 亡		12828		慈水桂氏清芬集 存
12799	精	中晚唐詩叩彈集 殘		12829		齊太史移居酬唱集 存
12800		重訂唐詩別裁 殘		12830		題襟館唱和集 存
12801		宋詩鈔 殘		12831		來青閣題詠彙編 存
12802		宋詩補鈔 存		12832	罕	棣華館詩課 亡
12803	鈔	獨悟庵宋絕句鈔 存		12833		五湖漁莊圖題詞 存
12804		千首宋人絕句 存		12834	普	桐溪送行詩 存
12805		中州集 存		12835	普	東嘉送行詩 存
12806		金詩選 存		12836	批	古詩選 存
12807	精	元人選元詩 存		12837	普	古詩源 存
12808		元詩選 存		12838	普	古詩錄 存
12809	批	明詩綜 殘		12839	普	詩比興箋 存

12840	普 三十家詩鈔 存	12866	普 蓮坡詩話 存
12841	批 瀛奎律髓 存	12867	善 養一齋詩話 存
12842	批 又一部 亡	12868	普 又一部 存
12843	普 又一部 紀批 存	12869	普 緝雅堂詩話 存
12844	普 唐宋詩醇 亡	12870	普 曾選詩文評點 存
12845	普 十八家詩鈔 亡	12871	批 北江詩話 亡
12846	精 花間集 亡	12872	普 越縵堂詩話 亡
12847	普 絕妙好詞箋 亡	12873	普 湘綺樓說詩 亡
12848	普 詞選 存	12874	罕 三唐詩品 亡
12849	普 譚評詞辨 存	12875	普 石遺室詩話 存
12850	普 宋六十家詞 亡	12876	普 石遺室談藝錄 存
12851	普 篋中詞 存	12877	普 雪橋詩話續集 存
12852	普 二家詞鈔 存	12878	普 閩川閨秀詩話 存
12853	普 文心雕龍 紀批 存	12879	善 苕溪漁隱叢話 存
12854	普 文心雕龍札記 亡	12880	善 詩人玉屑 存
12855	普 文心雕龍注 范 亡	12881	普 國朝詩人徵略 存
12856	普 唐詩紀事 亡	12882	普 國朝詩人徵略二編 存
12857	普 中古文學史 存	12883	普 然脂餘韻 存
12858	普 中國文學批評史 亡	12884	普 唐律通韻舉例 存
12859	普 古文辭通義 存	12885	普 歷代詩話 殘
12860	普 畏廬論文 存	12886	普 歷代詩話續編 殘
12861	普 藝概 存	12887	普 清詩話 殘
12862	普 詩品箋 存	12888	普 詞律 殘
12863	善 帶經堂詩話 存	12889	普 蓮子居詞話 存
12864	普 查初白十二種詩評 存	12890	普 元劇聯套述例 存
12865	鈔 批評漁洋山人精華錄彙鈔 存	12891	普 宋元戲曲史 亡

七錄居所藏校讎學書目

甲部 書目

著録類

20001 **八史經籍志** 日本文政八年刊光緒九年鎮海張壽榮校印本
　　前漢書藝文志一卷 漢班固 唐顏師古注
　　隋書經籍志四卷 唐長孫無忌等
　　舊唐書經籍志二卷 宋劉昫等
　　唐書藝文志四卷 宋歐陽修
　　宋史藝文志八卷 元脫脫等
　　宋史藝文志補一卷 清倪燦
　　補遼金元藝文志一卷 清盧文弨
　　補三史藝文志一卷 清金門詔
　　元史藝文志四卷 清錢大昕
　　明史藝文志四卷 清張廷玉等

20002 **漢[書]藝文志考證十卷** 宋王應麟 在玉海附刻十三種內 清張大昌校記 在校補玉海瑣記內

20003 **漢書藝文志條理六卷并敘錄** 清姚振宗 快閣師石山房叢書排印本

20004 **漢書藝文志拾補六卷** 清姚振宗 快閣師石山房叢書排印本

20005 **漢書藝文志注解**

20006 **漢書藝文志講疏**

20007 **補後漢書藝文志四卷**

20008 **補後漢書藝文志一卷考十卷** 近人曾樸 常熟曾氏叢書自印木活字本

20009 **補後漢書藝文志一卷** 清錢大昭 在石印史學叢書內

20010 **補三國藝文志四卷** 清侯康 又在石印史學叢書內

20011 **補三國藝文志四卷** 清姚振宗 適園叢書刊本 殘存卷一、卷三

20012 **補晉書藝文志四卷附錄一卷補遺一卷** 清丁國鈞 其子辰注 廣雅書局刊本 附丁辰刊誤

20013 **補晉書經籍志四卷** 近人吳士鑒 自刊含嘉室舊著本

20014 **補晉書藝文志六卷** 清文廷式 宣統己酉長沙鉛印本六冊

20015 **補晉書藝文志四卷** 清黃逢元 席氏悟廬鉛印本

20016 **補晉書藝文志四卷** 清秦榮光 其子之衡鉛印本 附秦錫田撰年譜一卷

20017 **補後魏書藝文志不分卷** 今人李正奮 鈔稿本

20018 **隋書經籍志考證十三卷** 清

59

章宗源 崇文書局刊本
20019 **隋書經籍志考證十二卷并敘錄** 清姚振宗 快閣師石山房叢書鉛印本
20020 **隋書經籍志補二卷** 今人張一鵬 在山草堂鉛印本
20021 **隋代藝文志一卷** 今人李正奮 鈔稿本
20022 **補五代史藝文志一卷** 清顧櫰三 蔣氏金陵叢書鉛印本
20023 **補遼史藝文志一卷** 清黃任恒 民國十四年廣州聚珍印務局鉛印本 一冊
20024 **國史經籍志六卷** 明焦竑 明陳汝元刊本
20025 **又一部** 同上 明徐象橒刊本
20026 **明史藝文志稿**
20027 **千頃堂書目三十二卷** 明黃虞稷 坊間影印巾箱本
20028 **清史稿藝文志四卷** 今人朱師轍等 清史館鉛印本
20029 **華亭藝文志**
20030 **華亭藝文續志**
20031 **婁縣藝文**
20032 **青浦藝文**
20033 **江陰藝文志二卷附校補** 清金武祥 粟香室叢書刊本
20034 **常熟藝文志不分卷** 今人丁祖蔭 民國常昭合志單行排印本 六冊 相當縣志卷十八

20035 **杭州藝文志十卷** 清吳慶坻 光緒三十四年長沙抽刻杭州府志本 相當光緒杭州府志卷一百六至一百十五
20036 **湖錄經籍考六卷** 清鄭元慶 吳興叢書刊本
20037 **海昌藝文志二十四卷** 清管庭芬原編 蔣學堅續 近人管元耀 費寅校補 民國海昌州志鉛字抽印本 四冊 附姓氏韻編
20038 **平湖經籍志**
20039 **溫州經籍志三十三卷外編二卷** 清孫詒讓 浙江圖書館刊本
20040 **台州經籍志四十卷** 近人項元勛 浙江圖書館排印本
20041 **金華文萃書目提要八卷** 清胡鳳丹 金華叢書附刊本
20042 **金華經籍志二十四卷** 今人胡宗楙 民國十四年永康胡氏自刊本 附外編、存疑、辨誤
20043 **畿輔叢書已刻未刻書目一卷** 清王灝 光緒間定州王氏自刊本
20044 **鍾祥藝文考四卷** 今人李權 雙槐廬叢書排印本
20045 **潛江書徵**
20046 **遼海書徵**

20047 清代毘陵書目八卷 張維驤 民國三十三年常州旅滬同鄉會鉛印本 一册 附清代毘陵名人小傳稿十一卷 二册 毘陵名人疑年錄六卷 一册

20048 廣西省述作目錄 民國二十三年廣西統計局編刊 一册

20049 廣東女子藝文考 冼玉清 民國三十年商務印書館鉛印本 一册

20050 日本書目志十五卷 近人康有為 大同譯書局石印本

20051 干溪曹氏歷代所著書目

20052 上海曹氏［歷代所著書目］

20053 袁氏藝文金石錄二卷 清袁昶 袁渭漁合編 漸西村舍叢書刊本 一册 上卷藝文下卷金石

20054 王氏藝文目一卷 清王其康 在先澤叢殘内

20055 雪泥屋遺書目錄一卷補遺一卷 清牟庭 其子房編 裒殷堂重校鉛印本 一册

20056 弢園著述總目一卷 清王韜 光緒十五年排印本 一册

20057 郋園四部書敍錄一卷 今人劉肇隅編 民國十六年葉氏觀古堂刊本 一册 附郋園刻板書提要 近人葉德輝

20058 經籍舉要一卷并附錄 清龍啓瑞 漸西村舍叢書刊本

20059 又一部 同上

20060 經籍要略一卷 清裕德 光緒十六年山東書局刊本 一册 附勸學八則

20061 書目答問不分卷 清張之洞 附別錄 國朝著述諸家姓名略

20062 又一部 同上

20063 又一部 同上

20064 又一部 同上

20065 又一部 同上

20066 又一部 同上

20067 書目答問斠補一卷 近人葉德輝

20068 增輯書目答問不分卷 今人榮朝申 民國十年上海朝記書莊石印本 二册

20069 書目答問補正五卷 今人范希曾 國學圖書館排印本 二册

20070 國學入門書要目一卷 近人梁啓超

20071 一個最低限度的國學書目一卷 今人胡適

20072 三訂國學用書撰要不分卷 今人李笠

20073 又一部 同上

20074 治國學門徑一卷 今人湯濟滄 民國十四年上海尋源中

	學排印本 一冊
20075	**通治羣經**
20076	**中國文學選讀書目一卷** 近人吳虞重訂 民國二十二年成都茹古書局刊本 一冊 附梁漱溟國文教科取材私議、胡適讀書法、梁啟超治國學雜話
20077	**國學研究法**
20078	**授經圖二十卷** 明朱睦㮮
20079	**經義考**
20080	**雅學考**
20081	**小學考五十卷** 清謝啟昆 浙江書局刊本 二十冊
20082	**小學考**
20083	**說文書目附補遺** 清葉銘 在葉氏存古叢書內 四種 二冊 西泠印社排印 附傳古別錄一卷 清陳介祺
20084	**研究說文書目一卷** 近人王時潤編
20085	**說文目錄一卷附存目** 今人丁福保 民國十三年自排印本 附說文解字詁林序及纂例
20086	**史略六卷** 宋高似孫 古逸叢書刊本
20087	**晚明史籍考二十卷** 今人謝國楨 北平圖書館排印本 十冊 附書名通檢、人名通檢
20088	**清開國史料考六卷** 同上 同上 二冊 附補及刊誤表
20089	**中國地方志綜錄不分卷** 今人朱士嘉 民國二十四年商務印書館排印本 三冊 附統計表、統計圖、民國所修方志簡目、東方圖書館所藏孤本方志錄、國外圖書館所藏明代孤本方志錄及索引
20090	**金石書目一卷** 近人葉銘 在葉氏存古叢書內
20091	**金石書目十卷並補遺** 今人黃立猷 毅盦叢刊自鉛印本 二冊 附美術書類、書名索引、人名索引、毅侯輯譯書目、陸墨盦金石叢書目
20092	**金石書錄目十卷附錄二卷** 今人容媛 歷史語言研究所鉛印本 一冊 附朝代人名通檢、書名通檢、勘誤表
20093	**印譜目一卷** 近人葉銘 在葉氏存古叢書內
20094	**書目舉要一卷** 近人周貞亮 李之鼎 宜秋館刊本 一冊 大烈批注
20095	**又一部** 同上 同上 一冊
20096	**書目長編二卷附補遺補校** 近人邵瑞彭等 資研社排印本 大烈批注 二冊
20097	**歷代書目綜錄未分卷** 大烈

初稿 手書本

20098 **子略四卷** 宋高似孫 在石印百川學海內

20099 **又一部** 同上 顧頡剛標點 樸社排印本 一冊

20100 **諸子辨一卷** 明宋濂 樸社排印本 一冊

20101 **老子考七卷** 今人王重民 中華圖書館協會叢書排印本 二冊 附存目、通論札記略目、日本老子著述略目、老子譯書略目、老子傳記略目、道德經碑幢略目

20102 **宋藏遺珍敘目一卷** 民國二十四年仿宋聚珍本 一冊 附金藏雕印始末考 附廣勝寺大藏經簡目 蔣唯心

20103 **大清重刻龍藏彙記不分卷** 闕名編 金陵刻經處重刊本 一冊

20104 **續藏經目錄**

20105 **又一部**

20106 **道藏經目錄四卷** 闕名編 鈔稿本

20107 **道藏闕經目錄二卷** 闕名編 鈔稿本

20108 **道藏舉要目錄一卷** 商務印書館鉛印本 一冊

20109 **算學書目提要三卷** 今人丁福保 疇隱廬叢書刊本 一冊

20110 **勿庵曆算書目**

20111 **醫籍考**

20112 **西學書目表三卷附一卷** 近人梁啟超 光緒二十四年大同譯書局石印中西學門徑書七種本 一冊

20113 **琴書存目六卷別錄二卷** 近人周慶雲 民國三年自刊本 四冊

20114 **文選書**

20115 **全唐詩未備書目一卷** 清朱彝尊 在潛采堂書目四種內

20116 **宋金元詞集現存卷目一卷** 清吳昌綬 光緒丁未影印手稿本 一冊

20117 **曲錄六卷** 近人王國維 在晨風閣叢書內

20118 **漢書藝文志舉例不分卷** 近人孫德謙 在孫隘堪所著書內

20119 **欽定四庫全書提要序錄四卷** 清紀昀 陳鴻文錄 光緒丙申陳宗楷望龍閣刊本 一冊

20120 **賁園書庫目錄輯略一卷并附錄** 近人張森楷 嚴氏孝義家塾叢書刊本 一冊

20121 **目錄學概論不分卷** 今人劉紀澤 中華書局排印本 一冊 附治目錄學之重要書目 古今書目分部異同表

20122 **目錄學研究不分卷** 今人汪辟疆 民國二十三年商務印書館排印本 一冊
20123 **目錄學二卷** 今人劉咸炘 民國二十三年自刊推十書本 二冊
20124 **目錄學不分卷** 今人姚名達 民國二十三年國學小叢書排印本 一冊 附目錄學的參考書
20125 **中國史部目錄學十卷** 今人鄭鶴聲 商務印書館排印本 一冊
20126 **劉向校讎學纂微不分卷** 近人孫德謙 在孫隘堪所著書內
20127 **校讎通義三卷** 清章學誠 粵雅堂叢書刊本 一冊
20128 **續校讎通義不分卷** 今人劉咸炘 自刊推十書本 二冊
20129 **校讎述林不分卷** 同上 同上 一冊
20130 **校讎新義十卷** 今人杜定友 民國十九年中華書局排印本 二冊
20131 **校讎學二卷** 近人胡樸安 胡道靜 民國二十三年商務印書館排印百科小叢書本 一冊
20132 **中國文獻學概要** 鄭鶴聲 商務 一冊
20133 **校讎學史不分卷** 蔣元卿 商務印書館鉛印國學小叢書本 一冊
20134 **古今偽書考一卷** 清姚際恒 民國十一年重慶唯一書局鉛印本 一冊
20135 **古今偽書考考釋不分卷** 今人金受申 中華印刷局排印本 二冊
20136 **古今偽書考補證不分卷** 今人黃雲眉 金陵大學排印本 一冊
20137 **中國雕板源流考一卷** 近人孫毓修 商務印書館排印本 一冊
20138 **古文舊書考四卷** 日本島田翰 民國十六年藻玉堂排印本 五冊 附訪餘錄
20139 **宋元本行格表二卷並附錄及補遺** 清江標 自刊本
20140 **版本通義**
20141 **藏書絕句一卷** 清楊守敬 民國十六年排印本 一冊
20142 **書林清話十卷** 近人葉德輝 民國九年自刊本 四冊
20143 **書林餘話二卷** 同上 民國十七年上海排印本 二冊
20144 **武英殿聚珍板程式一卷** 江西布政司刊本 一冊

傳本類

20145 **四庫簡明目錄標注二十卷附錄一卷** 清邵懿辰 半巖廬所著書刊本 六冊

20146 **古書經眼錄一卷** 清王頌蔚 在寫禮廎遺著四種內

20147 **宋元舊本書經眼錄三卷** 清莫友芝 子繩孫編 影山草堂六種刊本 二冊 附書衣筆識一卷、金石筆識一卷

20148 **郘亭知見傳本書目十六卷** 清莫友芝 子繩孫編 西泠印社排印本

20149 **又一部** 同上 同上 江安傅氏排印本

20150 **又一部** 同上 同上 坊間影印傳本巾箱本

20151 **文禄堂訪書記**

20152 **販書偶記**

20153 **鳴沙山石室秘錄一卷** 近人羅振玉 國粹學報社排印改定本 一冊

20154 **敦煌石室記一卷** 同上 宣統元年莫棠廣雅書局排印本 一冊

20155 **敦煌石室真跡錄**

20156 **日本國見在書目考證不分卷** 日本藤原佐世 日本闕名考證 傳鈔本 五冊

20157 **經籍訪古志六卷附補遺** 日本澁江全善 森立之同撰 光緒十一年姚氏排印本 八冊

20158 **日本訪書志十七卷** 近人楊守敬 光緒二十三年鄰蘇園自刊本 少卷三、四

20159 **先秦經籍考不分卷** 今人江俠庵編譯 民國二十年商務印書館排印本 三冊

20160 **古今書刻二卷** 明周弘祖 在觀古堂書目叢刻內

20161 **南雍志經籍考二卷** 明梅鷟

20162 **又一部** 同上 在觀古堂書目叢刻內

20163 **明太學經籍志一卷** 明郭磐 蟬隱廬刊本 一冊

20164 **皇朝欽定書目一卷** 闕名 大烈綠格手鈔稿本 一冊

20165 **浙江省立圖書館印行所書目**

20166 **浙江省立圖書館出版圖書目錄** 民國二十三年鉛印本 一冊

20167 **簡玉山房書目一卷** 寧波坊肆 木刻本 一冊

20168 **成都書局書目** 川中刻本 鉛印本 一冊

20169 **湖北官書處新編書目** 鉛印本

20170 **金山錢氏家刻書目十卷** 清錢培蓀 光緒四年自刊本 四册 附舊藏書板八種

20171 **雪堂校刊羣書敘錄二卷** 近人羅振玉 永豐鄉人稿刊本 二册

20172 **郋園刻板書提要一卷** 今人劉肇隅編 民國十六年觀古堂刊郋園四部書敘錄附刻本 合一册

20173 **嘉業堂刊印書目**

20174 **申報館書目續集** 闕名 光緒中排印本 一册 附點石齋石印書目、申報館新印鉛板書目、申報館新印各種書目

20175 **杭州朱氏抱經堂藏板書目一卷** 朱遂翔 民國二十五年鉛印本 一册

20176 **漸西村舍叢刻目錄附麗澤堂流通書目** 刻本 一册

20177 **宋元書影不分卷** 近人繆荃孫 自影刊本 一册

20178 **宋元書式不分卷** 有正書局編

20179 **故宮善本書影初編一卷** 今人張允亮等 故宮博物院圖書館影印本 一册

20180 **盋山書影宋本第一輯** 江蘇國學圖書館藏編 民國十八年自影本 一册

20181 **盋山書影元本第二輯** 同上 同上 二册

20182 **浙江官書局刻板書式不分卷** 闕名 民國間浙江省立圖書館抽印本 四册

20183 **彙刻書目不分卷** 清顧修

20184 **增訂彙刻書目不分卷** 清朱學勤增 王懿榮重編 上海福瀛書局重刊本

20185 **續彙刻書目十二卷并補遺** 清傅雲龍 胡俊章補 光緒二年北京善成堂刊本 少

20186 **行素草堂目睹書目不分卷** 清朱記榮 槐廬家塾自刊本 十册 附汲古閣珍藏秘本書目

20187 **續補彙刻書目三十卷** 今人劉聲木 自排印直介堂叢刻初編本 五册

20188 **再續補彙刻書目十六卷** 同上 自排印直介堂叢刻本 二册

20189 **叢書書目彙編不分卷附補遺** 今人沈乾一 醫學書局排印本 四册

20190 **叢書目錄續編初集** 今人杜聯喆 民國二十年排印本

20191 **叢書目錄拾遺十二卷** 今人孫殿起 民國二十年排印本

20192 **增訂叢書子目索引**

20193	叢書子目書名索引	20209	明詩綜采摭書目不分卷 清朱彝尊 在潛采堂書目四種內
20194	叢書集成[目錄]		
20195	通志堂經解[目錄]		
20196	皇清經解目略	20210	兩淮鹽筴書引證書目不分卷 同上 同上
20197	皇清經解提要二卷續提要一卷 清沈豫 蛾術堂集刊本	20211	說文詁林引用書目表不分卷 今人丁福保 民國十五年醫學書局排印本 一冊
20198	式古堂目錄十七卷 清尤瑩 光緒十八年石印本 二冊	20212	四部書目總錄引用書目表不分卷 今人周青雲 民國十八年醫學書局排印本 一冊
20199	諸城王氏金石叢書提要一卷 今人王維樸 盂盦著書排印本 一冊	20213	秘書省續編到四庫闕書目二卷 宋紹興間改定 清葉德輝考證 在觀古堂書目叢刻內
20200	漢魏六朝百三名家集題詞不分卷 明張溥		
20201	啟禎兩朝遺詩考不分卷 今人陳乃乾 民國九年舊學廬排印本 一冊	20214	江蘇採輯遺書目錄四卷 清黃烈 傳鈔本 二冊 附卷首
20202	花近樓叢書序跋記二卷 清管廷芬 宣統三年南林張氏適園叢書排印本 一冊	20215	浙江采集遺書總錄十一集附卷首 清沈初等 乾隆三十九年浙江刊本 癸集分上下 少丙集
20203	瓜圃叢刊敘錄一卷 今人金梁 民國排印本 一冊		
20204	瓜圃叢刊敘錄續編一卷 同上 民國十七年排印本 一冊	20216	徵刻唐宋秘本書目一卷考證一卷 明黃虞稷 周在浚藏編 近人葉德輝考證 在觀古堂書目叢刻內
20205	四部叢刊書錄不分卷 近人孫毓修 民國十八年商務印書館二次排印本 一冊		
20206	文選李注引用書目不分卷 鈔稿本 一冊	20217	江蘇學使採訪書目不分卷 清江蘇督學部編 光緒九年江蘇刊本 一冊
20207	太平御覽引用書目不分卷	20218	又一部 同上 七錄居黑格鈔本 一冊
20208	又一部 同上 鈔稿本 一冊		

20219	**江南徵書文牘**
20220	**徵訪明季遺書目一卷** 近人劉世珩 鈔稿本 一冊
20221	**直介堂徵訪書目一卷** 今人劉聲木 自排印本 附萇楚齋書目後
20222	**南獻遺徵一卷** 近人鄭文焯 鈔稿本
20223	**南獻遺徵箋一卷** 近人范希曾 稊露室遺著刊本 一冊
20224	**國朝未刊遺書志略一卷** 清朱記榮 觀自得齋叢書刊本 一冊
20225	**全燬書目一卷** 清戴衢亨等 乾隆間浙江官刻巾箱本
20226	**又一部** 同上 咫進齋叢書刊本
20227	**又一部** 同上 同上 大烈手校注
20228	**又** 國粹 合四種一冊
20229	**抽燬書目一卷** 清戴衢亨等 乾隆間浙江官刻巾箱本
20230	**又一部** 同上 咫進齋叢書刊本
20231	**又一部** 同上 同上 大烈手校注
20232	**又**
20233	**禁燬總目不分卷** 闕名 乾隆間浙江官刻巾箱本
20234	**又一部** 同上 舊鈔本
20235	**又一部** 同上 咫進齋叢書刊本
20236	**又一部** 同上 同上 大烈手校注
20237	**又**
20238	**違礙書目不分卷** 闕名 乾隆間浙江官刻巾箱本
20239	**又一部** 同上 舊鈔本
20240	**又一部** 同上 咫進齋叢書刊本
20241	**又一部** 同上 同上 大烈手校注
20242	**又**
20243	**應查銷燬書目不分卷** 闕名 鈔廣東官本 一冊
20244	**違禁書籍名目不分卷** 闕名 鈔廣東官本 一冊
20245	**奏繳諮禁書目** 鈔稿本
20246	**又** 國粹
20247	**清代禁燬書目四種索引四卷** 今人朱遂翔 抱經堂書局排印本 四冊
20248	**索引式的禁書總錄二卷并附錄** 今人陳乃乾 自排本 二冊
20249	**重編紅雨樓題跋二卷** 明徐㷀 近人繆荃孫釋 民國十四年峭帆樓叢書補刊印本 附近人趙詒琛校記並補遺 二冊
20250	**漁洋書籍跋尾二卷** 清王士禎 葛氏嘯園叢書刊本 一冊

20251 **讀書蕞殘三卷** 清王鉞 顧嗣立 王兆符編 康熙六十一年世德堂重刊本 少卷上

20252 **小眠齋讀書日札不分卷** 清汪沆 在□叢編內 一冊

20253 **藏書題識二卷** 清汪憲 在□叢編內

20254 **知聖道齋讀書跋二卷** 清彭元瑞 文學山房聚珍版叢書印本 大烈手校

20255 **士禮居藏書題跋記六卷** 清黃丕烈校 潘祖蔭輯 滂喜齋單刊本

20256 **士禮居藏書題跋補錄** 同上 今人李文裿輯 冷雪盦自排印本 一冊

20257 **蕘圃藏書題識續錄**

20258 **古泉山館題跋一卷** 清瞿中溶 在藕香零拾內

20259 **經籍跋文一卷** 清陳鱣 式訓堂叢書刊本 一冊

20260 **四部寓眼錄二卷** 清周廣業 民國二十四年蟬隱廬排印本 一冊

20261 **書城偶輯**

20262 **拜經樓藏書題跋記五卷** 清吳壽暘 在石印拜經樓叢書內

20263 **南野草堂耳食錄**

20264 **鄭堂讀書記七十一卷** 清周中孚 劉氏吳興叢書刊本 二十四冊

20265 **鄭堂讀書記** 商務印書館排印本

20266 **羣書提要一卷** 清沈豫 蛾術堂集刊本

20267 **曝書日記三卷** 清錢泰吉 在光緒刻甘泉鄉人稿內

20268 **甘泉鄉人邇言一卷** 同上 道光丁酉自刊本 一冊

20269 **善本書室藏書題識**

20270 **東湖叢記六卷** 清蔣光煦 雲自在堪叢書刊本 紅印

20271 **丹鉛精舍藏書題識**

20272 **勞氏碎金**

20273 **舒藝室題跋**

20274 **復堂日記**

20275 **開有益齋讀書志六卷續志一卷** 清朱緒曾 續志 子桂模輯 茹古閣校刊本 一冊 附金石文字記

20276 **華延年室題跋三卷** 清傅以禮 宣統元年外孫俞人蔚排印本 三冊 附此書下卷為殘明大統曆、殘明宰輔表

20277 **儀顧堂題跋十六卷** 清陸心源 光緒十六年自刊本 四冊

20278 **儀顧堂續跋十六卷** 同上 光緒十八年自刊本 四冊

20279 **續語堂題跋一卷** 清魏錫曾

在魏稼孫先生全集內
- 20280 **敦書咫聞二卷** 近人楊晨 在石印崇雅堂四種內 附瀛洲咫聞一卷
- 20281 **郋園讀書志十六卷** 近人葉德輝 民國十七年長沙葉氏排印本 十六冊
- 20282 **盦山檢書錄**
- 20283 **百衲本十八史跋文彙刊** 民國廿五年
- 20284 **又六史後跋** 民國二十年
- 20285 **百衲本廿四史後跋**

附錄坊肆目

- 20286 **蟫隱廬書目** 存十三至廿六期 廿八至三十期
- 20287 **蟫隱新板書目** 存第一期 四至六期
- 20288 **博古齋書目** 存四至七期 十一、十三、十五、十七期
- 20289 **知無涯齋書目** 存第一期
- 20290 **來青閣書目** 存十八年第一冊 十九年第一冊 二十年第二冊 廿一年第一冊
- 20291 **來青閣編號書目** 存第一、三、六、七期
- 20292 **受古書店書目** 丁卯年起廿六年六月止 少丁卯第二期 戊辰第一期 己巳第二期 廿三年一、二期 廿五年一、二期
- 20293 **中國書店書目** 存六冊 少丁卯年
- 20294 **中國書店廉價書目** 存一冊
- 20295 **中國書店編卷書目** 存三卷 下至四卷 七至九卷 十一至廿一卷
- 20296 **古書流通處書目** 存第一期
- 20297 **古書流通處繆氏書目** 存第三冊
- 20298 **中國通藝館書目** 存第一期
- 20299 **古物書畫流通處臨時書目** 存一冊
- 20300 **二酉書店書目** 存第五期
- 20301 **二酉書店書目特刊** 存一冊
- 20302 **漢文淵書目** 存第九期
- 20303 **傳經堂書目** 存第四期
- 20304 **樹仁書店書目** 存廿六年六月份一冊
- 20305 **同文書店[書目]**
- 20306 **集成書局[書目]**
- 20307 **錦文堂[書目]**
- 20308 **華亭書店[書目]**
- 20309 **上海富晉書社書目** 存第一期上下冊
- 20310 **秀州書社書目**
- 20311 **西泠印社書目** 存廿三期
- 20312 **千頃堂書目** 存十五年分
- 20313 **蘇州來青閣書目** 存第四、

五期

20314 文學山房書目 第一期至第三期

20315 大華書店書目 第一至第七期

20316 萃文書局書目 存第一、二、八、九期 又廿五年八月最近書目 一册

20317 保文堂書目 存第四期

20318 抱經堂書目 存第一至五期、七、八、十、十一、十四、十七期

20319 抱經堂臨時書目 存七至十期、十四期

20320 抱經堂殘書目錄

20321 抱經堂新書目錄 第一期

20322 文元堂書目 第一期

20323 經訓堂[書目]

20324 經香樓[書目]

20325 復初齋書目 存第五、六期

20326 寧波通雅書局書目 存第三期

20327 北平直隸書局書目 存十七年、二十年、二十三年 三册

20328 北平直隸書局寄售新書目錄 存廿五年、廿六年 二册

20329 北平富晉書社書目 存十八年二册、癸酉年上下册

20330 來薰閣書目 存第三、四、四續、五、五續期

20331 文奎堂書目 十九年上下册

20332 粹雅堂書目 第一期

20333 修緶堂書目 存第三、五期

20334 東來閣書目 存第二期

20335 邃雅齋[書目]

乙部 書目

20336 劉向別錄一卷 清洪頤煊輯 在問經堂叢書經典集林內

20337 七略別錄佚文一卷 清姚振宗輯 師石山房叢書

20338 劉歆七略一卷 清洪頤煊輯 在問經堂叢書經典集林內

20339 七略佚文一卷 清姚振宗 師石山房叢書

20340 宋崇文總目

20341 崇文總目輯釋五卷并附錄及補遺 清錢東垣等 汗筠齋叢書刊本

20342 文淵閣書目二十卷 明楊士奇等 讀畫齋叢書刊本

20343 秘閣書目不分卷 明馬愉鈔本

20344 內閣藏書目錄八卷 明孫傳能 張萱等 適園叢書刊本 少卷一、二、七、八

20345 行人司書目不分卷 明徐圖

等 在□叢編內
20346 欽定天祿琳琅書目十卷 清于敏中等
20347 欽定天祿琳琅書目後編二十卷 清彭元瑞等
20348 四庫全書總目提要二百卷卷首四卷 清紀昀等
20349 四庫抽燬書提要稿 王重民編 民國二十年醫學書局鉛印本 一冊
20350 四庫簡明目錄二十卷 清紀昀等 八杉齋刊巾箱本 少卷五、六
20351 又一部
20352 四庫書目略二十卷并附錄及卷首 清費莫文良 同治九年費氏家刊本 大烈標注
20353 四庫目略不分卷 今人楊立誠 浙江省立圖書館鉛印本 存三冊 少子部
20354 四庫未收書目提要五卷 清阮元等 民國十四年掃葉山房石印本 一冊
20355 四庫全書總目未收書目索引四卷 今人陳乃乾 大東書局排印本
20356 壬子文瀾閣目
20357 補鈔文瀾閣四庫闕簡書目錄不分卷 今人堵福詵 浙江圖書館刊本
20358 文瀾閣目索引一卷 今人楊立誠 民國十八年排印本 一冊
20359 京師圖書館善本簡明書目不分卷 近人夏曾佑等 民國五年自排印本
20360 國立北平圖書館善本書目
20361 北平圖書館善本書目乙編四卷 趙錄綽編 民國二十四年排印本 一冊
20362 梁氏飲冰室藏書目
20363 故宮善本書目
20364 故宮普通書目
20365 大高殿藏楊氏書目不分卷 闕名 故宮圖書館油印本 一冊
20366 故宮所藏觀海堂書目四卷 今人何澄一 故宮博物院排印本 一冊
20367 故宮殿本書庫現存目三卷 近人陶湘 故宮博物院排印本 三冊 附彩色書影
20368 天津直隸圖書館書目三十二卷 近人譚新嘉等 民國二年天津圖書館排印本 十一冊 集部附錄一卷並叢書總目
20369 江南圖書館善本書目不分卷 闕名 光緒間排印本 一冊
20370 南京圖書局閱覽室檢查書

目二編不分卷 闕名 南京圖書局排印本 二册

20371 江蘇省立第一圖書館覆校善本書目不分卷 今人胡宗武 曹橡梁同編 民國七年排印本 四册

20372 江蘇省立第一圖書館續提善本書目不分卷 闕名 民國間油印本 四册

20373 江蘇省立第一圖書館普通書目不分卷 同上 同上

20374 國學圖書館圖書總目

20375 學古堂藏書目不分卷 闕名 光緒間刊本 一册 附捐藏書目

20376 江蘇省立第二圖書館書目續編六卷并附錄 今人曹允源 民國六年刊本 二册

20377 江蘇省立第二圖書館書目三編七卷 同上 民國九年刊本 四册

20378 江蘇省立蘇州圖書館圖書目錄不分卷 今人蔣鏡寰 陳子彝編 民國二十一年該館排印本 一册 按為民國八年至二十年入藏目錄

20379 無錫縣立圖書館書目十六卷 今人嚴毓芬等 民國十五年排印本 五册

20380 無錫縣立圖書館善本書目二卷 今人秦毓鈞 民國十八年排印本

20381 太倉縣立圖書館目錄八卷 今人徐福埔等編 民國十二年排印本 二册 附卷首並補遺 卷五分上下

20382 南通圖書館第一次目錄不分卷 闕名 民國三年翰墨書局代排印本 七册

20383 常熟縣立圖書館續增舊書目錄不分卷 今人陳文熙 民國十八年排印本 一册

20384 焦山書藏目錄不分卷 海西庵編 民國間鎮江縣教育局油印本 一册

20385 浙江公立圖書館通常類書目五卷 今人章箴 民國十四年排印本 卷五分上下 八册 附保存類圖書目錄補遺一卷

20386 浙江公立圖書館保存類書目四卷 同上 民國十年增訂石印本 二册

20387 浙江省立圖書館善本書目 二册

20388 浙江省立圖書館善本書目續編不分卷 闕名 民國二十年排印本 一册

20389 又一部

20390 浙江省立圖書館書目提要

　　　　不分卷 今人金濤 民國二十
　　　　年排印本 一冊
20391 善本書目題識四卷 陸祖穀
　　　　民國二十一年浙江圖書館
　　　　鉛印本 一冊
20392 古越藏書樓書目二十卷附
　　　　卷首 清徐樹蘭 光緒三十年
　　　　崇寶書局石印本 四冊
20393 諸暨圖書館目錄初編八卷
　　　　附卷首 今人樓黎然 民國八
　　　　年石印本 存三冊 少卷
　　　　三、四
20394 上虞公立圖書館書目不分
　　　　卷 今人胡舜琴 民國十二年
　　　　排印本 一冊
20395 雲南圖書館書目初編六卷
　　　　今人由雲龍 民國四年排印
　　　　本 二冊
20396 雲南圖書館書目二編不分
　　　　卷 闕名 民國十二年石印本
　　　　一冊
20397 涵芬樓藏書目錄不分卷 闕
　　　　名 清宣統三年商務印書館
　　　　排印本 一冊 按此為該館第
　　　　一次目錄
20398 無錫私立大公圖書館書目
　　　　十二卷附補遺及續補 今人
　　　　嚴懋功 民國十年排印本
　　　　四冊
20399 趙氏圖書館藏書目錄五卷

　　　　今人趙詒琛 民國十五年昆
　　　　山趙氏義莊排印本 二冊 附
　　　　補遺新鈔書目峭帆樓善本
　　　　書目一卷
20400 國子監南學存書目不分卷
　　　　闕名 清刊本 無年月 一冊
　　　　一名成均存書目錄
20401 中江尊經閣藏書目不分卷
　　　　闕名 漸西村舍叢書刊本
20402 龍游鳳梧書院藏書目不分
　　　　卷 清張炤 光緒二十五年刊
　　　　本 一冊
20403 上海格致書院藏書樓書目
　　　　六卷附補遺 近人陳洙 光緒
　　　　三十三年排印本 一冊
20404 國立中央大學商學院藏書
　　　　目錄不分卷 今人孫心磐 民
　　　　國十八年排印本 一冊
20405 清華大學圖書館新編中文
　　　　書目二期不分卷 闕名 民國
　　　　二十一年排印本 一冊 與新
　　　　編西文書目合訂
20406 北京大學[藏政府出版品目錄]
20407 南洋中學校藏書目不分卷
　　　　附補遺 今人陳乃乾 民國八
　　　　年排印本 一冊
20408 郡齋讀書志二十卷 宋晁公
　　　　武 姚應續編 章
20409 又一部 同上 同上 附志一卷
　　　　宋趙希弁撰

- 20410 **直齋書錄解題二十二卷** 宋陳振孫 州編巾箱本聚珍版全書刊本
- 20411 **遂初堂書目一卷** 宋尤袤 陶編説郛刊本 一冊
- 20412 **又一部** 同上 常州先哲遺書刊本 與得月樓書目合訂 一冊
- 20413 **天一閣書目四卷** 明范欽 文選樓刊本 附清范懋敏天一閣碑目一卷
- 20414 **天一閣現存書目四卷** 清薛福成編 光緒十五年無錫薛氏自刊本 四冊
- 20415 **重編天一閣目錄一卷** 今人楊鐵夫等 天一閣藏書考附印本 合一冊
- 20416 **百川書志二十卷** 明高儒 在觀古堂書目叢刻內
- 20417 **菉竹堂書目六卷** 明葉盛 粵雅堂叢書刊本 二冊
- 20418 **萬卷堂書目四卷** 明朱睦㮮 舊鈔本 觀古堂舊藏葉焕彬手校 一冊
- 20419 **又一部** 同上 在觀古堂書目叢刻內
- 20420 **徐氏家藏書目四卷** 明徐𤊹 七錄居黑格鈔本 一冊
- 20421 **得月樓書目摘錄一卷** 明李鶚沖 常州先哲遺書刊本 與遂初堂書目合訂
- 20422 **汲古閣珍藏秘本書目一卷** 明毛晉 在士禮居叢書內
- 20423 **又一部** 同上 在石印士禮居刊書目三種內
- 20424 **又一部** 同上 朱記榮刊本 附目睹書目後
- 20425 **世善堂藏書目錄二卷** 明陳第 知不足齋叢書刊本 二冊
- 20426 **絳雲樓書目四卷** 清錢謙益 陳景雲注 粵雅堂叢書刊本
- 20427 **又一部** 同上 同上 舊鈔本 莫邵亭舊藏 一冊
- 20428 **絳雲樓書目補遺一卷** 同上 同上 在觀古堂書目叢刻內
- 20429 **季滄葦藏書目一卷** 清季振宜 在石印士禮居叢書內
- 20430 **又一部** 同上 在石印士禮居刊書目三種內
- 20431 **竹垞行笈書目一卷** 清朱彝尊 在潛采堂書目四種內
- 20432 **二徐書目** 近人王存善彙編 民國四年仁和王氏自排印本 六冊
  傳是樓書目不分卷 附馬玉堂鈔藏傳是樓足本書目殘卷 清徐乾學
  培林堂書目不分卷 清徐秉義
- 20433 **孝慈堂書目四卷** 清王聞遠 在觀古堂書目叢刻內 大烈

手校

20434 **述古堂藏書目四卷** 清錢曾 舊鈔本 大烈手校 二册 附述古堂宋板書目一卷

20435 **又一部** 同上 同上 存一册 少卷

20436 **好古堂書目不分卷** 清姚際恒 民國十八年中社影印舊鈔本 一册 附闕書目及好古堂收藏宋板書目

20437 **文瑞樓藏書目錄十二卷** 清金檀 讀畫齋叢書刊本

20438 **佳趣堂書目不分卷** 清陸漻 在觀古堂目叢刻內

20439 **振綺堂書目四卷** 清汪憲藏 汪少洪 汪蓉坨編 陳奐檢校 東方學會排印本

20440 **振綺堂兵燹後藏書目**

20441 **振綺堂書錄**

20442 **環碧山房書目**

20443 **江上雲林閣書目**

20444 **醉經閣書目**

20445 **孫氏祠堂書目四卷外編三卷** 清孫星衍 大烈據莫氏影山草堂鈔本手鈔稿本 二册

20446 **又一部** 同上 木犀軒叢書刊本 二册

20447 **平津館鑒藏書籍記三卷補遺一卷續編一卷** 同上 式訓堂叢書刊本

20448 **廉石居藏書記內編一卷外編一卷** 同上 陳宗彝編次 式訓堂叢書刊本

20449 **愛日精廬藏書志三十六卷續志四卷** 清張金吾 道光七年昭文張氏家刊本

20450 **稽瑞樓書目一卷** 清陳揆 滂喜齋叢書刊本

20451 **百宋一廛書錄一卷** 清黃丕烈 適園叢書刊本

20452 **求古居宋本書目一卷** 同上 在觀古堂目叢刻內

20453 **藝芸書舍宋元本書目一卷** 清汪士鐘 滂喜齋叢書刊本 大烈手臨曹君直校本 一册

20454 **又一部** 同上 在晨風閣叢書內

20455 **藝芸書舍書目詳注**

20456 **上善堂書目一卷** 清孫從添 民國十八年瑞安陳繩夫刊本

20457 **五桂樓書目四卷** 清黃澄量 五桂樓叢書刊本

20458 **帶經堂書目四卷并附錄** 清陳徵芝 陳樹杓編 風雨樓叢書排印本 三册 卷四分上下 簡端印有周星詒、陸心源批語

20459 **鑒止水齋藏書目四卷** 清許宗彥 圖書館學季刊抽印本

一冊
20460 **讀有用書齋韓氏藏書目**
20461 **雲間韓氏藏書目不分卷** 清韓應陛 民國十九年影印本 一冊 附書影
20462 **鐵琴銅劍樓藏書目錄二十四卷** 清瞿鏞 光緒間刊二十四年瞿氏訂正校印本
20463 **鐵琴銅劍樓藏宋元本書目不分卷** 同上 在江刻書目三種內
20464 **善本書室藏書志四十卷附錄一卷** 清丁丙 光緒二十七年丁氏家刊本
20465 **海源閣藏書目不分卷** 清楊紹和 在江刻書目三種內
20466 **海源閣宋元秘本書目四卷** 同上 楊保彝編 山東省立圖書館叢刊排印本 一冊
20467 **豐順丁氏持靜齋書目不分卷** 清丁日昌 江標編 在江刻書目三種內 附藏舊刊本書目
20468 **持靜齋書目四卷續增一卷** 同上 莫友芝編 同治間丁氏家刊本
20469 **持靜齋藏書紀要二卷** 清莫友芝 持靜齋書目附刊本
20470 **咫進齋善本書目**
20471 **竹庵盦傳鈔書目一卷** 清趙

魏 在觀古堂書目叢刻內
20472 **結一廬書目四卷** 清朱學勤子朱澂編 在觀古堂書目叢刻內
20473 **又一部** 同上 同上 在晨風閣叢書內
20474 **結一廬宋元本書目一卷** 同上 同上 在觀古堂書目叢刻內
20475 **結一廬書目別本不分卷** 同上 同上 同上
20476 **皕宋樓藏書志一百二十卷** 清陸心源 光緒八年自刊本 存□冊 大烈手校
20477 **皕宋樓藏書續志四卷** 同上 同上
20478 **皕宋樓書目□卷**
20479 **十萬卷樓書目□卷**
20480 **滂喜齋藏書記三卷** 清潘祖蔭藏 葉昌熾撰 今人潘承弼增編 光緒間潘氏家刊本 二冊
20481 **又一部** 同上 同上 同上 陳乃乾慎初堂排印本 二冊 附滂喜齋宋元本書目一卷
20482 **滂喜齋宋元本書目一卷** 同上 在晨風閣叢書內 一冊
20483 **又一部** 同上 陳氏慎初堂排印本 附藏書記後
20484 **澹庵書目不分卷** 忻寶華 大

烈手鈔稿本 存一冊 闕子集二部
20485 **抱經樓藏書志六十四卷** 清沈德壽 民國十三年慈谿沈氏排印本 二十冊
20486 **揚州吳氏測海樓藏書目錄十二卷** 清吳引孫 宣統二年家刊本 六冊
20487 **揚州吳氏測海樓藏書目錄七卷** 今人王富晉編 民國二十年富晉書社石印本 四冊
20488 **測海樓舊本書目四卷并附錄** 今人陳乃乾編 民國二十一年王富晉排印本 二冊
20489 **顧鶴逸藏舊槧書目**
20490 **藝風堂藏書記八卷** 近人繆荃孫 光緒二十六年自刊本
20491 **藝風堂藏書續記八卷** 同上 民國元年自刊本
20492 **觀古堂藏書目四卷** 近人葉德輝 民國四年觀古堂自排印本 四冊
20493 **傳書堂善本書目十二卷** 近人蔣汝藻 民國間傳鈔本
20494 **傳書堂善本書目補遺四卷** 同上 同上
20495 **適園藏書志十六卷** 近人張鈞衡 民國間南林張氏家塾刊本 六冊
20496 **羣碧樓書目初編九卷** 今人鄧邦述 宣統三年吉林自鉛印本 四冊 附書衣雜識一卷
20497 **羣碧樓善本書目不分卷** 同上 大烈手鈔稿本 一冊
20498 **羣碧樓善本書錄六卷** 同上 民國十九年自刊本 二冊
20499 **寒瘦山房鬻存善本書目七卷** 同上 同上 三冊
20500 **萇楚齋書目二十二卷** 今人劉聲木 直介堂叢刻排印本 六冊 附直介堂徵訪書目一卷
20501 **詒莊樓書目八卷** 今人王修 民國十九年長興王氏排印本 四冊
20502 **雙鑒樓善本書目四卷** 今人傅增湘 民國十八年藏園刊本 四冊
20503 **雙鑒樓藏書續記二卷** 同上 民國十九年藏園刊本 存一冊 少卷上
20504 **雙鑒樓藏書題記續集六卷** 同上 民國二十七年仿古活字本 三冊
20505 **崇雅堂書錄十五卷** 今人甘[鵬雲] 民國二十四年甘氏息園排印本 附碑錄五卷碑錄補四卷
20506 **自在室書目** 鈔稿本 一冊
20507 **田藩文庫書目**
20508 **[楊氏]西寮[所藏鄉先哲著**

述目]
20509 涉園[藏書目錄]
20510 葩廬所藏詩經目錄
20511 金陵大學圖書館中文地理書目附補遺 今人萬國鼎等 民國十五年 金陵大學油印本 一冊
20512 故宮方志目不分卷并附錄 闕名 民國二十年故宮博物院圖書館排印本 一冊
20513 北平圖書館方志目錄不分卷 今人譚其驤等 民國二十二年排印本 四冊 附鄉土志、鄉鎮志、索引
20514 中國地理圖籍叢考甲乙編 王庸 商務印書館鉛印本 一冊 附明代倭寇史籍志目 吳玉年
20515 番禺
20516 癖好堂收藏金石書目
20517 石廬金石書志二十二卷 今人林鈞 民國十二年寶岱閣自刊本 十二冊 附石廬所輯金石書目
20518 北平圖書館書目目錄類不分卷 今人蕭璋 民國二十三年排印本 二冊 附書名索引、著者索引
20519 清華醫室藏書類目二卷 今人釋清華 民國二十一年排印本 二冊 又名珍藏醫書類目
20520 靜惕堂宋元人集書目一卷 清曹溶 陳景雲注 在觀古堂書目叢刻內
20521 潛采堂宋元人集目錄一卷 清朱彝尊 在觀古堂書目叢刻內
20522 鐵華館集部善本書目
20523 聽詩齋明人集目錄
20524 密韻樓景明人別集書目
20525 訒盦藏詞目錄不分卷 今人林葆恒 大烈手抄並據遐庵藏詞目標注本 一冊
20526 澹生堂藏書約一卷 明祁承㸁 在藕香零拾內
20527 流通古書約一卷 清曹溶 在藕香零拾內
20528 古歡社約一卷 清丁雄飛 在藕香零拾內
20529 藏書紀要一卷 清孫從添 在藕香零拾內
20530 又一部 同上 在石印士禮居叢書內
20531 又一部 同上 在石印士禮居刊書目三種內
20532 藏書紀事詩六卷 清葉昌熾 靈鶼閣叢書刊本 紅印 六冊
20533 藏書紀事詩七卷 同上 宣統二年自刻校正本 六冊

79

20534 **吳興藏書錄一卷** 清鄭元慶錄 范鍇輯 在石印范聲山雜著內

20535 **武林藏書錄三卷** 清丁申 武林掌故叢編刊本 二冊 附卷首卷末

20536 **中國藏書家考略不分卷** 今人楊立誠 金步瀛合編 浙江省立圖書館排印本 一冊

20537 **天一閣藏書考不分卷** 今人陳登原 金陵大學排印本 一冊 附楊鐵夫重編天一閣圖書目錄

20538 **百宋一廛賦注一卷** 清顧廣圻撰 黃丕烈注 士禮居叢書刊本 一冊

20539 **又一部** 在石印士禮居叢書內

20540 **又** 王適齋本 一冊

20541 **顧千里先生年譜一卷** 今人趙詒琛 民國十九年金山姚氏復廬排印本 一冊

20542 **皕宋樓藏書源流考一卷** 日本島田翰 光緒三十三年董康京師刊本 一冊

20543 **五十萬卷樓藏書目錄初編序一卷** 今人莫伯驥 民國二十年東莞莫氏聚珍版鉛印本 一冊

20544 **琉璃廠書肆記一卷** 清李文藻 民國十二年陳氏慎初堂並後記排印本 一冊

20545 **琉璃廠書肆後記一卷** 近人繆荃孫 陳氏慎初堂合上排印本

20546 **尊經閣募捐藏書章程一卷** 闕名 漸西村舍叢書刊本 附祀典錄一卷

20547 **中江講院建立經誼治事兩齋章程一卷** 同上 同上

20548 **蘇州圖書館閱覽指南不分卷** 闕名 民國十九年排印本 一冊

20549 **蘇州圖書館圖書分類法不分卷** 今人陳子彝 民國十八年排印本 一冊

20550 **中華圖書館協會概況不分卷** 闕名 民國二十二年排印本 一冊

20551 **北平圖書館概況不分卷** 同上 民國十八年排印本 一冊

20552 **國學圖書館小史不分卷** 同上 民國十七年排印本 一冊

20553 **安徽省立圖書館概況** 民國□年排印本 一冊

20554 **觀古堂書目叢刻十四種** 近人葉德輝 先後自刊民國八年重編印本 存

20555 **士禮居刻書目三種** 闕名 斐英館石印士禮居叢書單行

本 一册
20556 **江刻書目三種** 清江標 光緒間元和江氏長沙自刊本 四册
20557 **快閣師石山房叢書五種** 清姚振宗 民國間浙江省立圖書館排印本 八册
20558 **禁燬書目四種** 闕名 悶進齋叢書抽印本
20559 **又一部** 同上 同上 大烈標注
20560 **又** 國粹叢書排印本 一册
20561 **潛采堂書目四種** 清朱彞尊 在晨風閣叢書内

後來雨樓所藏鄉邦文獻目錄

經 部

易 類

30001 **周易述一卷** 吳吳郡陸績撰 清平湖孫堂輯 在漢魏二十一家易注內

30002 **易憲四卷** 明華亭沈泓 光緒戊子泉塘卓德徵刊本 三冊

30003 **周易解四卷** 明華亭張若羲 林企弇校錄清稿本 一冊

30004 **周易述補五卷** 清上海李林松 在中華書局印清十三經注疏內 亦在經解續編內

書 類

30005 **禹貢便讀二卷** 清金山顧觀光輯注 光緒元年男彌杏林書屋刊本 一冊

詩 類

30006 **詩疑辨證**

30007 **後蜀毛詩石經殘字一卷** 清青浦王昶 在金石萃編內

30008 **詩經大義八卷** 今人太倉唐文治 民國金山高氏蓜廬鉛印本 二冊

禮 類

周禮之屬

30009 **周禮節訓**

儀禮之屬

30010 **喪服鄭氏學十六卷** 清婁張錫恭 民國壬午南林劉氏求恕齋叢書刊本 十四冊

禮記之屬

30011 **禮記集說一百六十卷** 宋華亭衛湜

30012 **讀禮志疑不分卷** 清平湖陸隴其 嘉慶二十一年華亭張應時書三味樓刊本 一冊

三禮總義之屬

30013 **禮學大義一卷** 清婁張錫恭 在庚辰叢編內

樂 類

春秋類

左氏傳之屬

30014 **左氏論二卷** 明華亭馮時可

在元敏天池集內
30015 **左氏討一卷** 明華亭馮時可在元敏天池集內
30016 **春秋左氏傳杜注補輯三十卷** 清華亭姚培謙

公羊傳之屬
穀梁傳之屬
春秋總義之屬

論語類

30017 **鄉黨私塾課本一卷** 清上海李林松 光緒壬午孫男邦黻刊本 一冊

孟子類

四書類

30018 **此木軒四書說九卷** 清金山焦袁熹 乾隆庚申男以敬以恕刊本 二冊

孝經類

爾雅類

諸經總義類

30019 **十三經義疑十二卷** 清華亭吳浩 四庫珍本初集影印本 四冊
30020 **實事求是之齋經義二卷** 清婁朱大韶 光緒九年男星衡澄華堂刊本 二冊

小學類

字書之屬

30021 **說文雙聲二卷** 清興化劉熙載 婁陳宗彝同輯 光緒四年自刊本 一冊
30022 **說文職墨三卷** 清南匯于鬯 南菁書院叢書四集刊本 一冊
30023 **玉篇三十卷** 梁吳郡顧野王 唐孫強增字 宋陳彭年重修 涵芬樓景印元刊本 三冊 附宋本總目一卷
30024 **顧希馮玉篇直音二卷** 梁吳郡顧野王 明海鹽樊維城輯 叢書集成影印本 一冊
30025 **讀書樂一卷** 清華亭鍾天緯 光緒間滬南三等學堂排印本 一冊

音韻之屬

30026 **韻學驪珠二卷** 清婁沈乘麐 光緒十八年尹麗生重刊本 二冊

訓詁之屬

史 部

正史類

30027 **校刊史記集解索隱正義札記五卷** 清南匯張文虎 同治壬申金陵書局刊本 二冊

30028 **前漢匈奴表三卷附錄一卷** 近人華亭沈惟賢 光緒間自刊本 一冊

30029 **漢書藝文志姚氏注解□卷** 今人上海姚明煇

30030 **後漢儒林傳輯遺二卷** 近人華亭顧薰 在國學叢選十五、六集內

30031 **補晉書藝文志四卷** 清上海秦榮光

編年類

30032 **前後漢紀校釋□卷** 今人上海鈕永建 在南菁札記內 光緒二十年江陰學署刊

30033 **會心堂綱鑒鈔略十八卷** 清西充周煒 雲間張應時參訂 嘉慶癸酉張氏書三味樓刊本 六冊

紀事本末類

30034 **三藩紀事本末四卷** 清青浦楊陸榮 在七種紀事本末內

古史類

30035 **顧氏二種** 清金山顧觀光 光緒二年五年高氏先後刊彙印本
　國策編年一卷
　七國地理考七卷

30036 **越絕書札記一卷** 清金山錢培名 錢氏小萬卷樓附越絕書刊本 合一冊 越絕書十五卷

30037 **吳越春秋校勘記一卷** 清金山顧觀光 在武陵山人遺書內

別史類

雜史類

事實之屬

30038 **草莽私乘□卷** 元寓賢天台陶宗儀 新陽趙氏重刊本 一冊 附刻一卷

30039 **平夏錄一卷** 明黃標 在說

選內

30040 **王席門先生雜記一卷** 明王侯 宣統庚戌金山姚氏排印本 一冊 即王簡公筆記

30041 **小滄桑記二卷** 清婁姚濟 民國丙辰華亭雷補同排印本 二冊

30042 **金山衛佚史一卷** 近人金山姚光 宣統辛亥自排印本 一冊 重定本見清稿未刊

30043 **幸存錄**

30044 **續幸存錄**

掌故之屬

瑣記之屬

30045 **民抄董宦事實一卷** 明闕名 民國乙丑趙氏又滿樓補刊足本 一冊

30046 **南湖舊話錄二十四卷** 明上海李延昰 民國乙卯集賢排印本 六冊

30047 **雲間據目鈔五卷** 明華亭范濂 六世孫聯枝重校鈔稿本 二冊

30048 **平圃雜記一卷** 清張宸 在庚辰叢編內

30049 **谷水舊聞□卷** 清章鳴鶴 大烈手鈔稿本 一冊

載記類

30050 **華陽國志校勘記一卷** 清金山顧觀光 民國成都存古書局重刊本 又在武陵山人遺書內

30051 **西夏書事四十二卷** 清青浦吳廣成 民國影印道光小峴山房本

30052 **南唐書三十卷** 宋馬令 沈氏嘯園木活字印本 四冊

30053 **南唐書十八卷** 宋陸游 沈氏嘯園木活字印本 二冊

傳記類

通錄之屬

30054 **雲間人物志不分卷** 明李紹文 同治上海縣志局摘鈔稿本 一冊

專錄之屬

30055 **圖繪寶鑒**

30056 **國朝文錄小傳二卷** 清婁張爾耆 刊本 無年月 二冊

人表之屬

30057 **松江府屬采芹錄四編不分卷** 清闕名 民國己卯重排印

本 二冊

族譜之屬

30058 **王氏世譜四卷** 清青浦王昶輯 後人續 乾隆嘉慶間刊本 無年月 二冊

30059 **周氏世譜不分卷** 先曾祖梅卿太府君輯 手稿本 一冊

30060 **上海曹氏鄉賢錄六卷** 清上海曹纕編 宣統三年排印本 一冊

30061 **姚氏家乘一卷** 近人金山姚後超編 民國庚辰自刊本 一冊

30062 **朱氏家乘一卷** 今人金山朱維坤編 民國三十七年自排印本 一冊

事狀之屬

30063 **張温和公傳**

30064 **錢汪二先生行述** 近人金山姚光編 民國金山姚氏復廬排印本 一冊

30065 **祝慎旂先生傳略一卷** 近人金山姚後超 民國三十七年朱維坤排印本 一冊

30066 **周瞻岐先生訃告一卷** 近人松江周大成 民國甲申石印本 一冊

年譜之屬

30067 **陳忠裕公年譜三卷**

30068 **王述庵年譜二卷** 清吳縣嚴榮 清青浦王昶編

30069 **吳**

30070 **顧千里年譜**

志錄之屬

30071 **邵康節外紀四卷**

30072 **朱氏傳家令範一卷** 近人南匯朱惟恭編 民國癸亥自排印本 一冊 附朱公友山百齡冥誕詩一卷

30073 **姚節母何太君事述**

30074 **介三先生哀挽錄**

30075 **姚母高太君哀挽錄**

30076 **哀弦集不分卷** 近人金山姚後超編 民國乙亥自印仿古活字版本 一冊

30077 **思玄集**

30078 **張孺人哀挽錄不分卷** 近人金山高煌 民國二十年尚志堂自排印本 一冊

30079 **高節孝李太夫人哀思錄不分卷** 今人金山高燮編 民國十九年庚午自印聚珍仿宋板本 二冊

30080 **傷曡錄不分卷** 同上 民國庚申閑閑山莊聚珍仿宋板重

印本 一册

30081 **高天梅先生哀挽録不分卷** 今人金山盧勤勛編 民國十七年高氏排印本 一册

30082 **徐公釐百哀思録不分卷** 今人松江徐躬耕等編 民國戊辰自排印聚珍仿宋本 一册

30083 **王母朱太君哀思録不分卷** 今人金山王鴻達編 民國丙子自排印本 一册

雜録之屬

地理類

30084 **紹熙雲間志三卷續入一卷** 宋楊潛 林至 光緒甲午徐氏觀自得齋刊本 二册 附建學記

30085 **至元嘉禾志三十二卷** 元徐碩 民國間繆荃孫刊本 無年月 八册 附宋常棠澉水志二卷

30086 **崇禎松江府志著述二卷詩品二卷畫苑一卷書評一卷** 明陳繼儒 鈔稿本 二册 爲全書八十一至八十六卷

30087 **松江府志八十四卷** 清知府宋如林修 嘉慶二十二年刊本

30088 **松江府續志四十卷** 清華亭姚光發纂 光緒十年刊本

30089 **重修華亭縣志二十四卷** 清邑人姚光發纂 光緒四年刊本 十册

30090 **婁縣續志二十卷** 清邑人張雲望纂 光緒四年刊本 六册

30091 **松江府屬舊志兩種** 今人海寧陳乃乾輯 民國二十一年傳真社影印本 七册
　正德金山衛志六卷 明張奎修 四册
　嘉靖上海縣志八卷 明鄭洛書修 三册

30092 **重修金山縣志三十卷** 清邑人黃厚本纂 光緒四年刊本 八册

30093 **重修青浦縣志三十卷** 清邑人熊其英纂 光緒五年刊本 十二册

30094 **重修南匯縣志二十二卷** 清邑人張文虎纂 光緒五年刊本 十二册

30095 **寒圩小志** 大烈手鈔稿本 一册

30096 **蒸里志略十二卷** 清青浦葉世熊 宣統二年男理封排印本 有著者藏印 殘存一至七卷 一册

30097 **重輯張堰志十二卷** 近人金山姚裕廉 民國庚申侄後超松韻草堂排印本 大烈眉注

二冊

30098 **法華鄉志八卷** 近人上海胡人鳳 民國十一年集貲排印本 四冊 卷首卷末各一卷

30099 **亭林志未分卷** 大烈 初稿本

30100 **黃渡鎮志十卷** 清章樹福編 民國十二年鉛字重印本 一冊

30101 **廬山記五卷** 宋陳舜俞 民國二十一年廬山志副刊排印南豐吳宗慈合校注本 一冊

30102 **金山衛廟學紀略不分卷** 清金山翁純[淳] 光緒九年灑埽局重刊本 一冊

30103 **吳中舊事一卷** 元吳郡陸友仁 刊閔裕仲校本 無年月 一冊

30104 **雲間雜識二卷** 明華亭李紹文 民國二十五年上海黃藝錫排印本 一冊

30105 **雲間雜識三卷** 明闕名 民國十七年奉賢褚克明排印奇晉齋本 一冊 附莫是龍筆麈一卷

30106 **春融堂雜記八卷** 清青浦王昶 嘉慶戊辰塾南書舍刊本 附春融堂集後

　征緬紀聞一卷
　征緬紀略一卷
　蜀徼紀聞一卷
　商洛行程記一卷
　雪鴻再錄一卷
　使楚叢譚一卷

　台灣隨筆一卷
　滇行雜錄一卷

30107 **續華亭百詠一卷** 清華亭唐天泰 光緒四年男佑孚有穀堂刊本 一冊

30108 **廣泖上竹枝詞一卷** 清烏程沈雲編 光緒六年刊本 一冊

30109 **游志續編不分卷** 元寓賢天台陶宗儀編 光緒丙戌新陽趙氏刊本 一冊

30110 **漫遊記略四卷** 清華亭王澐 光緒間申報館排印巾箱本 一冊 又名瓠園集

30111 **驂鸞錄一卷** 宋范成大 清道光二十五年張祥河合續驂鸞錄刊本

30112 **續驂鸞錄一卷** 清張祥河 合上自刊本 共二冊 附驂鸞吟藁一卷

政書類

30113 **婁縣均編要略不分卷** 清闕名 康熙十年原刊本 一冊 版心刻松郡均役成書

30114 **華亭司法實紀不分卷** 今人華亭朱孔文編 民國元年排印本 一冊

30115 **金山張涇河工徵信錄不分卷** 今人金山高燮 民國十三

年排印本 一冊
30116 金山沈涇河工載記不分卷 今人金山陳端志 民國□年排印本 一冊
30117 育嬰堂徵信錄

奏議公牘類

30118 陸宣公奏議
30119 遼籌二卷奏草一卷 明華亭張鼐 影印寶日堂原刊本 三冊 附陳謠雜詠一卷
30120 兵垣奏議

目錄類

30121 華亭藝文志一卷 清華亭姚光發 光緒縣志刊本
30122 華亭藝文續志一卷 近人華亭雷瑨 大烈手鈔稿本 以上合一冊
30123 婁縣藝文補志一卷 近人華亭雷瑨 大烈手鈔稿本
30124 金山藝文志稿
30125 青浦藝文志二卷 清青浦熊其英 光緒縣志刊本 一冊
30126 干溪曹氏歷代所著書目一卷 近人嘉善曹秉章 民國間曹氏自刊本 一冊 附家集序例
30127 江蘇採輯遺書目錄四卷 清

上海黃烈 傳鈔稿本
30128 四庫備采金石提要錄二卷 近人華亭顧薰 在國學叢選第十七八集內
30129 金山錢氏家刻書目
30130 國朝未刊遺書志略
30131 目睹書目
30132 說郛目
30133 讀有用書齋宋元本書影
30134 上海格致書院藏書目錄
30135 慈雲樓藏書志
30136 雲間韓氏藏書目不分卷
30137 懷舊樓藏書目不分卷
30138 自在室藏書目不分卷
30139 葩廬所藏詩經目錄不分卷 今人金山高燮 傳鈔稿本 大烈據重編本校補 一冊
30140 楊氏西寮所藏鄉先哲著述目 近人松江楊慎庵 大烈手鈔稿本 一冊
30141 舒藝室題跋□卷 清南匯張文虎 大烈手鈔稿本 一冊

金石類

30142 金石萃編一百六十卷 清青浦王昶 光緒十九年醉六堂影印原刊本
30143 金石萃編未刻稿三卷 清青浦王昶 民國七年上虞羅氏

影印鈔本

30144 **金石荋一卷** 清雲間馮承輝 嘉慶二十三年戊寅自刊本 一冊

30145 **選錢齋錢譜十五卷** 清華亭吳鈞 舊抄足本 二冊

30146 **漢銅印叢十二卷** 清流寓歙汪啟淑 民國涵芬樓影印本

30147 **古刻叢鈔一卷** 元寓賢天台陶宗儀 讀畫齋刊本 吳眉孫以石刻校並跋 一冊

30148 **古刻叢鈔一卷** 前人 叢書集成影印知不足齋本

30149 **古刻叢鈔一卷** 前人 孫星衍重編 叢書集成影印平津館本 與上合一冊

30150 **兩漢碑跋一卷** 清婁馮承輝 傳鈔稿本

30151 **苦鐵齋金石考一卷** 清婁馮承輝 小書種堂黑格傳抄稿本 從弟振先手錄 與上合一冊

30152 **石鼓文音訓考正一卷** 清雲間馮承輝 影印光緒癸巳從甥查埔蒼溪刊本 一冊

30153 **貨布文字考四卷** 清華亭馬昂 道光二十二年壬寅金山錢氏蘭隱園刊本 二冊

30154 **奄城金山訪古記不分卷** 今人金祖同 陳志良 民國二十四年秀州學會影印稿本 一冊

史評類

30155 **史糾六卷** 明太倉朱明鎬 錢氏刊指海本 大烈以舊鈔稿本校補 殘存

30156 **讀書鏡二卷** 明華亭陳繼儒 叢書集成排印本 一冊

30157 **十國宮詞一卷** 清南匯吳省蘭

子　部

儒家類

30158 **鹽鐵論十二卷** 明華亭張之象注 明鍾惺評刊本 二冊

30159 **張子正蒙注十七卷** 清雲間張棠 周芳合注 康熙丁亥寶翰堂刊本 二冊

30160 **鞭駑知非錄□卷** 明

30161 **讀書錄鈔四卷** 清青浦陸偉輯 清咸豐七年朱朗山吳松圃重刊本 一冊

30162 **松陽鈔存二卷** 清金山楊履基編 乾隆壬申陸申憲居易齋刊本

30163 **二曲集錄要四卷附錄一卷** 清華亭倪元坦 嘉慶戊辰自

刊本

30164 **儒門語要六卷** 同上 嘉慶丁丑畲香書屋自刊本 二冊

30165 **修齊集要七卷** 清華亭范臺輯 道光乙巳婁沈辰吉校刊本 二冊

30166 **朱氏傳家令範一卷**

30167 **訂訛雜錄十卷** 清青浦胡鳴玉 嘉慶戩箴書屋自刊本

30168 **舒藝室隨筆六卷續筆一卷餘筆三卷** 清南匯張文虎 同治金陵刊本 在全集內

30169 **舒藝室雜著四卷** 清南匯張文虎 在全集內

道家類

30170 **老子參注四卷** 清華亭倪元坦 嘉慶丙子讀易樓刊本 二冊 附春秋繁露止雨求雨篇參注二卷 又明吳廷舉注白玉蟾木郎求雨咒一卷

30171 **文子校勘記一卷** 清金山錢熙祚 在錢氏家刻書目內

法家類

30172 **票據法理芻議不分卷** 今人松江王敦常 民國十一年自排印中法文本 一冊

雜家類

雜學之屬

30173 **鬻子校勘記逸文一卷** 清金山錢熙祚 在錢氏家刻書目內

30174 **狂夫之言三卷續狂夫之言二卷** 明華亭陳繼儒 叢書集成排印本 一冊

雜考之屬

30175 **讀書偶見一卷** 清華亭吳騏 抄珠塵本 一冊

雜說之屬

30176 **袪疑說一卷** 宋華亭儲泳 在百川學海內

30177 **雨航雜錄二卷** 明華亭馮時可 叢書集成排印秘笈本 一冊

30178 **畫禪室隨筆四卷** 明華亭董其昌 乾隆三十三年五世孫紹敏戲鴻堂刊本 四冊

30179 **節鈔幽夢影一卷續鈔一卷** 近人金山姚光 民國四年有正書局排印本 一冊

30180 **傳疑錄一卷** 明華亭陸深 叢書集成排印秘笈本

30181 **長水日抄一卷** 明華亭陸樹聲 叢書集成排印秘笈本

30182 清暑筆談一卷 明華亭陸樹聲 叢書集成排印秘笈本

30183 耄餘雜識一卷 明華亭陸樹聲 叢書集成排印秘笈本

30184 病榻寱言一卷 明華亭陸樹聲 叢書集成排印秘笈本

30185 西堂日記一卷 明華亭楊豫孫 叢書集成排印秘笈本

30186 偃曝餘談二卷 明華亭陳繼儒 叢書集成排印秘笈本

雜述之屬

30187 傍秋亭雜記二卷 明華亭顧清 涵芬樓秘笈影印本 一冊

30188 蒹葭堂雜著一卷 明上海陸楫 叢書集成[排印本]

雜品之屬

30189 骨董十三說一卷 明華亭董其昌

30190 老老恒言五卷 清嘉善曹庭棟

雜纂之屬

30191 儼山纂錄一卷 明上海陸深 叢書集成[排印秘笈本] 一名儼山外纂

30192 珍珠船四卷 明華亭陳繼儒 叢書集成排印秘笈本

30193 銷夏部四卷 明華亭陳繼儒 叢書集成排印秘笈本

30194 辟寒部四卷 明華亭陳繼儒 叢書集成排印秘笈本

農家類

30195 耒耜經一卷 唐長洲陸龜蒙 在百川學海內

小說家類

雜事之屬

30196 輟耕錄三十卷 元寓賢天台陶宗儀 明玉蘭堂刊本 殘存

30197 玉堂漫筆一卷 明上海陸深 叢書集成影印紀錄彙編本

30198 別本玉堂漫筆一卷 明上海陸深 叢書集成排印秘笈本

30199 太平清話二卷 明華亭陳繼儒 叢書集成排印秘笈本

30200 蕈鄉贅筆四卷 清華亭董含 民國三年光華編輯社石印本 四冊

30201 三岡識略十卷續識略一卷 清華亭董含 申報館排印本 六冊 附自述一卷

30202 閑漁閑閑錄九卷 清華亭蔡顯 民國乙卯吳興劉氏嘉業堂刊本 徐乃昌藏書 一冊

30203 明齋小識十二卷 清青浦諸聯 道光甲午奎韻樓自刊本 六冊

30204 **語新二卷** 清華亭錢學綸 光緒二年申報館排印本 二册

異聞之屬

30205 **三異筆談一集四卷** 清雲間許仲元 進步書局石印本 一册
30206 **記夢一卷** 清南匯張文虎 在舒藝室全集内

瑣記之屬

30207 **漁磯漫鈔十卷** 清雲間雷琳 同治辛未重刊巾箱本 二册
30208 **鋤經書舍零墨四卷** 清上海黃協塤 光緒四年戊寅申報館排印本 二册

兵家類

30209 **兵機類纂**
30210 **美國水師考不分卷** 清華亭鍾天緯譯 排印本 一册

天文算法類

30211 **高厚蒙求初集一卷二集一卷三集二卷四集三卷** 清松江徐朝俊 初、二集嘉慶丁卯刊 三集己巳刊 四集乙亥刊本 四册
30212 **顧氏推步簡法三種** 清金山顧觀光 同里錢國寶校算 光緒元年錢氏拜經書屋刊本 一册
 　甲子元推步簡法一卷
 　癸卯推步簡法一卷
 　五星推步簡法一卷
30213 **六算通考一卷** 清金山顧觀光 在武陵山人遺書内
30214 **九藝算解一卷** 清金山顧觀光 在武陵山人遺書内
30215 **回回算解一卷** 清金山顧觀光 在武陵山人遺書内
30216 **算剩初編一卷** 前人 同上
30217 **算剩餘稿二卷** 前人 同上
30218 **算剩續稿一卷** 前人 同上
30219 **九數外錄一卷** 前人 同上
30220 **竊悟軒算草初集** 清松江張爔 光緒戊戌自刊本 一册
30221 **秋澄算稿三種** 清流寓嘉興繆朝銓 光緒壬辰雲間寓舍自刊本 一册
 　盈朒會通一卷
 　招數一得一卷
 　楷員又述一卷

術數類

30222 **京氏易傳三卷** 漢頓丘京房 吳吳郡陸績注

藝術類

30223 **圖繪寶鑒六卷** 元吳興夏文彦

叢書集成影印津逮本 一冊

30224 **筆塵一卷** 明莫是龍 褚氏排印本 附雲間雜識後

30225 **董華亭書畫錄一卷** 題清浮山人 靈鶼閣叢書刊本

30226 **法帖釋文十卷** 明上海顧從義 舊鈔本 二冊

30227 **誦翁鐵筆不分卷** 清華亭周世芬 光緒辛卯鈐印本 一冊

30228 **殘局類選□卷** 清華亭錢長澤 文瑞樓影印本 二冊

30229 **奕理指歸圖四卷** 清海寧施紹闇 華亭錢長澤同撰 文瑞樓影印本 六冊

譜錄類

30230 **硯小史四卷** 清金山朱棟 嘉慶庚申樓外樓自刊民國二十四年高氏寒隱草堂補版印行本 二冊

醫家類

30231 **內經素問二十四卷校勘記一卷** 清金山顧觀光校 民國戊辰中國學會影印咸豐二年守山閣刊本 附靈樞經

30232 **靈樞經二十四卷校勘記一卷** 清金山顧觀光校 同上 合十二冊

30233 **神農本草經四卷** 清金山顧觀光輯 在武陵山人遺書內

30234 **傷寒雜病論集一卷** 清金山顧觀光 在武陵山人遺書內

30235 **大生要旨五卷** 清上海唐千頃纂 乾隆三十七年善鑒堂自刊本 二冊

30236 **痘疹慈航不分卷** 闕名 清華亭張應時書三味樓刊本 二冊

30237 **白喉忌表抉微不分卷** 闕名 光緒三十三年華亭顧焜奎刊本 一冊

釋家類

類書類

30238 **何氏類鎔三十五卷** 明雲間何三畏 明泰昌元年自刊本 殘存二十九冊 少二十八至三十二卷

30239 **楚騷綺語六卷** 明華亭張之象 在石印文林綺繡五種內

子叢類

30240 **古今說海一百四十卷** 明上海陸楫 明儼山書院原刊本

四册 殘存説選部二十三卷

集　部

別集類

漢魏之屬

30241 **陸士衡集十卷** 晉吳郡陸機
30242 **陸士龍集十卷** 晉吳郡陸雲
30243 **翰苑集二十二卷** 唐嘉興陸贄

唐之屬

30244 **杜詩闡**
30245 **樊集句讀合刻不分卷**
30246 **李義[山]詩集箋注十六卷** 清華亭姚培謙注 乾隆松桂讀書堂自刊本
30247 **笠澤叢書七卷**
30248 **甫里集二十卷**

宋之屬

30249 **後樂集二十卷** 宋華亭衛涇 木活字印本 大烈以四庫本校過
30250 **秋聲集六卷** 宋華亭衛宗武 四庫珍本初集印本 三册
30251 **箋注劍南詩鈔六卷** 近人華亭雷縉 民國十九年掃葉山房石印本 十二册
30252 **姜堯章先生集□卷** 宋姜夔 雲間裔孫熙祠堂刊本

元之屬

30253 **松鄉先生文集十卷** 元寓賢奉化任士林 明泰昌元年耳孫刊光緒庚寅孫鏘補版本 四册
30254 **松鄉詩集□卷**
30255 **江月松風集十二卷補遺一卷文録一卷附録一卷** 元寓賢錢唐錢惟善 光緒己丑泉唐丁氏刊本 二册
30256 **梧溪集七卷補遺一卷** 元寓賢江陰王逢 同治甲戌武進盛宣懷木活字擺印本 附鮮于[樞]困學齋雜録一卷
30257 **復古詩集六卷** 元寓賢會稽楊維楨
30258 **麗則遺音四卷**
30259 **南邨詩集四卷** 元寓賢天台陶宗儀 汲古閣刊本 無年月 四十册
30260 **龜巢集二十卷補遺一卷** 元寓賢武進謝應芳 宣統庚戌武進盛氏刊足本 四册
30261 **西巖集二十卷** 元知松江府事張之翰 四庫珍本初集印

本 七册 一之十詩 十一、十二詞 十三以下文

30262 **海叟集四卷集外詩一卷** 明雲間袁凱 清上海曹炳曾重輯 宣統三年江西印刷局影印康熙壬寅刊本 宜秋館舊藏 二册

明之屬

30263 **滄螺集六卷** 明寓賢江陰孫作 光緒丙申武進盛氏刊本 一册

30264 **蚓竅集十卷** 明華亭管時敏 民國涵芬樓影印永樂楚府本 一册

30265 **殷强齋先生文集十卷** 明華亭殷奎 景鈔洪武刊本 二册

30266 **西郊笑端集二卷** 明上海董紀 舊景鈔明成化周庠刊本 秦敦夫、顧湘舟迭藏 一册

30267 **張東海全集** 明華亭張弼 康熙三十二年癸酉七世孫世綏刊本 六册

　　文類四卷
　　詩類四卷
　　附錄題識詩文不分卷
　　又附萬里志二卷 弼子弘至撰

30268 **萬里志二卷** 明華亭張弘至 康熙間六世孫世綏刊本 附張東海全集後

30269 **錢太史崔灘稿六卷** 明華亭錢福 明萬曆庚戌里人沈思梅居刊本 五册 附崔灘先生紀事一卷附錄一卷 鈔配卷二 四庫存目

30270 **少湖文集類選七卷** 明華亭徐階 明嘉靖甲午刊本 六册

30271 **世經堂集二十六卷** 明華亭徐階 康熙辛酉五世孫佺重刊本 十二册

30272 **雲間兩何君集** 近人金山姚光編 民國二十一年金山姚氏復廬影印嘉靖何氏家刊本

　　何翰林集二十八卷 明何良俊
　　何禮部集十卷 明何良傅

30273 **王遵岩家居集□卷** 明王慎中 民國金山高氏影印明句吳書院本

30274 **剪彩集二卷** 明華亭張之象 景鈔明嘉靖己酉弟子程衛道刊本 一册

30275 **何士抑芝園集二十五卷** 明雲間何三畏 明萬曆丙申自刊本 八册

30276 **元敏天池集** 明吳郡馮時可 明萬曆間自刊本 無年月 六册

　　莜茹稿六卷
　　左氏論二卷

左氏討一卷

30277 **小雅堂集十卷** 明雲間莫廷韓 大烈手鈔稿本

30278 **雲間二韓詩二種附二種** 清上海曹炳曾彙輯 康熙五十五年城書室自刊本 六册
- 石秀齋集十卷 明雲間莫是龍
- 小羅庵集六卷 明雲間顧斗英
- 附 采隱草一卷 明雲間莫秉清
- 拾香草一卷 明雲間顧昉之

30279 **莫葭士先生遺稿二種** 明華亭莫秉清 民國二十年七世孫子經排印本 四册
- 傍秋庵文集四卷
- 采隱草詩集二卷

30280 **容臺文集十卷詩集四卷别集六卷** 明華亭董其昌 冡男祖和輯 明崇禎乙亥建寧重刊足本 十册

30281 **輸寥館集八卷** 明華亭范允臨 景鈔明刊本 四册 附詩餘

30282 **絡緯吟十二卷** 明徐媛（范允臨室）景鈔明刊本 二册 附詩餘

30283 **陳眉公先生全集六十卷** 明華亭陳繼儒 民國二十五年襟霞閣不分卷排印本 一册

30284 **白石山樵真稿二十四卷** 同上 民國二十四年張氏貝葉山房排印本 二册

30285 **增訂徐文定公集六卷** 明上海徐光啟 十二世孫宗澤徐家匯天主堂藏書排印本 一册 卷首二卷 卷六附李之藻文稿

30286 **符勝堂集四卷** 明華亭周立勳著 玄孫和京編刊本 干山周厚堉來雨樓藏書 二册

30287 **陳卧子先生安雅堂稿十五卷** 明華亭陳子龍 宣統庚戌閔氏集賫排印本 二册 附兵垣奏議二卷

30288 **陳夏二公集** 清青浦王昶輯 嘉慶八年、十二年何其偉夔山草堂先後刊本 十册
- 陳忠裕公全集三十卷 明華亭陳子龍 年譜三卷卷末一卷
- 夏節愍全集十卷 明華亭夏完淳 補遺一卷續補一卷卷末一卷

30289 **釣璜堂集二十卷** 明華亭徐孚遠 民國十五年金山姚光懷舊樓刊本 陳蒙盦舊藏 八册
- 附交行摘稿一卷 同上
- 徐闇公先生遺文一卷年譜一卷年譜附錄一卷 今人海寧陳乃乾輯

30290 **顧頷集八卷** 清華亭吳騏 康熙乙亥刊本 二册

30291 **又一部** 綠格鈔稿本 從弟振先手錄 一册

30292 **延陵處士文集不分卷** 同上

舊鈔稿本 一冊

30293 鎧龍文集不分卷 同上 傳鈔稿本

30294 吳日千先生集不分卷 同上 民國元年寒隱社排印本 據封庸庵藏書鈔稿本校過 一冊

30295 詠歸堂集不分卷 明申水陳曼

30296 章文毅公詩集一卷 明華亭章曠 光緒癸卯八世從孫士荃京師刊本 一冊

30297 放鵬亭稿二卷 明上海李延昰 民國平湖高廷梅華雲閣排印本 一冊

30298 南來堂詩集四卷補編四卷附錄四卷 明釋蒼雪 今人上海王植善輯 民國二十九年自排印本

附蒼雪大師行年考略一卷 今人海寧陳乃乾輯

清之屬

30299 蘭雪堂詩稿七卷 清華亭王廣心 康熙壬申原刊本 桃花紙印 四冊

30300 又一部 同上 景鈔道光五世孫承淮刊本 二冊

30301 世恩堂集三十二卷 清華亭王頊齡 康熙癸未自刊本 十二冊 附世恩堂經進集三卷

30302 松溪詩稿七卷 清華亭王九齡 景抄原刊本 一冊 附松溪詩餘一卷

30303 蕁香室詩稿七卷 同上 康熙辛巳自刊本 三冊

30304 橫雲山人集二十六卷颺言集五卷 清華亭王鴻緒 康熙辛亥自刊本 八冊

30305 楼香書屋詩集三卷 清華亭王圖炳 刊本 無年月 二冊

30306 礪齋詩鈔五卷 清華亭王祖庚 乾隆乙丑自刊本 二冊

30307 聞音室詩集四卷遺文一卷 清金山王嘉曾 嘉慶二十一年男元宇元善刊本 四冊

30308 蘭綺堂詩鈔十七卷 清華亭王鼎 嘉慶八年古訓堂刊本

30309 端居室集十二卷 清華亭王蔚宗 嘉慶二十年宣城自刊本 二冊

30310 洞庭集詩二十卷文十二卷 清華亭王慶麟 嘉慶間自刊本 無年月 卷中不計卷數 詩一、二、十九、二十 文七、九卷未刻 餘卷亦未全刻

30311 洞庭文集未刻稿不分卷 同上 大烈手鈔稿本

30312 晚香居詩

30313 湘蘭秋影室吟草一卷 清華

亭張聯珠 排印本 一冊 附湘影詞一卷

30314 **霞閣小稿一卷** 清華亭張昌緒 附刊小重山房初稿後

30315 **擁書堂詩集四卷** 清華亭張璿華 光緒戊戌刊本 一冊 附子允垂傳硯堂詩存一卷

30316 **傳硯堂詩存一卷** 清婁張允垂 光緒己丑刊本 附擁書堂詩鈔後

30317 **夬齋詩集七卷** 清婁張爾耆 民國甲寅子錫恭刊本（鄒福保存）一冊 每集一卷

30318 **茹荼軒文集十一卷** 清婁張錫恭 民國（題宣統）癸亥華亭封氏簣進齋刊本 四冊

30319 **茹荼軒續集□卷** 同上 在雲間兩徵君集內

南塘張氏

30320 **綠雪館詩鈔六卷** 清華亭張鴻卓 道光二十九年自刊本 四冊

30321 **綠雪館詩鈔一卷** 同上 同治己巳錢培名刊本 一冊 附文一首

30322 **聽鶯館詩鈔四卷** 清華亭張炢 道光癸巳自刊本 一冊

30323 **曼陀羅館詩鈔一卷** 清華亭張家矗 咸豐七年刊本 二冊 附詞鈔一卷

30324 **鐵華仙館吟草二卷** 清華亭張家鼎 同治三年自刊本 一冊

30325 **大吉祥室遺稿一卷** 清華亭張振凡 光緒五年孫男聲淵重刊道光庚戌定本 詞附 一冊（與道光己亥初刊本不同）

30326 **蘋花水閣詩草一卷** 清華亭張家焱 同治甲戌刊本 一冊

30327 **得真趣齋詩鈔二卷** 清華亭張聲駿 光緒十年刊本 一冊

亭湖顧氏

30328 **醉白池詩草一卷** 清華亭顧思照

30329 **詠菊小品初編二卷續編一卷備編一卷補遺一卷** 清華亭顧文焕 嘉慶丁卯自刊同治九年曾孫作深補版本 二冊 附題詞一卷 武林紀遊草一卷合刊

30330 **武林紀遊草一卷** 同上 與詠菊小品合刊

30331 **適可集二卷** 清華亭顧作球 咸豐八年子婿張辰杓刊光緒六年曾孫禮讓重印本 一冊

30332 **又一部** 同上 紅格鈔稿本 一

册 據上 少張文虎跋

望湖盛氏

30333 宜齋詩鈔五卷 清華亭盛灝元

30334 蕭山人集一卷釋柯餘集一卷 清雲間蕭中素 傳鈔松江圖書館舊鈔稿本 一册

30335 釋柯集□卷 同上 先府君手鈔稿本 一册

30336 重編蕭山人集□卷 同上 大烈編 抄清稿本

30337 紀遊詩稿一卷霞泉詩草一卷 清華亭葉德明 道光丁酉亭林葉氏觀敬堂刊本 一册 詩草又名嗑然偶存 末附霞泉圖題詞挽章

30338 又一部 同上 綠格鈔稿本 一册

30339 實夫未定稿一卷 清華亭楊雲言 道光二年壬午刊本 一册

30340 清平山館詩鈔九卷 清華亭徐訒 大烈手鈔稿本 殘存一至六卷

30341 畬香草存三卷續刻一卷 清華亭倪元坦 涵和堂家刊本 無年月 二册

30342 又一部 同上 同上 四册

30343 刖足集內篇不分卷外篇不分卷鶴笙仙館詩詞雜著一卷 清華亭鍾天緯 內篇光緒二十七年男鏡寰刊 外篇以下民國壬申女鏡芙排印本 二册 附錄年譜一卷

30344 侶樵詩集一卷附詞 清華亭徐抄稿本 一册

30345 塊石山房詩鈔十四卷 清華亭蔡春祺 嘉慶丁丑刊本 四册 版心題福堂詩鈔

30346 愛蓮[居詩鈔]

30347 思訒室無事書二卷 明華亭宋存標 明萬曆間自刊本 無年月 二册 文集

30348 鳳想樓詩選二卷 明雲間宋存標 順治乙酉刊本 二册

30349 林屋詩文稿全集文十六卷詩十四卷 清華亭宋徵輿 九籥樓原刊本 無年月 唐梧蓀聞人秋潭舊藏 十四册

30350 抱真堂詩稿十二卷 清華亭宋徵璧 康熙戊申自刊本 十册 卷十一詩評 卷十二詩話

干山周氏

30351 鶴靜堂集十九卷 清華亭周茂源 康熙辛酉男綸天馬山房刊本 十册

30352 不礙雲山樓[稿]未分卷 清雲間周綸 刊本 無年月 四册

文 詩 詩餘

城北顧氏

30353 **城北草堂詩鈔四卷** 清華亭顧夔 光緒十四年戊子男蓮刊本 二册 附詩餘二卷詞餘二卷 又附其婦王清霞小娜嬛室詩餘殘稿一卷

30354 **素心簃集文四卷詩二卷補遺文一卷詩一卷** 清華亭顧蓮 民國二年女夫金山高燮寒隱草堂刊本 大烈補錄文一首 四册

華陽朱氏

30355 **自怡軒遺稿一卷** 清華亭朱清 光緒二十一年乙未刊本 與下二種合一册

30356 **知止軒吟草一卷** 清華亭朱鎮 光緒間刊本 附自怡軒遺稿後

30357 **片玉山莊詩存一卷** 清華亭朱彥臣 光緒間刊本 附自怡軒遺稿後

30358 **知止軒文草二卷** 清華亭朱鎮 宣統庚戌刊本 一册 附辛壬雜筆一卷 民國乙卯續刊合印本

30359 **蓼齋集四十七卷後集五卷** 清雲間李雯 順治丁酉受業石維昆刊本 六册

30360 **李舒章尺牘一卷** 同上 傳鈔本 一册

30361 **彭省廬先生集** 清華亭彭師度 康熙六十一年男士超隆略堂刊本 四册 又名檢存稿文七卷 詩十卷 卷十爲詞

30362 **寶綸堂稿七卷** 清華亭許纘曾 康熙甲戌自刊本 二册

30363 **一硯齋集十六卷** 清華亭沈荃 民國乙卯封氏刊本 四册

30364 **因明子詩集十卷詩餘二卷** 清華亭張榮 康熙五十五年丙申拳石山房自刊本 四册

30365 **挹青軒詩**

30366 **復堂詩稿不分卷** 清雲間夏之蓉 傳鈔松江圖書館舊鈔稿本 殘存四言至五律止 二册

30367 **雪莊詩八卷** 清華亭繆謨 舊抄清稿本 四册 附詩餘不分卷 樂府(南北曲)不分卷

30368 **繆雪莊詩經文不分卷四書文不分卷** 同上 舊抄清稿本 門人張興載舊藏 二册

30369 **商權集三卷** 清華亭高不騫 康熙三十五年自刊本 一册

30370 **唐堂集六十卷**

30371 **學福齋全集五十七卷** 清華亭沈大成 乾隆甲午家刊本

十册 文集二十卷詩集三十七卷卷首賦一卷

30372 **近遊詩鈔二卷** 同上 乾隆甲戌有華書屋自刊本 一册

30373 **崇雅堂詩鈔五卷** 清華亭楊汝諧 乾隆辛巳自刊毘陵吳斌手書本 一册

30374 **綠窗小草二卷** 清雲間閨秀袁寒篁 乾隆間刊本 無年月 一册

30375 **談經齋詩鈔二卷** 清華亭徐良鈺 光緒間外孫姜保涵刊本 一册

30376 **百聲詩二卷** 清華亭周尊芳 道光八年自刊本 一册 殘存卷上

30377 **苧城三子詩合存** 清闕名 民國丙子封氏簠進齋重刊朱印本 一册

　　破窗風雨樓詩一卷 清華亭姜榕
　　海門遺詩一卷 清華亭沈夢書
　　愚谷遺詩一卷 清華亭朱鐸

30378 **尊古堂詩存一卷** 清釋圓覺 道光三年雲間直指庵刊本 一册

30379 **式古訓齋文集二卷外集一卷八指詩存二卷** 清華亭閔萃祥 光緒戊申海上刊本 五册

30380 **待烹生文集四卷** 清華亭錢同壽 在雲間兩徵君集内

30381 **味隱遺詩不分卷** 近人華亭雷補同 民國丁丑聚珍仿宋版印本 一册

30382 **炊葵子松風集二卷** 近人華亭耿道冲 民國甲子醵貲聚珍仿宋版印本 一册

30383 **炊葵子感舊初集一卷** 同上 民國庚午聚珍仿宋版印本 一册

30384 **逋居士集一卷** 近人華亭沈維賢 民國二十八年杭州刊本 詩 附平原村人詞一卷

30385 **西河草堂遺稿不分卷** 近人華亭張樂韶 民國二十四年孫守成排印本 一册 附其子鴻燾閑居草

30386 **閑居草一卷** 近人華亭張鴻燾 附西河草堂遺稿後

30387 **通藝文集六卷補編一卷** 清婁姚椿 道光二十年秀水莊仲方集貲木活字印本 六册 附晚學齋文集目錄一卷

30388 **通藝詩錄八卷** 同上

30389 **一樹梅花老屋詩三卷** 清婁姚濟 民國戊辰松韻草堂聚珍仿宋版印本 一册

30390 **延青齋詩鈔二卷** 清婁王春煦 民國辛酉玄孫廷樑聚珍仿宋板印本 一册

30391 **六半樓詩鈔四卷** 清婁蔡鵬飛 光緒十年刊民國丙子補版印行本 一冊

30392 **文杏堂詩剩一卷** 清婁趙青士 附刊六半樓詩鈔後

30393 **晚甘堂詩鈔一卷** 清婁朱甘澍 光緒十三年錢銘璧後園刊本 一冊

30394 **樂志簃全集** 清婁沈祥龍 光緒庚子辛丑先後刊本 五冊
　文錄四卷
　詩錄六卷
　詞錄一卷
　味經詩錄二卷 試帖
　樂志簃筆記四卷 內吾園日記二卷論文隨筆一卷論詞隨筆一卷

30395 **約齋未刊稿不分卷** 同上 原稿本

30396 **蘇盦集** 清婁楊葆光 光緒九年癸未杭州刊本 五冊
　文錄二卷
　駢文錄五卷
　詩錄八卷
　詞錄一卷

30397 **朱似石先生近詩一卷** 近人婁朱運新 黑格鈔稿本 一冊

30398 **孝簡陳先生僅存稿一卷雜著一卷** 清婁陳士翹 民國刊本 一冊

30399 **芝雲堂雜言□卷**

30400 **謙受堂全集**

30401 **此君書樓詩鈔九卷** 清奉賢夏際唐 道光十五年自刊本 四冊

30402 **鄂游草□卷** 清奉賢莊禮本先府君手鈔稿本 一冊

30403 **濠隱存稿二卷** 同上 民國三十一年金山高氏刊本 一冊

30404 **雨齋花萼遺稿二卷** 清奉賢胡宗泰 胡宗憲 民國乙亥宗憲孫永齡聚珍仿宋版印本 一冊

30405 **比玉樓遺稿四卷** 清奉賢訓導山陽黃振均 詩文詞曲各一卷

30406 **張氏二先生集** 今人金山張敬衡編 民國癸亥張氏既翕堂自排印本 三冊
　胥浦草堂文稿不分卷詩稿不分卷 清金山張慧
　靜敬山齋詩稿二卷 清金山張敦宗

30407 **修竹廬詩稿一卷** 清胥浦姚甡 大烈選鈔稿本

30408 **賜墨齋詩二卷詞一卷** 清金山姚念曾 光緒辛巳程氏補讀書齋重刊本 一冊

30409 **金山姚氏兩先生集** 清南匯張文虎編 光緒二年刊民國間姚氏松韻草堂印本 一冊
　紅林禽詩錄一卷詞錄一卷 清金山姚前樞

井眉居詩錄二卷 清金山姚前機

30410 浮梅草一卷 宣統己酉鉛印本 一冊

30411 盟梅館詩初稿一卷 今人金山閨秀姚竹心 民國甲子兄後超聚珍仿宋版印本 一冊

30412 守山閣剩稿一卷 清金山錢熙祚 附刊錢氏家刻書目後

30413 勤有書堂剩稿一卷 清金山錢熙輔 光緒二年男培蓀刊本 一冊

30414 蕉鹿居遺稿一卷 清金山錢銘圭 叔培蓀附勤有書畫剩稿刊本 一冊

30415 潛廬文稿不分卷 近人金山高煌 民國己丑男均等排印本 一冊

30416 吹萬樓文集十八卷 今人金山高燮 民國辛巳自刊本 六冊 附憤悱錄一卷

30417 吹萬樓詩集十八卷 同上 民國三十六年袖海堂自印仿宋活字本 四冊

30418 天梅遺集十六卷 近人金山高旭 民國二十三年高氏萬梅花廬家刊本 二冊

30419 丙辰燕遊草一卷 同上 民國丙辰自排印變雅樓叢書本 一冊

30420 藥軒漫稿不分卷 今人金山高基 民國己丑自排印本

30421 尋樂齋詩集八卷 清戴有祺自刊本 無年月 二冊 附慵齋野老傳

30422 知樂園集五卷 清莫之璋 乾隆五年自刊本 四冊 詩卷五詞 附莫我知自敘知樂園記二篇

30423 湖山到處吟二卷 清金山朱棟 乾隆壬子十三硯齋刊本 一冊

30424 二坨詩稿四卷 同上 嘉慶丙寅踵息山莊刊本 二冊 附詞稿一卷

30425 小山吟草不分卷 清金山錢庭桂 孫男鄤手錄清稿本 二冊

30426 葉漱潤先生遺稿文一卷詩一卷 近人金山葉秉常 民國三十八年集貲排印本 一冊 有詞 附弟子錄一卷 今人金山何修侯光遠編

30427 棕槐室詩 今人金山彭天龍自排印本

30428 蛻翁詩鈔不分卷 清青浦倪蛻 傳鈔舊刊本 一冊

30429 春融堂全集 清青浦王昶
　　詩集二十四卷
　　詞集四卷
　　文集四十卷

107

年譜
附雜記八種八卷

30430 **西樵文鈔一卷** 清青浦邵玘 嘉慶間家刊本 一册

30431 **幹山草堂小稿四卷** 清青浦何其偉 嘉慶二十一年自刊本 一册

30432 **藏齋詩鈔六卷** 清青浦何其超 同治七年刊本 二册 卷一棗花老屋集 二梁園集 三四玉寶集 五知生集 六澉南集

30433 **松壑間合刻詩鈔** 清青浦顧初昱編 道光四年自刊本 二册 分上下二卷

課暇吟一卷 清青浦顧初昱 卷上
織餘草一卷 清青浦胡家萱 卷下 初昱婦

30434 **鳳溪二王先生詩存二卷** 今人青浦沈其光選 朱雲樊編 民國三十一年集貲聚珍仿宋印本 一册

楊莊詩草一卷 清青浦王之勳（卷上）
清青浦王鳳儀（卷下）

30435 **醉月居詩詞鈔二卷** 清青浦葉世熊 光緒末年自刊本 一册

30436 **袖東先生遺稿一卷** 清青浦葉昌陛 民國壬申門人上海鄭永詒排印本 一册

30437 **碧蓮居遺稿一卷補遺一卷** 近人青浦徐廷璣 民國孫男經聯排印本 一册 附文一首

30438 **流霞書屋遺集四卷** 近人青浦鄒銓 民國二年排印本 一册 卷一文 二詩 三詞 四楊白花傳奇

30439 **瓶粟齋詩存四卷** 今人青浦沈其光 民國三十七年同邑吳開先排印本 一册

30440 **葉忠節公遺稿十二卷** 清上海葉映榴 乾隆十年男芳刊 宣統元年八世孫秉權印本 四册

30441 **媿隅集十卷** 清上海趙文哲

30442 **文詠樓詩鈔五卷** 清上海沈璧璉 嘉慶間子嵩峻校刊 附虛白堂詞鈔一卷

30443 **環翠閣詩鈔一卷** 清雲間張介婁籍 同上 合刊本 附詞鈔一卷 沈璧璉室

30444 **聊香詩鈔二卷** 清上海陸南鍔 嘉慶壬戌笏齋刊本 一册

30445 **陔南池館遺集二卷** 清上海喬重禧 在春暉堂叢書內

30446 **紀半樵詩一卷** 清上海紀大復 同上

30447 **仲瞿詩錄一卷** 清王曇 上海徐渭仁輯 在春暉堂叢書內

30448 **繡餘續草五卷** 清琴川歸懋儀 道光壬辰刊本 二册 閨秀

上海 室

30449 又一部 同上 同上 上海徐紫珊舊藏有名人批點

30450 繡餘再續草三續草四續草不分卷 同上 蘭皋詩屋原稿本

30451 擷紅詞館吟鈔四卷 清滬上蕭承蕚 道光乙未刊本 一册 殘存一、二卷

30452 望雲草堂詩集二卷 清上海賈勛 民國三年男豐臻排印本 一册

30453 鶴窠村人初稿一卷賓紅閣豔體詩一卷 近人上海黃協塤 民國戊午排印本 一册

30454 黃夢畹詩鈔 鶴窠村人詩稿八卷賓紅閣樂府（詞）一卷 同上 民國十九年排印本 一册

30455 度帆樓詩稿二卷 近人上海孔祥百 民國二十九年男令申聚珍仿宋板印本 二册 附度帆樓譚藝一臠一卷 侄穀人述

30456 韻丞詩存三卷 近人上海趙世修 民國十八年青浦吳家鎮懷舊盦吳門仿宋活字印本 一册

澤畔吟一卷
感甆集一卷

補遺一卷

30457 倚劍樓詩稿一卷 今人上海王銓濟 民國乙丑自排印本 一册

30458 上海李氏易園三代清芬集 今人上海李味青編 民國二十九年自排印本 一册

易園文集六卷詩集二卷詞集一卷 李林松
猶得住樓詩稿一卷詞稿一卷 李媞
優盋羅室文稿一卷詩稿一卷 李尚暲
月來軒詩稿一卷 嘉興錢蘊素（尚暲室）
李徵士文稿一卷 李邦黻
六宜樓詩稿一卷附錄一卷 澧溪姚其愼（邦黻室）

30459 猶得住樓詩選一卷詞選一卷 清上海李媞 近人南匯朱惟公選 民國乙丑朱氏排印本 一册

30460 優盋羅室詩稿一卷 清上海李尚暲 宣統元年男邦黻鉛印本 與下合一册

30461 月來軒詩稿一卷 清嘉興錢蘊素 同上 合印本

30462 見齋全集 近人上海秦錫圭 民國十六年排印本 三册

文稿一卷
公牘一卷
詩集一卷附詩餘

30463 秦伯未詩不分卷 今人上海

秦之濟

30464 **謙齋詩詞集□卷** 同上

30465 **郁氏三世吟稿** 今人上海郁元英編 民國戊辰仿宋活字板印本 一冊
  素癡集一卷 近人上海郁屏翰
  餐霞集一卷附詞 近人郁錫璜
  蘭餘集一卷 郁元英

30466 **餐霞集二卷詩餘一卷** 近人上海郁錫璜 民國辛巳男元英聚珍仿宋板印本 一冊

30467 **述山詩鈔四卷** 清南匯唐祖樾 舊抄稿本 一冊 附唐述山自訂年譜一卷

30468 **白華前稿**

30469 **白華後稿**

30470 **白華入蜀詩鈔**

30471 **周浦二馮詩草** 近人南匯朱惟公編 民國十六年丁卯自排印本 一冊
  繡間草一卷附詞 清南匯閨秀馮履端
  團香吟一卷 清南匯閨秀馮履瑩

30472 **薌荑詩鈔二卷** 清南匯閨邱德堅 民國十六年同邑朱惟公排印本 一冊

30473 **刻眉別集二卷** 清南匯朱作霖 民國十六年同邑朱惟公醵貲排印本 一冊

30474 **朱雨蒼先生遺稿輯存四卷附補輯** 同上 民國二十七年同邑傅佐衡排印本 一冊

30475 **香草文鈔一卷** 清南匯于鬯 宣統元年自排印本 一冊

30476 **大漠詩人集六卷** 今人南匯顧憲融 民國二十三年自排印本 一冊 題江南顧佛影

30477 **眠雲樓詩鈔二卷** 近人南匯湯忠鑫（丹陽籍）民國十五年朱惟公排印本 一冊

詞曲類

30478 **谷水詞叢□種** 大烈編 鈔稿本
  小雅堂詞一卷 明雲間莫雲卿
  花影詞不分卷 明華亭施紹莘
  螺舟綺語一卷 清華亭王頊齡
  吉羊館詩餘二卷 清華亭王陶
  松溪詩餘一卷 清華亭王九齡
  世濟堂詩餘一卷 清華亭何明睿
  雪莊詞一卷 清華亭繆謨
  四香樓詞一卷 清華亭范纘
  呵壁詞一卷 清華亭陳塏
  鼠璞詞一卷 華亭吳鈞
  改蟲齋詞一卷 清華亭高層雲
  羅罿草五卷 清華亭高不騫
  柯齋詩餘一卷 清華亭周綸
  容居堂詞一卷 清華亭周稚廉
  棣華堂詞一卷 清婁馮瑞
  古鐵齋詞鈔四卷 清婁馮承輝
  雙紅豆館詞草一卷 清婁姚椑
  課花詞館詩餘一卷 清婁張雲望

環翠閣詞鈔一卷 清婁閨秀張介
看山閣詩餘四卷 清婁黃圖珌
蒓洲詞一卷 清青浦屠文漪
采蕚詞一卷 清青浦陸□□
梯仙閣詩餘一卷 清青浦閨秀陸鳳池
七榆草堂詞一卷 清青浦何其章
侃竹齋詞鈔一卷 清青浦吳文徵
蛻翁詞不分卷 清青浦倪蛻
篁村詞一卷 清上海陸錫熊
曇華閣詞一卷 清上海張熙純
虛白堂詞鈔一卷 清上海沈璧璉
退密詩餘一卷 清上海趙秉淵
小隱山房詩餘一卷 清上海趙增銘
南浦詞三卷 清上海周金然
自鳴稿詩餘一卷 清上海王壽康
半農詩餘一卷 清上海王錚
嘯閣餘聲一卷 清上海張錫懌
竹香亭詩餘一卷 清上海曹垂璨
新堂詩餘一卷 清上海賈振元
西澗舊廬詞一卷 清上海劉樞
春柳草堂詩餘一卷 清上海陳澤泰
晚菘廬詞鈔一卷 清上海周鋐
養恬書屋詩餘一卷 清上海金理
舒嘯樓詞稿一卷 清上海李曾裕
玉壺詞一卷 清上海葉尋源
蘭舫詞一卷 清上海趙維烈
響泉詞一卷 清上海徐允哲
撫松軒詩詞一卷 清南匯康秀書
默史詞一卷 清南匯王樹森
繡閑詞一卷 清南匯閨秀馮履端

30479 簫臺公餘詞一卷
白石道人歌曲六卷歌詞別集一卷 宋姜夔 乾隆己巳華亭張奕樞景刊宋嘉泰雲間本 沈氏海日樓舊藏 二冊
遺山先生新樂府五卷 金元好問 光緒丙子華亭張氏重校刊本 一冊

30480 筆花樓詞譜一卷 明華亭顧正誼 題雲間室雲居士 仁和高達校刊本 無年月 一冊 又名筆花樓新聲 南曲

總集類

30481 唐詩定編十四卷 明金是瀛 宋慶長 順康間宋氏家刊本 無年月
30482 唐律酌雅七卷 清雲間胡鼎蓉等輯 乾隆丁丑胡氏兼葭書屋自巾箱本 二冊
30483 蕁閣詩藏□卷
30484 湖海詩傳四十六卷 清青浦王昶
30485 近人詩錄
30486 紅梵精舍女弟子集
30487 松風餘韻五十一卷 清婁姚宏緒 乾隆癸亥寶善堂刊本 十六冊
30488 國朝松江詩鈔六十四卷 清松江姜兆翀
30489 書臺詩鈔
30490 續書臺詩鈔
30491 海上詩逸六卷 清宋蓮 癸□張炑恭壽堂刊本 二冊
30492 國朝海上詩鈔八卷初續集二卷首末各一卷 清上海曹

錫辰 乾隆戊子北居自刊本 四冊

30493 **海藻二十八卷補遺一卷** 今人上海嚴昌埆 民國癸未淵雷室自排印本 八冊

30494 **閔行詩存四卷** 今人上海黃蘊深 民國二十四年自排印本 二冊

30495 **海曲詩鈔十六卷補編一卷二集六卷** 清南匯馮金伯 民國戊午合三編集貲排印本 共八冊

30496 **海曲詩鈔三編十二卷** 今人上海黃協塤 同上 合印本 附香光樓同人唱和詩一卷

30497 **梓鄉叢錄四卷** 今人上海秦錫田 民國自排印本 二冊 詩二卷詞二卷 詞大烈手校補

30498 **雲間七家詩**

30499 **亭湖三家詩鈔**

30500 **范氏一家言不分卷** 清華亭范韋 康熙中原稿本 有欽吉堂題識 四冊

30501 **南塘張氏詩略二卷** 清華亭張家鼎編 積頤精舍紅格鈔稿本 一冊

30502 **同懷詩草不分卷** 清上海侯紳 侯敞 同治元年敞自刊本 一冊

30503 **孫王倡和集□卷** 明華亭何良俊編 明刊本

30504 **話雨軒倡和詩一卷** 清華亭沈宗敬 大烈手鈔稿本

30505 **無題唱和詩十五卷** 清由拳孫鍵 民國十三年掃葉山房影印本 二冊

30506 **俞塘老友聯吟四卷** 清上海張偉 道光丁未刊本 二冊

30507 **自怡園屏錦詩集二卷** 清谷陽葉珪 咸豐丙辰自怡園刊本 一冊

30508 **又一部詩集二卷詞集二卷** 同上 鈔稿本

30509 **白燕倡和詩一卷** 清雲間張卿雲編 乾隆甲午男頤孫穀孫隆孫芳孫刊本 一冊 附鹽官遊草三卷

30510 **絮庭酬唱集不分卷** 清奉賢朱家驊編 光緒十三年家刊本 一冊

30511 **黃華集不分卷** 今人金山高燮 民國癸亥閑閑山莊聚珍仿宋版印本 一冊

30512 **醉心閣四十唱酬集不分卷** 近人松江張端瀛 民國丁巳排印本 一冊

30513 **黃冷叟述懷唱和集一卷** 近人上海黃宗堅 民國二十九年男藝錫排印本 一冊 附哀挽錄一卷

30514 茸城近課八卷 清婁黃仁編 道光壬寅至乙巳先後刊本 八冊

30515 振雅社

30516 松風社同人集二卷 近人華亭雷補同選 民國乙丑耿道沖聚珍仿宋板印本 一冊

30517 鳴社二十年話舊集一卷 近人上海郁錫璜 民國乙亥聚珍仿宋板印本 一冊

30518 滬瀆同聲續集不分卷 近人上海郁錫璜編 民國乙亥聚珍仿宋板印本 一冊

30519 吾園春雪集□卷 清上海李筠嘉 鈔稿本

30520 野園題詞不分卷 今人奉賢王玉書編 民國二十六年自排印本 一冊

30521 萍因蕉夢十二圖題詞二卷 清胥浦金黼廷 光緒五年男昌燕順鴻刊本 一冊 附松陰詩逸園題詞一卷

30522 秀野新居圖題詞□卷 清上海劉樞 大烈手鈔稿本

30523 湖心亭錄別不分卷 清華亭釋元龍 康熙甲戌自刊本 一冊

30524 柘湖祖餞圖題詞一卷 清金山吳履剛 莫鴻銓編 同治八年刊本 一冊

30525 柘湖宦游錄不分卷 清金山張良朔編 宣統元年歸安蔣氏刊月湖草堂叢稿本 一冊 頌金山知縣蔣清瑞

30526 清芬集五卷續刻一卷 清奉賢徐得厚編 大烈摘抄咸豐芝雲堂刊本

30527 清河節孝徵詩錄不分卷 清南匯張鑫輯 同治十三年刊本 一冊

30528 鹽官遊草三卷 清雲間張芳孫 張經 張綸撰 乾隆甲午刊本 附白燕倡和詩後

30529 三子遊草 民國乙卯排印本 一冊

30530 兩京同遊草 聚珍仿宋板印本 無年月 一冊

30531 京錫遊草四卷 民國己未聚珍仿宋板印本 一冊 附葉朱二氏和詩 排印本

30532 選注規李一卷選學糾何一卷 清胥浦徐攀鳳 叢書集成排印珠塵本

30533 文選筆記八卷 清華亭許巽行 文淵樓叢書影印第三次刊定本 六冊 附密齋隨錄一卷 大烈據巽行玄孫嘉德第二次刊本校過

30534 古文苑札記一卷

30535 古文品外錄十二卷 明華亭陳繼儒 民國二十五年張氏

113

貝葉山房排印 二册

30536 **短篇文選三卷** 近人華亭雷瑨 民國十四年掃葉山房石印本 四册

30537 **湖海文傳七十五卷** 清青浦王昶 道光

30538 **國朝文錄八十二卷** 清婁姚椿 咸豐元年華亭張祥河終南山館刊本

30539 **翰海十二卷** 明華亭陳繼儒 光緒元年申報館排印巾箱本 八册

30540 **幾社壬申合稿二十卷** 明華亭杜騏徵 徐鳳彩同編 明小樊堂刊本 十二册

30541 **春暉社選第一集**

30542 **干溪曹氏家集二十四卷** 近人嘉善曹秉章編 民國丁丑舊都自排印本 八册

30543 **恩慶編二卷附錄一卷續附一卷卷末一卷** 清華亭姜熙 道光辛丑姜氏敬學堂刊本 二册 卷末爲孝友堂宗規

30544 **棠蔭錄四卷卷首一卷** 清婁唐模編 道光二十七年刊本 一册 松江知府周中鋐

30545 **感發集五卷附籤** 光緒元年己亥刊本 殘存 一册 頌華亭知縣山右白香亭

30546 **谷水口碑錄二卷** 闕名編 光緒二十一年刊本 一册 詩錄一卷文錄一卷 送署華亭縣知縣童寶善 中有先大父詩

30547 **又一部** 一册

30548 **七十雙壽贈言不分卷** 清婁秦堂編 乾隆三十九年甲午承古堂自刊本 四册 文 詩 詞

30549 **近科制藝不分卷** 先府君彙輯 合訂刊本 一册 皆郡人

30550 **清綺軒詞選**

30551 **自怡軒詞選**

30552 **詞綜**

30553 **明詞綜十二卷國朝詞綜**

30554 **草堂詩餘正集六卷** 明武陵顧從敬 陳仁錫刊四編本 大烈以萬曆甲寅錢刻三編本手校 十册

附續集二卷新集五卷 明錢允治
別集四卷 明沈際飛

30555 **詞壇妙品**

30556 **熙朝詠物雅詞十二卷** 清南匯馮金伯編 嘉慶戊辰墨香居自刊本 六册

30557 **海曲詞鈔**

30558 **幽蘭草** 明刊本 無年月 上海黃氏煙霞閣舊藏 一册

30559 **干溪曹氏一家詞三卷**

30560 **秋水軒倡和詞一卷**

30561 **洞仙歌倡和詞三卷** 清金山沈毓楣編 綠格傳抄稿本

一册
冰絲寮詩餘一卷 清金山沈毓楣
竹坪書屋詩餘一卷 清婁黃仁
花不住齋詩餘一卷 清華亭載因心

詩文評類

30562 **此木軒論文雜說□卷** 清焦袁熹 舊抄清稿本 韓淥卿舊藏 一册

30563 **藝概□卷** 清上海龍門書院山長興化劉熙載

30564 **馬氏文通十卷** 清寓賢丹徒馬建忠 巾箱刊本 十册

30565 **瓶粟齋詩話十卷續編六卷** 今人青浦沈其光 民國戊子門人瞿秉乾等排印本 一册

30566 **閨秀詞話四卷** 民國松江雷瑨 雷瑊同輯 民國丙辰掃葉山房石印本 □册

叢　書

30567 **璣衡館叢鈔六種** 先府君彙鈔 手錄本

明夷待訪錄
則古昔齋算學
格致彙編撮要
辨症秘旨
釋柯集
鄂游草

30568 **春暉堂叢書** 清上海徐渭仁輯 道光辛丑自刊本 十二册

30569 **雲間兩徵君集** 闕名編 民國己丑集貲排印本 一册

茹茶軒續集附炳燭隨筆一卷六卷 清婁張錫恭

待烹生文集四卷 清華亭錢同壽

30570 **周浦南陰堂姚氏叢刊** 今人南匯姚永年編 民國二十六年自排印本

30571 **國學叢選十八集不分卷** 今人金山高燮 民國間國學商兌會先後自排印本

30572 **武陵山人遺書** 清金山顧觀光 附顧氏二種

30573 **舒藝室全集□種** 清南匯張文虎

五際㠱所藏清詩目錄

順康詩壇點將錄

托塔天王 錢東澗 謙益 常熟

40001 牧齋初學集一百十卷有學集五十卷補一卷附校勘記一卷 涵芬樓影印本 □册

40002 牧齋初學集箋注二十卷有學集箋注十四卷 錢曾注 康熙間玉詔堂刊本 十四册

及時雨 王漁洋 士禎 新城

40003 帶經堂全集九十二卷 歙門人程哲編 康熙辛卯七略書堂刊本 □册

40004 精華錄訓纂二十卷 惠棟注 紅豆齋原刊本 十册

40005 又訓纂補十卷 乾隆丁丑刊本 四册

40006 精華錄箋注十二卷補遺一卷 金榮注 批校

40007 帶經堂詩話三十卷 張宗柟輯 乾隆刊本

玉麒麟 朱竹垞 彝尊 秀水

40008 曝書亭集八十卷附笛漁小稿 涵芬樓影印本 □册

40009 曝書亭集外稿八卷 馮登府輯 道光二年刊本 二册

40010 曝書亭詩集注二十卷附年譜一卷 楊謙注 乾隆木山閣刊本 八册

智多星 吳梅村 偉業 太倉

40011 吳梅村家藏稿五十八卷詩補一卷文補一卷年譜四卷附樂府三種四卷 涵芬樓影印董氏刊本 六册

40012 梅村詩集箋注十八卷 吳翊鳳注 影印滄浪吟榭刊本 六册

入雲龍 馮定遠 班 常熟

40013 馮氏小集三卷鈍吟集三卷別集一卷餘集一卷遊仙詩一卷集外詩一卷外集一卷文稿一卷雜錄十卷 常熟二馮先生集鉛印本

神機軍師 趙秋谷 執信 益都

40014 飴山詩集二十卷文集十二卷附錄一卷 備要聚珍本

小旋風 龔芝麓 鼎孳 合肥

40015 定山堂全集六十四卷 光緒癸未龔氏聖彝書屋重刊本 二十七册

大刀手 宋荔裳 琬 萊陽

40016 安雅堂

40017 安雅堂詩文集十五卷未刻稿十卷 備要聚珍本

亭林周氏後來雨樓劫餘書目

豹子頭 施愚山 閏章 宣城
40018 學餘堂文集二十八卷詩集五十卷外集二卷 宣統扶輪社石印本 □冊

霹靂火 顧黃公 景星 蘄州
40019 白茅堂集四十六卷附耳提錄 康熙戊寅原刊本 二十一冊

雙槍將 董易農 文驥 武進
40020 漱泉閣詩集十四卷文集十六卷 常州先哲遺書後編本

雙鞭 查初白 慎行 海寧
40021 敬業堂詩集五十卷續集六卷 批校本

沒羽箭 彭羡門 孫遹 海鹽
40022 松桂堂集三十七卷南泹集三卷附延露詞三卷 乾隆八年家刊本 八冊

小李廣 宗梅岑 元鼎 江都
40023 新柳堂集十五卷 原刊本 八冊

金槍手 徐虹亭 釚 吳江
40024 南洲草堂集三十卷續集四卷 康熙間菊莊刊本 十冊

撲天雕 李舒章 雯 華亭
40025 蓼齋集四十七卷後集五卷 順治丁酉受業石維崑刊本 六冊

病尉遲 杜于皇 濬 黃岡
40026 變雅堂集五卷附一卷 原刻本

40027 變雅堂文集八卷詩集十卷首一卷補遺二卷附錄二卷 黃岡二處士集鉛印本

青面獸 彭羿仁 孫貽 海鹽
40028 茗齋集二十三卷附明詩鈔九卷 涵芬樓影印本（叢刊續編）

美髯公 陳迦陵 維崧 宜興
40029 湖海樓詩集八卷陳迦陵文集六卷儷體文十卷 涵芬樓影印患立堂本

插翅虎 彭省廬 師度 華亭
40030 彭省廬先生集十七卷 康熙六十一年男士超隆略堂刊本 四冊 又名檢存稿 文七卷詩十卷 卷十為詞

九紋龍 史蕉飲 申義 江都
40031 蕪城集三卷使滇集三集過江集四卷過江二集四卷 康熙至乾隆先後家刻本 四冊

急先鋒 孫溉堂 枝蔚 三原
40032 溉堂前集九卷後集六卷續集六卷文集五卷詩餘二卷

陝西排印本 十冊

沒遮攔 吳野人 嘉紀 泰州
40033 陋軒詩十二卷續二卷 道光間夏嘉謨刊本 五冊
40034 陋軒詩六卷 楊氏刊本

井木犴 梁藥亭 佩蘭 南海
40035 六瑩堂集九卷二集八卷評詞一卷附錄一卷 粵十三家集重刊本 六冊

花和尚 釋澹歸 今種 仁和
40036 徧行堂集十六卷 國學扶輪社排印本 八冊

行者 屈翁山 大均 番禺
40037 道援集□卷詞一卷 康熙間刊本 五冊
40038 翁山詩外十八卷 扶輪社排印本 八冊

黑旋風 陳元孝 恭尹 順德
40039 獨漉堂詩集十五卷文集十五卷奏疏雜文一卷 道光五年重刊本 十冊 又名獨漉子詩文全集

浪子 黃莘田 任 永福
40040 香草齋詩鈔六卷 乾隆戊寅刊本 四冊

混江龍 曹顧庵 爾堪 嘉善
40041 南溪集□卷 在干溪曹氏家

集內

紫髯伯 孫古嵁 鋑 嘉善
40042 海日堂詩集五卷文集二卷 道光重刊本 六冊

石將軍 查蓮坡 為仁 宛平
40043 蔗塘未定稿八卷押簾詞一卷 乾隆原刊本 二冊

雲裏金剛 宋漫堂 犖 商邱
40044 綿津詩鈔八卷 二家詩鈔刊本 四冊

旱地勿律 顧俠君 嗣立 長洲
40045 秀野草堂詩集五卷 康熙原刊本 一冊
40046 大小雅堂詩集五卷 康熙家刻本 二冊

玩江鱟 李武曾 良年 秀水
40047 秋錦山房集十卷 康熙原刊本 二冊
40048 秋錦山房外集三卷 李旦華編 原刊本 一冊

出海蛟 李分虎 符 秀水
40049 花南老屋詩集五卷 梅會詩人遺集刻本

鐵面孔目 汪堯峰 琬 長洲
40050 堯峰文鈔五十卷 康熙三十二年林佶寫刻本 八冊 詩十

卷文四十卷

百勝將 邢石臼 昉 高淳
40051 石臼前集九卷後集七卷 蔣氏慎修書屋鉛印本

天目將 潘鶴江 高 金壇
40052 南村詩集二十二卷文二卷 康熙鶴江草堂自刊本 二冊

聖水將 馮默庵 舒 常熟
40053 默庵遺稿十卷附錄一卷 常熟二馮先生集鉛印本

神火將 吳修齡 殳 常熟
40054 拂舒集□卷 紅格舊鈔稿本 一冊
40055 松齋詩稿□卷 抄稿本 一冊
40056 圍爐詩話三卷 張氏適園刊本 一冊

鎮三山 黎媿曾 士弘 長汀
40057 託素齋詩集四卷文集六卷 重刊本 十冊

醜郡馬 納蘭容若 性德 遼陽
40058 通志堂集十八卷附錄二卷 通志堂家刻本 四冊

火眼狻猊 馮大木 廷櫆 德州
40059 馮舍人遺詩六卷 二馮詩集排印本 一冊

鐵笛仙 尤西堂 侗 長洲
40060 尤西堂全集□卷 文瑞樓石印本

摩雲金翅 高遺山 詠 宣城
40061 遺山詩四卷 國初十家詩鈔本

赤髮鬼 劉蒲庵 體仁 穎州
40062 七頌堂詩文集十二卷 同治重刊本 四冊

神醫 傅青主 山 太原
40063 霜紅龕集四十卷附錄三卷年譜一卷 山陽丁寶銓編 宣統三年刊本 八冊

混世魔王 申鳧盟 涵光 永年
40064 聰山詩選八卷 畿輔叢書刊本

八臂哪吒 張覆興 蓋 永年
40065 柿葉庵詩選一卷 畿輔叢書刊本

飛天大聖 殷宗山 岳 雞澤
40066 留耕堂詩集一卷 畿輔叢書刊本

出林龍 梅雪坪 庚 宣城
40067 漫興集一卷 康熙乙未刊本 一冊

獨角龍 梅瞿山 清 宣城
40068 天延閣刪後詩十五卷後集十五卷贈言集四卷 康熙辛亥刊本 七冊

鐵扇子 王西樵 士禄 新城
40069 考功集選四卷 王士禎選 原刊本 一冊
40070 十笏草堂詩四卷 國初十家詩鈔本

打虎將 李杲堂 鄴嗣 鄞縣
40071 杲堂詩七卷文六卷 四明張氏重刊本

小霸王 周箬谷 篔 嘉興
40072 采山堂詩八卷 國初十家詩鈔本 按梅會詩人遺集亦刻詩集八卷

喪門神 費此度 密 新繁
40073 燕峰詩鈔一卷 渭南嚴氏刊費氏三種本 按大關唐氏亦刻

錦毛虎 厲樊榭 鶚 錢塘
40074 樊榭山房文集八卷詩集十卷詞集四卷續詩集十卷集外詩三卷 光緒重刊足本 批校 □冊

矮腳虎 王蓼谷 蘋 歷城
40075 二十四泉草堂詩十二卷 康熙丁酉刊本 四冊

白面郎君 鄭荔鄉 方坤 晉安
40076 蔗尾詩集十五卷文二卷 乾隆刊本 二冊

跳澗虎 陳允倩 祚明 仁和
40077 稽留山人詩集二十一卷 康熙采菽堂刊本 四冊 亦名采菽堂詩集 又名敝帚集

白花蛇 徐菘庵 夜 新城
40078 徐菘庵詩選二卷 王士禎選 康熙刊本 一冊

一丈青 湯西厓 右曾 仁和
40079 懷清堂集二十卷 乾隆中湯氏寶笏樓刊本 四冊
40080 使黔集二卷 康熙刊本 二冊

母大蟲 顧震雉 大申 華亭

母夜叉 顧書宣 圖河 江都
40081 雄雉齋選集六卷 康熙刊本 二冊

聖手書生 沈繹堂 荃 華亭
40082 一硯齋集十六卷 民國乙卯封氏簣進齋刊朱印本 四冊

玉臂匠 周櫟園 亮工 祥符
40083 賴古堂集二十四卷 汝南家塾刊本 六冊
40084 賴古堂印譜

鐵臂膊 汪蛟門 懋麟 江都
40085 百尺梧桐閣遺稿十卷 康熙瞻芑堂刊本 二冊

一枝花 汪悔齋 楫 儀徵
40086 悔齋詩六卷山聞詩一卷山

聞續集一卷京華詩一卷觀海集一卷 康熙雍正間先後刊本 四冊 總名梅齋集十卷

病關索 林茂之 古度 福清
40087 林茂之詩選二卷 王士禎 康熙庚寅歙程哲刊本 一冊

拚命三郎 徐浪齋 波 吳縣
40088 徐元歎先生殘稿一卷 叢書集成鉛印本 一冊 一名浪齋新舊詩

錦豹子 鄒程邨 祗謨 武進
金錢豹子 嚴藕餘 繩孫 無錫
40089 秋水集十卷 無錫木活字重印本 四冊 卷十為詞 述廬朱墨筆校並補詞

轟天雷 胡石莊 承諾 竟陵
40090 青玉軒詩七卷 周氏沈觀齋重刊本 四冊

神算子 顧玉停 陳埩 太倉
40091 洗桐軒文集九卷抱桐軒文集三卷 乾隆間淡成堂刊本 四冊 又名顧賓易集

鐵叫子 洪稊畦 昇 錢塘
40092 稊畦集□卷續集一卷 近時鉛印本

玉幡竿 黃舊樵 雲 泰州
40093 桐引樓詩無卷數 王士禎選

康熙間刊本 四冊 皆七言律以三十韻母分編

兩頭蛇 方息翁 世舉 桐城
40094 春及堂初集一卷二集一卷三集一卷四集一卷附蘭叢詩話一卷 乾隆間刊本 二冊

雙尾蠍 方南堂 世泰 桐城
40095 方貞觀詩集六卷 乾隆刊本
40096 愛日堂吟稿十五卷 原刊本 二冊
40097 南堂輟鍛錄一卷 述廬手鈔稿本 一冊

小尉遲 杜蒼略 岕 原名紹凱 黃岡 明諸生
40098 些山集輯三卷首一卷 黃岡二處士集鉛印本 附變雅堂集後

病大蟲 顧與治 孟遊 江寧
40099 顧與治詩集八卷 蔣氏慎修書屋刊本

金眼彪 潘稼堂 耒 吳江
40100 遂初堂全集四十卷 康熙刊本 十二冊

鬼臉兒 閻古古 爾梅 沛縣
40101 白耷山人詩四卷文二卷 徐州二遺民集刊本 按康熙間刊詩集十卷

催命判官 李天生 因篤 富平
40102 受祺堂詩集三十二卷 道光十年刊本 十冊

中箭虎 丁藥園 澎 仁和
40103 扶荔堂文集選十二卷詩集十二卷扶荔詞四卷 乾隆丙申文芸館刊本 六冊

花項虎 沈去矜 謙 仁和
40104 東江集鈔九卷附錄一卷 康熙刊本 二冊

沒面目 周桐野 起渭 貴陽
40105 桐野詩集四卷 貴陽陳氏重刊本 □冊 按有黔南叢書鉛印本

青眼虎 李蒼存 嶟端 盱眙
40106 後圃編年稿十六卷續稿十四卷題像詩一卷詞稿二卷 康熙至乾隆先後刊本 八冊

笑面虎 冷秋江 士嵋 丹徒
40107 江泠閣詩集十二卷續編十二卷 道光刊巾箱本 四冊

40108 江泠閣詩集校補不分卷緒風吟二卷 盦山精舍影印本 二冊

通臂猿 萬年少 壽祺 徐州
40109 隰西草堂詩集五卷文集三卷附遞渚唱和集一卷 道光

甲申王敬之校刊本 四冊

操刀鬼 鄧孝威 漢儀 泰州

菜園子 吳孟舉 之振 石門
40110 黃葉村莊集八卷續集一卷後集一卷 光緒重刊本 四冊

小遮攔 吳漢槎 兆騫 吳江
40111 秋笳集八卷

活閻婆 王孟穀 戩 漢陽

險道神 姜西溟 宸英 慈谿
40112 葦間詩集五卷 道光四年葉元墀木活字重印本 二冊

金毛犬 張秦亭 綱孫 錢塘
40113 張秦亭集十三卷補遺一卷 石甑山房刊本 二冊

九尾龜 陶昭萬 澂 寶應
40114 舟車集二十卷 念堂刊本 四冊

白日鼠 王黃湄 又旦 郃陽
40115 黃湄詩選十卷 王士禎選 康熙庚申刊本 三冊

鼓上蚤 余澹心 懷 莆田
40116 味外軒詩輯一卷 傳鈔本

鐵棒 顧亭林 炎武 昆山
40117 亭林詩集五卷 朱筆校本 一冊

40118 足本亭林詩集六卷 光緒幽

光閣排印本 述盧黃筆手校 二冊
40119 顧亭林先生詩集箋注十七卷校補一卷 山陽徐嘉 光緒丁亥徐氏味静齋刊本 六冊

乾嘉詩壇點將錄

托塔天王 沈歸愚 德潛
40120 竹嘯軒詩鈔十八卷歸愚詩鈔十四卷歸愚文鈔十二卷文續十二卷説詩晬語一卷浙江通省志圖説一卷黃山遊草一卷台山遊草一卷南巡詩一卷 乾隆中先後家刻本(印否齋刊) 十六冊
40121 七子詩選 七子詩選有石印本
40122 國朝詩別裁集

及時雨 袁簡齋 枚 錢塘
40123 小倉山房詩集三十七卷續集二卷 乾隆間隨園刊本 十四冊
40124 隨園詩話

玉麒麟 畢秋帆 沅
40125 靈岩山人詩集四十卷 嘉慶己未經訓堂原刊本 十二冊 附年譜一卷 史善長

40126 吳會英才集十八卷 刊本 無年月 八冊

智多星 錢籜石 載 秀水
40127 籜石齋詩集四十九卷 乾隆戊申家刻本 袁湘湄舊藏
40128 籜石齋文集二十五卷詞一卷 乾隆間刊本別行

入雲龍 王蘭泉 昶 青浦
40129 春融堂集六十八卷附雜記八種八卷年譜二卷 嘉慶丁卯墊南書舍原刊光緒十八年修板本 無競氏朱筆圈點墨筆據三家絕句本補詩校字 二十冊
40130 述庵詩鈔十二卷 乾隆庚戌自刊本 四冊
40131 履二齋集二卷 七子詩選本
40132 湖海詩傳

神機軍師 法梧門 式善 蒙古
40133 存素堂詩初集二十四卷 嘉慶丁卯刻本 三冊

小旋風 阮芸臺 元 儀徵
40134 瑯嬛仙館詩略八卷 嘉慶十三年從弟亨文選樓刊巾箱本 四冊
40135 文選樓詩存五卷 嘉慶二十四年琅嬛仙館刊本 二冊
40136 揅經室詩錄五卷 同治三年

男祜成都重刊本 二册

大刀 蔣心餘 士銓

40137 忠雅堂詩集二十七卷

豹子頭 胡稚威 天游 山陰

40138 石笥山房集文集六卷補遺一卷詩集十一卷詩餘一卷補遺二卷續補遺二卷年譜一卷 咸豐二年重刊足本 □册

霹靂火 趙甌北 翼

40139 甌北詩集五十三卷 嘉慶湛貽堂刻本 八册

40140 甌北詩抄二卷 原刊本 一册 全集内詩鈔十七卷

雙槍將 邵夢餘 無恙 山陰

40141 鏡西閣詩選四卷 陳文述選 道光庚寅碧城仙館刊本 許乃普舊藏 二册

40142 歷代名媛雜詠三卷 乾隆壬子刊

40143 夢餘詩鈔二卷 光緒三年刊

雙鞭 蕭子山 掄

40144 樊村草堂詩選三卷 一册

40145 青楊館兩晉南北朝詠史樂府二卷 嘉慶二十年原刻本 一册

没羽箭 舒鐵雲 位

40146 瓶水齋集十七卷別集二卷 嘉慶乙亥巴光誥光奎刊本 八册

小李廣 陳雲伯 文述 錢塘

40147 頤道堂詩選十六卷詩外集八卷 道光癸未家刊本 六册

40148 頤道堂全集七十八卷 道光戊子刊 文鈔十三卷詩選三十卷外集十三卷戒後詩存十六卷補遺六卷

金槍手 彭甘亭 兆蓀 鎮洋

40149 小謨觴館詩集八卷詩餘一卷文集四卷 嘉慶十一年韓江寓舍自刻本 李筠嘉舊藏 四册 後印本多詩續集四卷詩餘一卷文續集二卷

撲天雕 楊蓉裳 芳燦 金匱

40150 真率齋初稿[詩]十卷詞二卷 乾隆己亥自刊本 陳仲魚舊藏 四册

40151 芙蓉山館詩鈔八卷補鈔一卷詞鈔二卷拗蓮詞一卷 嘉慶乙丑自刊本 二册

40152 芙蓉山館詩鈔八卷補鈔一卷詞鈔二卷附鈔一卷文鈔八卷 光緒辛卯無錫劉繼增聚珍版印本 莫繩孫藏書 八册

病尉遲 孫子瀟 原湘 昭文

40153 天真閣集六十卷 嘉慶五年刊本 十六册 五十四卷外集

六卷 附長真閣集七卷 席佩蘭

青面獸 張船山 問陶 遂寧

40154 船山詩草二十卷 嘉慶戊辰家刻本 八册 道光刊本多補遺六卷

40155 船山詩選六卷 黃丕烈選 影印士禮居叢書本

美髯公 姚春木 椿

40156 樗寮先生全集 咸豐二年刊

40157 通藝閣詩錄八卷 道光七年丁亥自刊本 一册

插翅虎 查梅史 揆

40158 菽原堂初集十卷 嘉慶八年自刊本 六册 卷一至八詩卷九至十文

40159 箕谷詩鈔二十卷文鈔十二卷 道光乙未菽原堂刊本 潘叔潤舊藏 十册

九紋龍 嚴麗生 學淦 丹徒

40160 海雲堂詩鈔十四卷詞二卷文鈔二卷 嘉慶丁丑刊本 四册

急先鋒 周筠雲 爲漢 浦江

40161 枕善齋集十三卷雜文一卷 道光間刊本無年月 四册

没遮攔 許周生 宗彥 德清

40162 鑒止水齋集二十卷 咸豐六年男延毂潮州重刊本 六册 詩八卷詞一卷文十一卷

井木犴 翁覃堂 照 江陰

40163 賜書堂詩文稿十卷 乾隆原刻本 四册 文稿六卷詩稿四卷

花和尚 洪稚存 亮吉

40164 卷施閣文甲集十卷乙集八卷詩集二十卷附鮚軒詩八卷更生齋詩餘二卷 乾隆乙卯貴陽學署刊本 十六册

40165 續刻北江遺書 道光二十九年望江倪良耀刊本 六册 卷施閣文甲集補遺一卷卷施閣集文乙集續編一卷更生齋文續集二卷更生齋詩續集十卷

40166 北江詩話□卷 張祥河刊本 一册

行者 黃仲則 景仁 武進

40167 兩當軒詩鈔十四卷悔存詞鈔二卷 嘉慶四年趙希璜書帶草堂刊二十二年鄭炳文補刻本 四册

40168 兩當軒集二十二卷考異二卷附錄六卷 咸豐八年其孫志述家塾刊足本 繆荃孫、潘飛聲、徐乃昌迭藏 六册

黑旋風 王仲瞿 曇

40169 煙霞萬古樓詩選二卷仲瞿詩錄一卷 咸豐元年徐渭仁刊春暉堂叢書本

40170 煙霞萬古樓詩殘稿一卷 張鳴珂錄 有正書局鉛印本 一册

浪子 郭頻伽 廖

40171 靈芬館全集九十卷 嘉慶十二年原刊

40172 靈芬館詩初集四卷二集十卷三集四卷 民國二年掃葉山房影印本 八册

混江龍 姚姬傳 鼐 桐城

40173 惜抱軒全集 十六册 惜抱軒詩文備要本足亦可用

40174 今體詩鈔

紫髯伯 翁覃溪 方綱 大興

40175 復初齋詩集七十卷 民國乙卯書林錢文卿同文圖書館石印足本 十六册

40176 復初齋集外詩二十四卷集外文四卷 民國戊午劉氏嘉業堂刊本 八册

40177 青原小草一卷樓霞小稿一卷附詠物七律偶記一卷 嘉慶中自刻本 三册

摸着天 盧雅雨 見曾 德州

40178 雅雨山人出塞集一卷 乾隆十一年丙寅自刊本 一册

40179 雅雨堂詩集二卷文集四卷 道光二十年庚子曾孫據清雅堂刊本 三册

石將軍 李味莊 廷敬 滄州

40180 平遠山房集

雲裏金剛 曾賓谷 燠

40181 賞雨茅屋集二十二卷外集一卷 道光三年癸未自刊定本 七册

旱地勿律 程魚門 晉芳

40182 蕺園詩集十卷 乾隆壬午家刻本 二册

40183 勉行堂詩集二十四卷卷首一卷 嘉慶戊寅鄧廷楨刻本 十册

神行太保 戴金溪 敦元

40184 戴簡恪公遺集八卷 道光丙午門下士吳鍾駿浙江督學使署刊本 二册 卷七卷八爲漚塵詩餘上下卷

一作 **全謝山** 祖望

40185 勾餘土音三卷附甬上族望表二卷 嘉慶甲戌門下董秉純編刻本 二册

40186 鮚埼亭詩集十卷 光緒十六年慈谿童廣年大鄧山館刊本 四册

40187 全謝山遺詩一卷 端溪叢書

本 一册

立地太歲 劉芙初 嗣綰

40188 尚絅堂詩集五十二卷文集二卷箏船詞二卷 同治重刊本 十六册 附賦一卷 試帖二卷 制藝不分卷

短命二郎 樂蓮裳 鈞

40189 青芝山館詩二十二卷 嘉慶二十二年陳鴻壽刊本 潘飛聲、徐乃昌舊藏 六册

一作 楊六士 夢符

40190 心止居詩集四卷文集二卷 嘉慶十四年刊本 二册

活閻羅 吳蘭雪 嵩梁

40191 香蘇山館古體詩鈔十四卷今體詩鈔十六卷 嘉慶二十三年刊本 四册

船火兒 呂叔訥 星垣 武進

40192 白雲草堂詩鈔三卷文鈔七卷 嘉慶癸亥自刊本 四册 武進呂氏自藏傳家本有作者印記

浪裏白條 錢竹初 維喬

40193 竹初詩鈔十六卷 嘉慶十三年刊本 四册

小溫侯 高東井 文照

40194 高東井先生詩選四卷附蕢香詞一卷 道光十二年同里門人徐熊飛白鵠山房刊本 二册

40195 闛清山房詩一卷 吳會英才集本

賽仁貴 陳梅岑 熙 秀水

40196 騰嘯軒詩鈔三十八卷 嘉慶戊辰刊本 十二册

毛頭星 袁湘湄 棠 吳江

40197 秋水池塘詩集

一作 李墨莊 鼎元

40198 師竹齋集十四卷 嘉慶七年自刻本 二册

獨火星 袁笛生 鴻

40199 鐵如意庵詩稿六卷 宣統元年曾孫蒓彙刻家集本 四册 與其父景輅小桐廬詩草十卷、其配王蕙芳瑤華山館詩鈔剩稿一卷合刊

一作 李鳧塘 驥元 綿州

40200 雲棧詩鈔

翻江蜃 錢謝庵 枚 仁和

40201 齋心草堂集 齋心草堂詩集一卷在湖墅錢氏家集內

錢金粟 林

40202 玉山草堂集三十卷 道光十五年刊本 十册

40203 玉山草堂續集六卷 粵雅堂

叢書刻本 一册 錢氏家集本
三十二卷

出水蛟 錢叔美（存疑）杜

40204 **松壺畫贅二卷** 光緒庚寅吳
縣潘氏八喜齋刻徐琪手書
本 一册 系題畫詩

40205 **松壺畫贅二卷附畫憶二卷**
光緒十四年許增榆園刊本
一册 畫憶系論畫筆記

鐵面孔目 王鐵夫 芑孫

40206 **淵雅堂編年詩稿二十卷詩
外集二卷** 嘉慶二十年乙亥
門人泖東沈慈續刻本 八册
外集系賦得詩

百勝將 孫補山 士毅 仁和

40207 **百一山房詩文集十二卷** 光
緒刊本 四册

一作 **李鶴峰** 因培

40208 **鶴峰詩鈔二卷** 雲南叢書初
編李氏詩存內

天目將 趙璞函 文哲 上海

40209 **娵隅集十卷** 乾隆己酉男秉
淵錦城刊本 二册 有別集六
卷詞集四卷 此本闕

40210 **媕雅堂詩集十二卷詩續集
四卷** 乾隆己酉刊本 四册 房
山山房叢書刻媕雅堂集止
八卷

一作 **張少華** 熙純 上海

40211 **華海堂詩八卷** 嘉慶間刊本
二册

聖水將 顧晴沙 光旭 金匱

40212 **響泉集三十卷** 乾隆丙申至
丁巳先後家刻本

一作 **錢竹汀** 大昕 嘉定

40213 **潛研堂詩集十卷詩續集十
卷** 嘉慶丙寅黃在東刊本
四册

40214 **辛楣吟稿二卷** 七子詩選本

神火將 孫淵如 星衍

40215 **茂芳山人詩錄十卷** 光緒甲
申朱記榮槐廬家塾重刊本
二册 附其配王采薇長離閣
集一卷

40216 **雨粟樓詩集二卷** 七子詩選本

一作 **吳竹嶼** 泰來 長洲

40217 **硯山堂詩集八卷** 自刻本 無
年月 二册 卷八爲淨名軒稿

40218 **硯山堂淨名軒集二卷** 七子
詩選本

鎮三山 吳穀人 錫麒

40219 **有正味齋全集七十三卷** 嘉
慶刊本 十六册

醜郡馬 夢文子 麟

40220 **夢喜堂詩六卷** 門人王鼎手

書近文齋刊本 無年月 二册

40221 **大谷山堂集六卷** 門人嚴長明編 乾隆甲戌汪氏活字版印本 二册 大谷山堂亦刻遼東三家詩

火眼狻猊 張瘦銅 塤 吳縣

40222 **竹葉庵詩集二十四卷紅欄書屋擬樂府二卷林屋詞七卷** 乾隆五十一年刻本 邵二雲舊藏 四册

一作 史赤崖 善長

40223 **秋樹讀書樓遺集十六卷** 道光丙申同邑柳樹芳勝溪草堂刊本 四册

鐵笛仙 趙味辛 懷玉 武進

40224 **亦有生齋文集二十卷詩集三十二卷樂府二卷詞五卷** 嘉慶刻本 二十册

摩雲金翅 伊墨卿 秉綬 寧化

40225 **留春草堂詩鈔七卷** 嘉慶十九年秋水園廣州刊本 二册 卷七爲續集

赤髮鬼 查榕巢 禮 宛平

40226 **銅皷書堂遺稿三十二卷** 乾隆五十三年刊本 四册

一作 劉松嵐 大觀

40227 **玉磬山房詩十三卷文集一**卷 嘉慶庚午至道光七年自刊足本 六册

神醫 薛一瓢 雪

40228 **一瓢齋詩存六卷一瓢齋詩話一卷抱珠軒詩存六卷斫桂山房詩存六卷吾以吾鳴集一卷舊雨集一卷舊雨二集一卷** 雍正乾隆間掃葉村莊先後自刊本 三册

混世魔王 杭堇浦 世駿 仁和

40229 **嶺南集八卷** 乾隆間刊

40230 **道古堂文集四十八卷詩集二十六卷集外文一卷集外詩一卷軼事一卷** 乾隆丙申振綺堂原刊光緒十四年錢塘汪曾補刻足本 二十册 後三種皆乾隆原刊所無

八臂哪咤 齊次風 召南 天台

40231 **寶綸堂文鈔八卷詩鈔六卷** 光緒十三年丁亥鄞郭傳璞金峨山館重刊本 四册

40232 **和陶百詠一卷** 光緒十九年刊本 一册

飛天大聖 鄭炳也 虎文 秀水

40233 **吞松閣集四十卷** 嘉慶己巳男師亮師靖師愈刊本 十二册

一作 王西莊 鳴盛 嘉定

40234 **竹素園詩草三卷日下集一**

卷 乾隆己巳求野堂刊 又名曲臺叢稿

40235 西沚居士集二十四卷 道光三年癸未同邑李士榮刊本 四冊

40236 耕養齋集二卷 七子詩選本

出林龍 吳竹橋 蔚光 昭文

40237 執虛詩鈔二卷詞鈔二卷 乾隆甲午原刊本 一冊

40238 素修堂詩集二十四卷後集六卷補遺一卷 嘉慶辛未古金石齋刊本 五冊

一作 祝宣臣 維誥

40239 綠溪詩鈔二卷 平湖朱壬林選 道光二十四年孫男子虔淳雅堂刊本 一冊

獨角龍 吳巢松 慈鶴

40240 岑華居士蘭鯨錄詩八卷外集文二卷鳳巢山樵求是錄詩六卷求是二錄詩四卷求是續錄詩一卷求是外集文二卷 道光丁亥孫男嘉椿彙印吳侍讀全集本 八冊

一作 祝芷塘 德麟 海寧

40241 悅親樓詩集三十卷外集二卷 嘉慶二年祝氏家刊本 八冊

鐵扇子 袁香亭 樹

40242 紅豆村人詩稿十四卷 隨園全集附刊本 二冊

打虎將 朱青湖 彭

40243 抱山堂集十卷 乾隆庚戌自刊本 四冊

小霸王 項金門 墉 錢塘

40244 春及草堂詩集

喪門神 宋茗香 大樽

40245 學古集四卷附詩論一卷 嘉慶十三年猶子純熙刊本 一冊

40246 牧牛村舍外集四卷 嘉慶甲子刊本 一冊

一作 陳東浦 奉茲

40247 敦拙堂詩集十三卷 光緒丙子同里李明墀漢皋權署刊本 四冊

錦毛虎 盛青嵝 錦

40248 青嵝遺稿二卷 沈德潛評 乾隆辛巳自刊同治十一年元姪孫朝彥武林寓齋補版本 一冊附其兄鈺璞完詩草一卷

一作 徐尚之 書受

40249 教經堂詩集十三卷 自刊本無年月 二冊

矮腳虎 王芥子 太岳 定興

40250 青虛山房集十一卷 光緒癸巳定興鹿傳霖刊本 六冊 詩二卷文三卷涇水考一卷答學徒一卷尺牘四卷

一作 **王秋塍** 復

40251 **晚晴軒稿八卷附詞一卷** 嘉慶元年自刊本 四冊

40252 **樹護堂詩□卷** 吳會英才集本

白面郎君 方子雲 正澍 歙縣

40253 **伴香閣詩二卷** 吳會英才集本

40254 **子雲詩集十卷** 乾隆丙午刊本 五冊

跳澗虎 陳古漁 毅

40255 **古漁詩概六卷** 光緒戊戌皖懷舒紹基聚珍板印本 二冊

白花蛇 何南園 士顒

40256 **南園詩選二卷** 乾隆刻本 一冊

一丈青 王介人 文潞 太倉

40257 **義亭詩鈔**

母大蟲 陳筠樵 聲和

40258 **響琴齋詩集六卷詩餘二卷** 嘉慶三年男本淳聰訓堂刊本 一冊

母夜叉 沈芷生 清瑞 長洲

40259 **沈氏羣峰集五卷外集一卷韓詩故二卷** 民國二十二年癸酉曾孫恩孚上海重印仿宋聚珍本 二冊 卷一、二詩 卷三詞 卷四賦 卷五雜文 外集綠春詞

聖手書生 吳澹川 文溥

40260 **南野草堂詩集七卷首一卷** 乾隆五十七年味蘭居自刊巾箱本 四冊

40261 **霍林山人詩集五卷** 研山堂刊本 一冊

玉臂匠 陳曼生 鴻壽

40262 **種榆仙館詩鈔二卷** 舊精寫本 劉履芬藏書 二冊

鐵臂膊 錢南園 澧

40263 **錢南園遺集五卷** 光緒癸巳浙江書局刊本 二冊 雲南叢書初編本遺集八卷補遺一卷

一作 **謝薌泉** 振定

40264 **知恥齋詩集六卷首附崇祀鄉賢錄一卷** 道光十二年子興嶢興岠刊道光丙午孫男邦鑒金陵補板本 四冊

一枝花 尤二娛 維熊 長洲

40265 **二娛小廬詩鈔五卷補編一卷詞鈔二卷** 嘉慶壬申陳鴻壽刊本 二冊

一作 **胥燕亭** 繩武 鳳臺

40266 **晉普山房詩鈔**

病關索 王夢樓 文治 丹徒

40267 **夢樓詩集二十四卷** 乾隆己卯食舊堂家刻本 黃夢畹舊藏 六冊

一作 **邵二雲** 晉涵 餘姚

40268 **南江詩文鈔十六卷** 嘉慶道光間刻本 六册 文鈔十二卷詩鈔四卷附札記四卷

拚命三郎 毛海客 大瀛

40269 **戲鷗居詩鈔四卷** 嘉慶刻本 一册

一作 **徐朗齋** 鑠慶

40270 **玉山閣古文詩選十二卷** 道光重刊本 四册 古文選四卷詩選八卷 附荔子丹房詩選一卷徐濤梅墅詩選一卷 徐潢

錦豹子 楊荔裳 揆 金匱

40271 **桐花吟館詩稿十二卷文鈔一卷詞鈔二卷** 嘉慶丁卯刻本 二册

一作 **楊笠湖** 潮觀 金匱

40272 **吟風閣詩鈔**

金錢豹子 石琢堂 韞玉

40273 **獨學廬初稿詩八卷文三卷附讀左卮言一卷漢書刊誤一卷** 乾隆六十年乙卯長沙官舍自刊同里許彭年手書本 三册

40274 **獨學廬五稿三十一卷附花韻庵詩餘一卷微波詞一卷**

一作 **顧立方** 敏恒 梁溪

40275 **笠舫詩稿六卷** 光緒壬辰同邑餘一鼇集資重印辟疆園遺集本 四册 遺集卷七爲顧敬愉靄雲草 卷八卷九爲顧敬恂筠溪詩草 卷十爲顧颺憲幽蘭草（乾隆乙卯原刊）

轟天雷 侯夷門 嘉潘 臨海

40276 **夷門詩文集**

一作 **謝蘊山** 啟昆 南康

40277 **樹經堂詩集十五卷續集八卷文集四卷** 嘉慶刊

40278 **樹經堂詩初集六卷續集一卷** 嘉慶初年前後自刊本 四册 初集爲浙東小草一卷蓬巒軒草一卷補史亭草二卷晉陽草一卷後樂園草一卷續集爲麗兒軒集一卷

40279 **樹經堂詠史詩八卷** 嘉慶元年原刻本

神算子 蔣藕船 知讓 鉛山

40280 **妙吉祥室詩集**

一作 **潘榕皋** 奕雋

40281 **三松堂集三十卷** 同治庚午重刊本 十册 詩集二十卷 卷十九、二十爲水雲詞 詩續集六卷文集四卷 首有自訂年譜一卷

鐵叫子 陶篁村 元藻 會稽

40282 **泊鷗山房集三十八卷** 嘉慶癸酉衡河草堂自刊本 十二

册 三十五卷以下爲詞四卷

一作 **秦小峴** 瀛

40283 **小峴山人詩集二十六卷文集六卷續文集二卷** 近排印本 六册

玉幡竿 汪劍潭 端光 江都

40284 **沙江晚霞才退諸集**

一作 **鐵梅庵** 保 長白

40285 **梅庵全集十五卷附自編年譜一卷詩餘一卷** 道光石經堂刊 一名惟清堂全集

40286 **梅庵詩鈔五卷首一卷** 乾隆六十年門人阮元刊本 二册 此本編年

40287 **梅庵詩鈔五卷** 嘉慶乙丑刊本 二册 此本分體

兩頭蛇 徐龍友 虁 長洲

40288 **淩雪軒詩鈔**

一作 **周迂村** 准

40289 **楮葉集一卷鶴阜集一卷迂村社稿甇叟剩稿一卷** 乾隆甲戌自刊本 三册

雙尾蠍 李客山 果 長洲

40290 **詠歸亭詩鈔八卷** 乾隆十七年養雲亭刊本 二册

一作 **張粲夫** 錦芳

40291 **逃虛閣詩集**

小尉遲 陳桂堂 廷慶 奉賢

40292 **謙受堂全集三十卷** 道光庚寅一邱園家刻本 戴笠人舊藏 六册 詩二十四卷 卷二十五集詩、卷二十六試帖、卷二十七詩餘、卷二十八賦、卷二十九卷三十古文雜著

一作 **孫蓮水** 韶

40293 **春雨樓詩略七卷** 嘉慶九年刊本 二册

病大蟲 趙旻甫 函

40294 **樂潛堂詩初集二卷詩二集六卷菊潛庵剩稿三卷** 同治戊辰男守純重校彙印全集本 四册

40295 **樂潛堂詩選不分卷** 墨格舊精鈔本 有作者印記 一册 選後有曼甫印記 未審何人

一作 **蔣立崖** 業晉 長洲

40296 **立厓詩鈔七卷** 嘉慶戊午交翠亭刊本 二册

金眼彪 屠琴塢 倬

40297 **是程堂詩集十四卷** 江都秦氏影印本 四册

一作 **范瘦生** 起鳳

40298 **瘦生詩鈔六卷** 嘉慶八年子蔚林刊本 二册

鬼臉兒 薛香聞 起鳳 長洲

40300 香聞遺集四卷 乾隆三十九年長洲彭氏刊本 二冊 第四卷文

一作 **楊簀山** 之灝 婁縣

40301 簀山詩鈔

催命判官 沙斗初 維杓 長洲

40302 耕道堂集

40299 白岸亭詩

一作 **黎簡民** 簡 順德

40303 五百四峰草堂詩鈔二十五卷 同治甲戌南海陳氏重刊本 八冊

40304 五百四峰草堂續集二卷 民國丙寅番禺汪兆鏞微尚齋刊本 一冊

中箭虎 宗聖垣

40305 九曲山房詩集十六卷 嘉慶五年自刊本 四冊

40306 九曲山房詩集十六卷附偶然吟一卷九曲山房詩續鈔一卷 民國三年曾姪孫能述吳下鉛印本 六冊 偶然吟 其弟聖堂撰

一作 **崔幔亭** 龍見

花項虎 嚴道甫 長明 江寧

40307 歸求草堂詩集六卷秋山紀行集二卷金闕攀松集一卷

玉井搴蓮集一卷 宣統三年葉德輝彙刻足本 有無名氏墨筆校字及眉注 二冊 亦名嚴東有詩集十卷

一作 **英夢堂** 廉

40308 夢堂詩稿十五卷 乾隆癸卯男延福七十四刊本 四冊

沒面虎 金壽門 農

40309 冬心先生集四卷 丁氏當歸草堂刊本 一冊 續集一卷拾遺一卷三體詩一卷 西泠五布衣遺著

一作 **張浦山** 庚 秀水

40310 強恕齋文鈔五卷詩鈔四卷 文 乾隆丁丑刊本 詩 乾隆壬申刊本 三冊

青眼虎 李載園 符清

40311 海門詩鈔十六卷文集一卷 嘉慶乙亥鏡古堂自刊本 四冊

40312 海門詩選三卷 陽城張晉選 嘉慶丙寅吳門刊本 一冊

一作 **鄭楓人** 澐

40313 玉鉤草堂集四卷 子婿載延介刊本 無年月 二冊

笑面虎 詹湘亭（改存疑）應甲

40315 賜綺堂集二十八卷 道光戊

子止園重編印足本 真州吳氏藏書 十冊 詩二十卷賦一卷文二卷弦秋詞四卷清江詞一卷

詹石琴 肇堂

40316 **心安隱室詩集九卷詞集四卷** 光緒十年成德堂重刊本 四冊

一作 **吳白華** 省欽 南匯

40317 **白華前稿六十卷後稿四十卷** 前稿乾隆四十八年自刊本 後稿嘉慶十五年男敬振石經堂刊本 首附敬樞撰年譜一卷 葉煥彬舊藏 八冊 後稿卷一至卷二十六文 前後稿末卷均爲詞

40314 **白華入蜀文鈔五卷** 刊本

40318 **白華入蜀詩鈔十三卷** 家刻本無年月 四冊 編年起癸巳止丁酉

通臂猿 畢子筠 華珍 太倉

40319 **梅巢雜詩一卷** 咸豐二年刊本 一冊

40320 **揖山樓詩集**

一作 **王載揚** 藻

40322 **鶯脰湖莊詩集十五卷** 乾隆原刻本 三冊

操刀鬼 汪少海 仲洋 成都

40323 **心知堂詩稿十八卷** 道光丁亥自精刊本 四冊

(存疑) **汪小海** 淮

40324 **小海自定詩一卷附黟山紀遊一卷** 嘉慶九年自刊本 一冊 詩凡三十二頁 末附王孺人家傳

40321 **又一部** 少詩數頁 不附家傳

一作 **屈悔翁** 復 蒲城

40325 **弱水集二十二卷** 乾隆壬戌刊本 六冊

菜園子 童二樹 鈺

40326 **二樹詩略五卷附二樹寫梅歌續編一卷** 盧世昌刊本 無年月 一冊

40327 **二樹山人寫梅歌一卷** 原刊

40328 **抱影廬詩一卷** 越中三子詩內

一作 **金棕亭** 兆燕 全椒

40329 **棕亭古文鈔十卷駢體文鈔八卷詩鈔十八卷詞鈔七卷** 道光丙申贈雲軒刊本 十六冊 一名國子先生詩文集

小遮攔 許青士 乃濟

一作 **沈雲椒** 初

40330 **蘭韻堂詩集十二卷** 乾隆甲寅自刊本 四冊

活閻婆 林遠峰 鎬

40331 **雙樹生詩草一卷** 咸豐元年

徐渭仁春暉堂叢書刻本

險道神 鄭板橋 燮 興化

40332 板橋詩鈔四卷詞鈔一卷道情一卷題畫一卷家書一卷 乾隆癸卯清暉書屋刻本 六冊

黄面佛 彭尺木 紹升

40333 測海集六卷 同治乙丑曾孫恩高鴻高重刊本 一冊

40334 觀河集四卷 刊本 無年月 合肥劉朝侍印行 一冊

附錄

40335 羣雅集四十卷 丹徒王豫選 嘉慶丁卯刊本 九冊 缺五至八卷 殘存

道咸詩壇點將錄

托塔天王 程春海 恩澤 歙縣

40336 程侍郎遺集十卷 道光丙午跫喜齋刊本 二冊

及時雨 祁春圃 寯藻 壽陽

40337 䭀欱亭集二十二卷後集十二卷 咸豐七年刊本 八冊

玉麒麟 錢衎石 儀吉 嘉興

40338 刻楮集四卷旅逸小稿二卷 光緒六年其子彛甫重刊附紀事稿後 二冊 按別有颺山樓初集 殘存六卷 盍山有傳鈔本

40339 定廬集四卷 民國乙卯刊本 二冊

40340 衎石齋晚年詩稿五卷 民國二十一年刊本 二冊

智多星 何猿叟 紹基 道州

40341 東洲草堂詩鈔三十卷詩餘一卷 長沙無園刊本 八冊

40342 峨眉瓦屋遊草二卷去蜀入秦詩一卷使黔草三卷 咸豐五年刊本 三冊

入雲龍 龔定庵 自珍 仁和

40343 定盦文集三卷續集四卷續錄一卷古今體詩二卷雜詩一卷詞選一卷詞集一卷文集補編四卷 光緒丁酉萬本書堂刊本

神機軍師 張南山 維屏 番禺

40344 聽松廬詩鈔十六卷 道光乙酉刊本 四冊

小旋風 曾滌生 國藩 湘鄉

40345 曾文正公詩集四卷文集四卷 同治十三年湖南傳忠書局刊本 二冊

大刀手 鄭柴翁 珍 遵義

巢經巢詩鈔九卷 備要聚珍
板印足本 四册
40347 **巢經巢全集□卷**

豹子頭 林歐齋 壽圖 閩縣
40348 **燕山游草二卷** 同治間黃鵠
山人刊本 一册
40349 **黃鵠山人詩初鈔十八卷** 光
緒壬午刊本 六册

霹靂火 湯海秋 鵬 益陽
40350 **湯海秋詩集二十六卷後集
一卷** 道光戊戌刊同治十二
年補刊本 十册 按初刊少
後集

雙槍將 葉潤臣 名澧 漢陽
40351 **沂瀦集一卷** 道光刊本 一册
40352 **敦夙好齋詩初編十二卷** 咸
豐刊本 二册

雙鞭 江弢叔 湜 長洲
40353 **伏敔堂詩錄十七卷續錄四
卷** 同治刊本 五册

沒羽箭 張亨甫 際亮 遂寧
40354 **思伯子堂詩集三十二卷附
年譜一卷** 同治己巳桐城姚
濬昌刊本 十二册
40355 **亨甫詩選八卷** 光緒中邵武
徐氏刊本 八册 亦名亨甫
全集

小李廣 譚復堂 獻 仁和
40356 **復堂類集文四卷詩十一卷
詞六卷日記八卷** 光緒間刊
本 八册

金槍手 徐毅甫 子苓 合肥
40357 **敦艮吉齋文鈔四卷詩存二
卷詩存補遺一卷** 集虛草堂
叢書甲集刊本 四册

撲天雕 高陶堂 心夔 湖口
40358 **高陶堂遺集八卷** 光緒八年
壬午平湖朱氏經注經齋刊
本 四册 志微錄五卷遺文一
卷怞誦一卷碑埶一卷

病尉遲 吳仲倫 德旋 宜興
40359 **初月樓詩文鈔二十三卷附
程子香文鈔一卷** 光緒間蛟
川張氏花雨樓刊巾箱本 十
二册

青面獸 梅伯言 曾亮 上元
40360 **柏梘山房文集十六卷續集
一卷詩集十卷詩續集二卷
駢體文二卷** 扶輪社石印本
□册

美髯公 朱伯韓 琦 臨桂
40361 **怡志堂詩初編八卷** 咸豐己
未仁和胡氏木活字印本
二册

插翅虎 孫芝房 鼎臣 善化

40362 **蒼莨初集二十一卷** 咸豐十年刊本 八冊 詩集十卷文集六卷詞一卷駢文二卷試帖一卷

急先鋒 姚石甫 瑩 桐城

40363 **後湘詩集九卷二集五卷** 道光間武進刊本 二冊

没遮攔 王子壽 柏心 監利

40364 **百柱堂詩集二十八卷文集十九卷駢體文三卷詞一卷附錄一卷** 光緒十八年刊本 十六冊

九紋龍 邊袖石 浴禮 任邱

40365 **健修堂詩集二十二卷空青館詞稿三卷** 咸豐辛酉刊本 八冊

井木犴 莫邵亭 友芝 獨山

40366 **邵亭詩鈔六卷** 同治補板本 一冊

40367 **邵亭遺詩八卷** 同治刊本 一冊

花和尚 魯通甫 一同 山陽

40368 **通甫類稿四卷續編二卷詩存二卷詩存之餘二卷** 咸豐己未刊本

行者 潘四農 德輿 山陽

40369 **養一齋集二十六卷** 道光二十九年刊本 養一齋詩話□卷 李杜詩話□卷

黑旋風 魏默深 源 邵陽

40370 **古微堂詩集十卷** 同治庚午刊本 四冊

浪子 姚梅伯 燮 鎮海

40371 **復莊詩問三十四卷** 咸豐四年甲寅刊大梅山館全集本

混江龍 符雪樵 兆綸 宜黃

40372 **卓峰草堂詩鈔二十卷外編四卷** 同治元年刊本 外編又名留夢草

紫髯伯 張詩舲 祥河 華亭

40373 **小重山房初稿詩三卷詞三卷賦二卷附霞閣小稿** 道光二年自刊本 四冊

40374 **詩舫詩外四卷** 道光戊戌松風草堂自刊本 二冊

40375 **小重山房全集三十卷** 民國補刊彙印足本 十二冊

摸著天 孔繡山 憲彝 曲阜

40376 **對嶽樓詩錄二卷續錄四卷** 道光咸豐間先後刊本 三冊

40377 **挐雲館詩草一卷** 道光甲午刊本 一冊 又名還鄉草

石將軍 王子梅 鴻 吳縣

雲裏金剛 符南樵 葆森 江都

40378 寄鷗館行卷一卷 道光刊本 一册

40379 弢雅堂癸丑懷人集一卷 咸豐刊本 一册

旱地勿律 龔含真 易圖 閩縣
神行太保 戴蓉洲 鈞衡 桐城

40380 蓉洲初集六卷 道光十九年香月山房刊本 一册 有詩無文

立地太歲 潘瑟庵 曾沂 吳縣

40381 功甫小集十一卷 同治重刊本 二册

40382 放猿集一卷桐江集一卷江山風月集一卷 咸豐間刊本 二册 三種合刻附船庵詞一卷

短命二郎 潘星齋 星瑩 吳縣

40383 小鷗波館詩鈔四卷詞鈔二卷 道光刊本 二册

40384 紅蕉山館詩鈔十八卷 道光刊本 二册

活閻羅 潘紱庭 曾綬 吳縣

40385 陔蘭書屋文集一卷詩集六卷詩二集三卷補遺一卷 道光刊本 二册

船火兒 鄧彌之 輔綸 武岡

40386 白香亭詩存二卷和陶詩一卷 光緒戊子刊本 二册

浪裏白條 鄧保之 繹 武岡

40387 藻川堂詩集選六卷文內集一卷文外集一卷 光緒四年刊本 附藻川堂譚藝

小溫侯 龍翰臣 啟瑞 臨桂

40388 經德堂詩文集十三卷附詞鈔一卷 光緒四年京師刊本 六册

40389 南槎吟草一卷 道光二十四年廣州效文堂刊本 一册

賽仁貴 王少鶴 錫振 馬平

40390 龍壁山房詩草十二卷 咸豐刊本 二册

毛頭星 毛生甫 嶽生 寶山

40391 休復居文集六卷詩集六卷 民國寶山滕氏影印本 四册 附后妃公主列傳一卷

獨火星 毛青垣 國翰 長沙

玩江蜃 張積石 履 震澤

40392 積石文稿十八卷詩存四卷繪餘編一卷附南池唱和詩存一卷 光緒甲午刻本 七册

出海蛟 張石洲 穆 平定

40393 厚齋文集八卷詩集四卷 咸豐八年刊本 四册

鐵面孔目 汪梅村 士鐸 江寧

40394 悔翁詩鈔十五卷補遺一卷

光緒九年合肥張氏味古齋刊全集本 二冊

百勝將 孫琴西 _{衣言 瑞安}
40395 遜學齋文鈔十二卷詩鈔十卷文續鈔五卷詩續鈔五卷 同治刊本 十冊

天目將 俞曲園 _{樾 德清}
40396 賓萌集五卷 同治間廣東刊本 一冊
40397 俞樓詩記一卷 仁和徐氏竹瓶齋刊本 一冊

聖水將 黃香石 _{培芬 香山}
40398 嶺海樓詩鈔一卷 在柳塘師友詩錄初編內

神火將 吳石華 _{蘭修 嘉應}
鎮三山 陳頌南 _{慶鏞 晉江}
40399 籀經堂類稿二十四卷 光緒癸未刊本 附齊侯罍銘通釋二卷

醜郡馬 寶佩蕸 _{鋆 吉林}
40400 佩蕸詩鈔八卷 咸豐刊本 四冊

火眼狻猊 王植庭 _{蔭槐 盱眙}
40401 蟭廬詩鈔十卷 光緒辛巳重刊本 二本
40402 過學齋詩鈔六卷 道光刊本 二冊

鐵笛仙 馬鷗堂 _{廣良 會稽}
40403 鷗堂詩三卷 光緒刊本 一冊

摩雲金翅 湯雨生 _{貽汾 武進}
40404 琴隱園詩集三十六卷附詞集四卷 光緒乙亥刊本 八冊

赤髮鬼 劉霞仙 _{蓉 湘鄉}
40405 養晦堂詩集二卷文集十卷 光緒丁丑思賢講舍刊本 六冊

神醫 張仲遠 _{曜孫 陽湖}
40406 謹言慎好之居詩八卷 光緒甲辰刊本 四冊

混世魔王 黃春谷 _{承吉 江都}
40407 夢陔堂詩集五十卷 咸豐元年其子必慶刊足本

八臂哪吒 王句生 _{翼鳳 儀徵}
40408 舍是集十卷 道光二十四年補刊本 二冊
40409 聲遠堂文鈔四卷 咸豐壬子刊本 一冊

飛天大聖 梅蘊生 _{植之 江都}
40410 嵇庵詩集十卷文集二卷 道光甲辰刊本 四冊

出林龍 黃樹齋 _{爵滋 宜黃}
40411 仙屏書屋初集詩錄十六卷詩後錄二卷 道光丙午刊本 四冊

獨角龍 黃韻珊 燮清 海鹽

40412 倚晴樓詩集十二卷續集四卷詩餘四卷 咸豐間拙宜園刊全集本 八冊

鐵扇子 祁幼章 宿藻 壽陽

打虎將 郭筠仙 嵩燾 湘陰

40413 養知書屋文集二十八卷詩集十五卷 同治刊本 十六冊

小霸王 周荇農 壽昌 長沙

40414 思益堂詩鈔六卷詞鈔一卷古文二卷日札十卷 光緒十四年刊本

喪門神 宗滌甫 稷辰 會稽

40415 躬恥齋文鈔二十卷後編六卷詩鈔十四卷後編七卷 咸豐元年越峴山館刊本 二十六冊

錦毛虎 許海秋 宗衡 上元

40416 玉井山館文略五卷文續二卷西行日記一卷詩十五卷詩餘一卷 同治九年刊本

矮腳虎 陳小雲 裴之 錢塘

40417 澄懷堂詩集十四卷夢玉詞一卷 道光己丑漢上題襟館刊本 四冊

白面郎君 鄭夢白 祖琛 歸安

跳澗虎 陳秋舫 沆 蘄水

40418 簡學齋詩存四卷詩刪四卷 咸豐壬子刊本 二冊

40419 白石山館遺稿

40420 詩比興箋

白花蛇 楊性農 彞珍 武陵

40421 移芝室全集十八卷 同治刊本 八冊

一丈青 汪小蘊 端 錢塘

40422 自然好學齋詩鈔七卷 同治重刊本 二冊

母大蟲 張孟緹 縉英 陽湖

40423 澹菊軒詩初稿四卷 陽湖張氏四女集刊本 二冊

母夜叉 高湘筠 篔 元和

40424 繡篋小集一卷 在國朝閨閣詩鈔內

聖手書生 張叔未 廷濟 嘉興

40425 桂聲堂集十三卷 道光二十八年刊本 四冊 清儀閣雜詠一卷竹田樂府一卷竹里耆舊詩一卷竹里畫者詩一卷感逝詩一卷順安詩草八卷

玉臂匠 程篛庵 庭鷺 嘉定

40426 以恬養智齋詩初集六卷 道光九年碧城仙館刊本 二冊

40427 小松園閣雜著三卷 同治二年子祖慶刊本 一冊

铁臂膊 邵位西 懿辰 仁和
40428 半岩庐遗文二卷补一卷遗诗二卷补一卷附录一卷 民国壬戌刊本 二册

一枝花 冯鲁川 志沂 代州
40429 微尚斋诗初集四卷诗续集二卷适适斋文集二卷 咸丰间洪洞董文焕刊本 二册

病关索 刘孟涂 开 桐城
40430 孟涂前集十卷后集二十二卷文集十卷骈体文二卷 道光六年姚氏檗山草堂刊本 八册

拚命三郎 方植之 东树 桐城
40431 半字集二卷 道光刊本 一册
40432 仪卫轩诗集五卷 同治戊辰刊本 一册
40433 昭昧詹言

锦豹子 何青耜 兆瀛 江宁
40434 心盦诗存十二卷又三卷词存四卷诗外一卷老学后盦自订诗六卷自订词二卷泥雪集一卷忆语一卷 何汝霖编 同光间先后刊本 八册

金钱豹子 王笠舫 衍梅 会稽
40435 绿雪堂遗集二十卷 道光二十年刊本 八册

轰天雷 凌药洲 扬藻 番禺
40436 海雅堂诗略六卷文略十六卷文略续六卷 道光间狎鸥亭刊本 六册 一名药洲花农诗文略

神算子 端木珊堂 国瑚 青田
40437 太鹤山人集十三卷 光绪重刊本 六册

铁叫子 谢佩禾 堃 甘泉
40438 春草堂集六卷 巾箱刊本 四册

玉幡竿 易笏山 佩绅 汉寿
40439 函楼诗钞十六卷词钞四卷 光绪甲午刊本 四册

两头蛇 徐铁孙 荣 汉军
40440 怀古田舍诗钞三十三卷 道光刊本 八册

双尾蝎 徐寿蘅 树铭 长沙
40441 浙闽纪事诗一卷 光绪刊本 一册

小尉迟 吴伟卿 廷鉁 常熟
病大虫 薛慰农 时雨 全椒
40442 藤香馆诗钞四卷续钞二卷附词二卷 同治十年刊本 六册

金眼彪 施寿伯 山 会稽
40443 通雅堂诗钞十二卷 光绪荆

州刊本 二册

鬼臉兒 黃小石 紹芳 侯官

催命判官 蔣叔超 超伯 江都

40444 **通齋詩集五卷垂金蔭綠軒詩鈔二卷圍琨岩館詩鈔二卷** 通齋全集刊本

中箭虎 孫蓮士 廷璋 會稽

40445 **亢藝堂集三卷** 叢書集成鉛印本

花項虎 王孟調 星瑊 山陰

40446 **西鳧殘草一卷** 叢書集成鉛印本

没面目 潘少白 諮 會稽

40447 **潘少白集古文八卷詩五卷常語二卷** 道光甲辰瞻園刊本 四册 一名林阜間集

青眼虎 李香岩 鴻裔

40448 **蘇鄰遺詩二卷** 光緒刊本 一册

40449 **髯仙詩舫遺稿二卷** 遵義黎氏刊本 一册

笑面虎 隆無譽 觀易 寧鄉

40450 **罘罳草堂集四卷** 光緒長沙刊本 二册

通臂猿 蔣子瀟 湘南 固始

40451 **七經樓文鈔六卷春暉閣詩鈔選六卷** 同治八年馬氏家塾重刊本 四册

操刀鬼 李伯元 仁元 濟源

40452 **靜觀齋詩一卷** 三節合編刊本 一册

菜園子 朱酉生 綏 元和

40453 **知止堂詩錄十二卷詞錄三卷** 道光辛丑刊本 四册

小遮攔 王井叔 嘉禄 長洲

40454 **嗣雅堂詩存五卷** 刊本 無年月 一册

活閻婆 王謙齋 尚辰 合肥

40455 **遺園詩集七卷** 光緒刊本 七册

險道神 許秋史 廣畤 甌寧

金毛犬 段芳山 承實 南昌

九尾龜 陶心雲 方琦 會稽

40456 **湘蘪閣遺詩四卷蘭當詞二卷** 光緒十六年鄂局刊本 二册

白日鼠 尹杏農 耕雲 桃源

40457 **心白日齋集六卷** 光緒十年刊本 四册

鼓上蚤 勝克齋 保 滿洲

改訂補遺

混江龍 李松圃 秉禮 臨川

40458 **韋廬初集一卷續集一卷近集一卷** 李憲喬選訂 嘉慶三年刊 別有韋廬浮湘草一卷

嘉慶十四年刊 韋廬剩稿一卷 道光二年刊

40459 **韋廬詩內集四卷外集四卷** 道光庚寅知稼堂刊

立地太歲 李石桐 懷民 高密
短命二郎 李蓮塘 憲暠 高密
活閻羅 李少鶴 憲喬 高密

40460 **少鶴內集十卷鶴再南飛集[一卷]龍城集一卷賓山續集一卷** 嘉慶間刊

玩江蜃 彭秋士 績 長洲

40461 **秋士先生遺集六卷** 光緒辛巳重刊本 二冊 詩四卷文二卷

出海蛟 欽吉堂 善 婁縣

40462 **吉堂詩文稿二十卷** 嘉慶庚辰刊本 □冊 文十二卷詩八卷

光宣詩壇點將錄

托塔天王 王闓運 壬秋 湘潭

40463 **湘綺自定詩四卷** 自刊本 無年月 一冊

40464 **湘綺樓詩集十四卷** 光緒丁未東州講舍刊本 六冊

40465 **湘綺樓豔體詩二卷** 門人酉陽王簡輯 民國十二年蘇州振新書社石印本 一冊

40466 **湘綺樓詩五種五卷（圓明園詞、獨行謠、杜若集、夜雪集、夜雪後集）** 成都龔維錡編 民國癸酉成都志古堂刊本 二冊

40467 **湘綺樓集外詩錄一卷** 青鶴雜誌鉛印本

40468 **八代詩選□卷** 錄錢湘綺自批

40469 **湘綺樓唐詩選□卷** 王門弟子佚名批點本

及時雨 陳三立 散原 義寧

40470 **散原精舍詩二卷** 宣統二年鉛印本 二冊 較後印本少若干首

40471 **散原精舍詩二卷續集三卷別集不分卷** 民國十五年商務鉛印本 四冊 別集民國二十年商務印書館鉛印本 一冊

玉麒麟 鄭孝胥 太夷

40472 **海藏樓詩十三卷** 影印足本 四冊

智多星 陳寶琛

40473 **南游草一卷** 光緒丁未滄趣樓排印本 一冊

40474 **滄趣樓詩十卷聽水齋詞一**

卷 民國戊寅男懋復刊本 四册

40475 又一部 存三册 少二至五卷

入雲龍 李瑞清 一三〇一

40476 清道人遺集二卷佚稿一卷攟遺一卷附錄一卷 民國二十八年門人排印本 三册

40477 梅庵詩文未刊稿一卷 青鶴雜誌鉛印本

神機軍師 陳衍

40478 石遺室詩集六卷補遺一卷 光緒乙巳自刊本 二册

40479 又 詩文集二十七卷 光緒武昌刊本 八册

40480 宋詩精華錄四卷 商務排印本 一册

40481 近代詩鈔不分卷 民國二十四年商務印書館鉛印本 洋裝三册

40482 石遺室師友詩錄六卷 晨風閣叢書甲集排印本 三册

40483 石遺室詩話十三卷 廣益書局石印本 一册

40484 石遺室詩話三十二卷 民國二十四年商務印書館鉛印巾箱本 四册

40485 石遺先生談藝錄一卷 門人黃曾樾筆記 民國十九年中華書局仿宋聚珍本

小旋風 寶廷

撲天鵰 李慈銘 越縵 會稽

40486 白華絳柎閣詩集十卷 光緒壬辰自刊本 二册

40487 又 民國二十八年中華書局仿宋聚珍本 二册

40488 越縵堂詩續集十卷 由雲龍編 民國二十二年商務印書館排印本 一册

40489 杏花香雪齋詩十一卷補一卷 吳道晉輯 民國二十八年中華書局仿宋聚珍本 二册

40490 越縵堂詩話四卷 諸暨蔣瑞藻編 民國十年商務印書館排印本 二册

大刀 袁昶 七六九

40491 漸西村人詩十六卷 漸西村舍自刊本 三册

40492 安般簃詩十卷 同上 刊本 四册

40493 于湖小集六卷 漸西村舍自刊本 二册

40494 袁忠節公遺詩三卷 宣統元年用活版底本重印本 一册

豹子頭 林旭 一三一二

40495 晚翠軒集一卷補遺一卷外集一卷遺剳一卷附錄一卷附崦樓遺稿二卷 遺稿 沈鵲應撰 光緒間商務印書館排印戊戌

六君子遺集本

40496 又 民國丙子閩縣李宣龔墨巢叢刊排印本 一冊

40497 晚翠軒未刊稿一卷 青鶴雜誌鉛印本

霹靂火 范當世 肯堂 南通

40498 范伯子詩集十九卷附蘊素軒詩稿四卷 附 桐城姚倚雲撰 排印本 無年月 四冊

雙鞭 周樹模 泊園 天門

40499 沈觀齋詩不分卷 宣統二年龍江節署自石印本 原二冊少下冊 存一冊

40500 沈觀齋詩鈔一卷 民國壬戌受業李祖年仿古聚珍印本 一冊

雙槍將 樊增祥

40501 樊山詩鈔四卷 民國元年玲碧書屋石印本 二冊

小李廣 陳曾壽 仁先 蘄水

40502 蒼虬閣詩存三卷 民國辛酉江寧蔣氏真賞樓仿宋聚珍板印本 一冊

40503 蒼虬閣廬山詩鈔一卷 青鶴雜誌鉛印本

40504 蒼虬閣詩十卷 民國庚辰自付舊京文楷齋刊本 四冊

金槍手 曾習經 蟄庵

40505 蟄庵詩存不分卷 民國十六年番禺葉氏影印手稿本 一冊

青面獸 沈瑜慶 愛蒼 侯官

40506 濤園詩集四卷 民國庚申李宣龔排印本 二冊

急先鋒 左紹佐 竹笏
一作 謝章鋌 枚如 長樂

40507 賭棋山莊詩集十四卷 光緒間南昌刊全集本 四冊

沒羽箭 趙熙 堯生

40508 烏尤山詩三卷 民國丁丑四川嘉定烏尤寺僧傳度刊本 一冊 卷二皆堯生詩

40509 香宋詩□卷 近排印本 二冊

美髯公 梁鼎芬 番禺

40510 節庵先生遺詩六卷 民國癸亥沔陽盧氏慎始基齋武昌刊本 二冊

40511 節庵先生遺詩續編一卷 民國三十四年番禺葉氏排印本 一冊

40512 梁節庵先生佚詩一卷 黃孝紓輯補 青鶴雜誌鉛印本

九紋龍 俞明震 恪士

40513 觚庵詩存四卷 民國庚申陳三立仿宋印本

没遮攔 沈曾植 寐叟 嘉興

40514 海日樓詩二卷 家刻本 無年月 一冊

40515 重編海日樓詩□卷 同聲月刊本

40516 海日樓詩注□卷 錢萼孫注 學海月刊本

鎮三山 黃節 晦聞

40517 蒹葭樓詩二卷 仿宋活字印本 無年月 一冊

病尉遲 華焯 瀾石 崇仁

40518 持庵詩四卷 民國癸亥海粟廬自刊本 二冊

醜郡馬 吳士鑒 絅齋 錢塘

40519 含嘉室詩集八卷 民國壬子自印聚珍本 二冊

40520 清宮詞一卷 民國元年排印本

井木犴 黃紹箕 仲弢

40521 鮮庵遺稿一卷 民國甲寅冒廣生刊二黃先生集本 一冊 附黃紹第縵庵遺稿一卷

百勝將 夏敬觀 映庵

40522 忍古樓詩十五卷 民國丙子自印仿宋聚珍本 四冊

天目將 諸宗元 真長

40523 病起樓[詩]一卷 民國十九年上海排印本 一冊

40524 大至閣詩一卷 民國甲戌梁鴻志爰居閣叢書仿宋排印本 一冊

聖水將軍 梁茞 公約

40525 端虛堂詩集一卷 排印本 一冊

神火將軍 陳銳 伯弢 長沙

40526 袌碧齋集詩五卷詞一卷雜文一卷 光緒乙巳揚州自刊本 二冊

40527 袌碧齋詩詞丙丁戊稿二卷 譚延闓排印本 一冊

40528 袌碧齋集不分卷七律詩一卷詞一卷雜文一卷續集一卷詞一卷附詩話一卷詞話一卷 民國十九年譚延闓鉛印本 二冊

摩雲金翅 陳懋鼎 徵宇 閩縣

40529 槐樓詩鈔不分卷 民國己丑弟懋解仿古活字印本 一冊

火眼狻猊 李宣龔 拔可 閩縣

40530 碩果亭詩二卷附墨巢詞一卷 民國庚辰自印仿宋活字本 二冊

40531 碩果亭詩續三卷墨巢詞續一卷 自印仿宋活字本 無年月 一冊

錦毛虎 張元奇 薑齋 侯官

40532 蘭臺集一卷 光緒間自排印

本 無年月 一册

40533 **知稼軒詩六卷** 民國三年福州自鉛印本 一册

鐵笛仙 秦樹聲 乖庵

40534 **乖庵文錄二卷** 自刊手書本 一册 輯附補遺及詩 鈔稿本合訂

跳澗虎 陳衡恪 師曾 義寧

40535 **陳師曾遺詩二卷補一卷** 民國十九年葉恭綽印本 一册

白花蛇 楊鍾羲 子勤 遼陽

40536 **聖遺詩集四卷** 民國十年上虞羅氏影印手寫本 殘存丙丁卷 一册

40537 **聖遺詩五卷** 民國二十四年門人李宣龔墨巢叢刻排印本 一册

40538 **雪橋詩話**

錦豹子 楊增犖 昀谷 新建

40539 **楊昀谷先生遺詩八卷補錄一卷** 紹興陳中嶽編 民國二十四年排印本 一册

小霸王 姚永概 叔節 桐城

40540 **慎宜軒詩八卷** 宣統二年沈曾植安徽排印本 一册

花和尚 金和 亞匏

40541 **秋蟪吟館詩鈔八卷** 鉛印本

存一册 卷七詞卷八文 少一之七卷

40542 **來雲閣詩六卷** 光緒壬辰丹陽束允泰刊本 二册

行者 黃遵憲 公度

40543 **新編日本雜事詩九卷附年譜一卷** 日本武田熙編 民國三十三年北京新民印書館鉛印本 二册

40544 **人境廬詩草十一卷附錄四卷** 高崇信 尤炳圻校點 民國二十二年北平文化學社鉛印本 一册

赤髮鬼 蔣智由 觀雲 諸暨

40545 **居東集二卷** 宣統己酉自鉛印本 一册

40546 **蔣觀雲先生遺詩一卷** 排印本 一册

插翅虎 丘逢甲 仙根

40547 **嶺雲海日樓詩鈔十三卷外集一卷** 民國二十六年廣州排印本 四册

黑旋風 易順鼎 實甫 龍陽

40548 **燕榻集一卷** 光緒二十七年長安刻琴志樓叢書本 一册

40549 **琴志樓編年詩集十二卷** 民國庚申自排印本 二册

40550 **高州集一卷** 宣統辛亥自鉛

浪子 夏曾佑 別士

一作 **宋育仁** 芸子 富順

40551 **問琴閣詩錄**□**卷** 自刻問琴閣叢書本 一冊

病關索 楊度 晳子

拚命三郎 嚴復

40552 **瘉野堂詩集二卷** 民國丙寅子璩排印本 一冊

兩頭蛇 曾廣鈞

40553 **環天室詩集五卷後集一卷** 宣統庚戌刊本 一冊

40554 **環天室續刊詩集不分卷** 鉛印本 一冊

雙尾蠍 程頌萬

40555 **楚望閣詩集十卷石巢詩集十二卷鹿川閣詩集十六卷美人長壽盦詞集六卷定巢詞十卷湘社集四卷** 光緒辛丑至民國乙丑先後自刊本 十六冊

40556 **鹿川田父集詩四卷詞一卷** 民國甲寅十髮書堂長沙自石印本 一冊

混世魔王 章炳麟 太炎

喪門神 譚嗣同

印本 一冊 琴志樓詩集卷五十四

40557 **譚瀏陽全集八卷續集一卷** 排印本 六冊 附年譜一卷 梁啟超

八臂哪吒 黃侃 季剛

40558 **量守廬遺文一卷雲悲海思廬詩鈔一卷** 遺文 黃焯錄 詩鈔 駱鴻凱錄 制言雜誌鉛印本 一冊

飛天大聖 劉光漢 申叔

40559 **左盦詩一卷** 民國辛未華陽林氏清寂堂刊本 一冊

40560 **左盦長律一卷** 民國三年華新石印本 一冊

金眼彪 吳保初 北山

40561 **北山樓集三卷** 民國丁丑門人陳詩印本

病大蟲 丁惠康 叔雅

40562 **丁叔雅遺集一卷** 古今文藝叢書第三集鉛印本

小遮攔 鄧方 順德

40563 **小雅樓詩集八卷遺文二卷** 光緒庚子廣州刊本 五冊

打虎將 李希聖 亦元 湘鄉

40564 **雁影齋詩存不分卷** 光緒三十一年乙巳京師刊本 一冊

白面郎君 吳用威 屐齋

40565 **蒹葭里館詩二卷** 民國己未

李宣龔排印本 二册

雲裏金剛 張謇 嗇庵 南通

40566 張季子詩錄十卷 民國三年南通翰墨林排印本 二册

摸着天 周家祿 彥昇 海門

40567 壽愷堂集三十卷補編一卷 民國十年排印本 八册

出林龍 周星譽 祥符

40568 鷗堂賸稿一卷東鷗草堂詞二卷 光緒丙子金武祥刊二周先生集本 一册 附周星詒窳櫎詩質一卷 又鈔附星詒勉憙集詞一卷

獨角龍 冒廣生

40569 疚齋辛亥以後詩四卷 自刊紅印本 無年月 一册 小三吾亭詩卷五至卷八

花項虎 李葆恂 義州

40570 紅螺山館詩鈔二卷紅嬴山館遺詩一卷 義州李氏叢刊本

中箭虎 林紓

40571 畏廬詩存二卷 民國二十三年商務印書館排印本 一册

沒面目 朱盤銘 曼君

40572 桂之華軒詩集四卷 排印本 無年月 存舊集之一 一册

40573 桂之華軒詩集四卷補遺一卷文集九卷補遺一卷紀年錄一卷 民國二十三年外甥泰興鄭肇經餘慶堂排印本 二册

石將軍 劉光第 裴村 富順

40574 介白堂詩集二卷 光緒癸卯商務印書館排印戊戌六君子遺集本 一册

40575 衷聖齋文集不分卷衷聖齋詩集二卷 民國三年沈宗元編劉楊合刻成都排印本 綿竹楊銳楊叔嶠文集不分卷詩集二卷合刊

小温侯 梁鴻志 眾異

40576 爰居閣詩九卷 民國二十六年自印聚珍仿宋本 三册

40577 爰居閣詩十卷 民國己卯自刊本 四本

賽仁貴 黃濬 秋岳

40578 聆風簃八卷詞一卷 民國辛巳男劼之刊本 四册

毛頭星 羅敦曧 瘦公

40579 瘦庵詩集不分卷附集外詩 民國十七年葉恭綽刻本

獨火星 羅敦曼 敷庵

混江龍 朱祖謀

40580 彊邨棄稿一卷 彊邨遺書

刻本

船火兒 王鵬運
浪裏白條 鄭文焯 高密
40581 大鶴山人詩集二卷 民國蘇州振新書社刊本 二冊

立地太歲 馮煦
40582 蒿庵類稿三十二卷續稿三卷 民國癸丑刊本 十二冊

短命二郎 文廷式 萍鄉
40583 雲起軒詩錄一卷 光緒戊申陳詩排印本 一冊
40584 文道希先生遺詩不分卷 民國十八年己巳番禺葉恭綽仿宋聚珍印本 一冊

活閻羅 況周(儀)[頤]
出洞蛟 王允晳 碧棲
40585 碧棲詩一卷附補遺碧棲詞一卷附補遺 民國甲戌公子泳深排印本 一冊

翻江蜃 潘博 若海 南海
40586 弱龕詩二卷弱龕詞一卷 民國辛酉朱祖謀刊粵兩生集本 一冊 順德麥孟華 蛻庵詩一卷蛻庵詞一卷合刊

小尉遲 翁同龢 松禪 常熟
40587 瓶廬詩鈔四卷附詞一卷文一卷 姪孫永孫排印本 無年月 二冊
40588 瓶廬詩補一卷校異一卷附詞一卷 民國十年仿宋聚珍印本 一冊

母大蟲 黃體芳 漱蘭 瑞安
一作 張佩綸 簣齋 豐潤
40589 澗于詩集四卷 宣統間家刻澗于全集本 二冊 按全集二十卷附錄一卷

菜園子 張之洞 廣雅 南皮
40590 廣雅堂詩集九卷 影印本 無年月 二冊
40591 張文襄公詩集四卷 宣統庚戌從子檢校補排印本 二冊

母夜叉 江標 建霞
旱地忽律 張百熙 冶秋 長沙
40592 退思軒集六卷補遺一卷 宣統三年排印本

鬼臉兒 柯劭忞 鳳蓀 膠州
40593 蓼園詩鈔五卷續鈔二卷 民國癸亥刊本 二冊

催命判官 吳慶坻 子修 錢塘
40594 悔餘生詩五卷 民國丙寅子士鑒仿宋聚珍印本 二冊
40595 補松廬詩錄六卷 宣統三年長沙自鉛印本 二冊

活閻婆 嚴修 範孫 天津

40596 嚴範孫古近體詩存稿三卷 民國癸酉鉛印本 一冊
40597 嚴範孫先生編年詩注□卷 □□注 鉛印本 二冊

神行太保 康有爲 長素 南海
40598 康南海先生詩集十五卷 民國三十年商務影印東莞崔斯哲手寫本 四冊

鐵臂膊 方爾謙 地山
一枝花 方爾咸 澤山
鐵叫子 惲（疑指惲敬） 鐵樵 武進
40599 陽湖惲戴清有 洗蕉吟館詩鈔一卷詞鈔一卷 石印本 存疑附記

鼓上蚤 沈（疑指沈贊清） 丹曾 侯官
金毛犬 沈（疑指沈翊清） 雁南 侯官
白日鼠 潘（疑是潘飛聲） 蘭史 番禺
40600 説劍堂詩集三卷詞集一卷 仿古排印本 二冊

矮脚虎 廉泉 南湖 無錫
40601 南湖集四卷 民國甲子自印仿宋聚珍本 二冊
40602 南湖東遊草五卷潭柘紀遊詩一卷南湖集古詩一卷 小萬柳堂叢刊聚珍本

一丈青 吳芝英
40603 吳芝瑛夫人遺著一卷附哀榮錄一卷 鉛印本 一冊

聖手書生 顧印愚
40604 成都顧先生詩十卷 民國壬申門人寧鄉程康仿宋活字印本 二冊

鐵面孔目 胡思敬 退廬
40605 退廬文集七卷詩集四卷 退廬全書刻本

神算子 胡朝梁 詩廬
40606 詩廬詩 有印本

玉旛竿 饒智元 石頑 長沙
40607 十國雜事詩十七卷敍目二卷 光緒辛卯自刊竹素齋叢書巾箱本 四冊
40608 明宮雜詠十八卷敍目二卷 光緒十九年自刊湘淥館叢書本 無年月 六冊

玉臂匠 吳俊卿 昌碩 安吉
40609 缶廬詩四卷別存一卷 光緒十八年癸酉自刊本 一冊
40610 缶廬集五卷 民國十二年刊本 殘存三卷 一冊

通臂猿 史久榕 竹坪
一作 **周達** 梅泉 建德

40611 今覺盦詩□卷 鉛印本 □冊

紫髯伯 顧雲 石公
40612 盋山文錄八卷詩錄二卷 光緒刊本 四冊

神醫 王乃徵 病山
40613 病山遺稿一卷 青鶴雜誌鉛印本

金錢豹子 李詳
40614 丙寅游杭絶句一卷 民國間自鉛印本 一冊
40615 七月齋作一卷 光緒丙午自印聚珍本 一冊

轟天雷 梁啟超
40616 飲冰室詩集□卷 排印全集抽行本 □冊

青眼虎 劉世珩 蔥石 貴池
一作 劉詒慎 龍慧 貴池
40617 龍慧堂詩二卷 排印本 一冊

操刀鬼 陳詩 子言 廬江
40618 據梧集一卷 光緒二十七年排印本 一冊
40619 尊匏室詩一卷 光緒戊申排印本 一冊
40620 鳳臺山館詩卷五至卷八補遺一卷 民國癸酉自鉛印巾箱本 一冊
40621 鳳臺山館詩續鈔二卷 民國丙子門人同邑吳常燾鉛印巾箱本 一冊
40622 尊匏室詩話三卷補一卷 民國庚辰自印仿宋活字本 一冊

鐵扇子 陳夔龍 庸庵
40623 庸庵詩鈔四卷 光緒間自鉛印本 無年月 一冊
40624 花近樓詩存七編十五卷 自刊本 七冊

笑面虎 敬安 釋寄禪 湘潭
40625 八指頭陀詩集十卷續集八卷雜文一卷 民國己未北京法源寺刻本 五冊

九尾龜 水竹村人 徐世昌 天津
40626 水竹村人集十二卷 景印本 無年月 六冊

險道神 孫雄 常熟
40627 眉韻樓詩三卷 光緒甲辰京師自刊本 一冊
40628 詩史閣壬癸詩存六卷補遺一卷 民國甲子自排印本 三冊
40629 舊京詩存八卷文存八卷 民國二十年辛未自排印本 四冊

附錄

40630 西湖詩鈔四卷 散原 瓠庵 映

庵 蒼虬閣 石印本 無年月 一册
40631 **門存倡和詩鈔十卷續刻一卷** 陳銳首倡 自刊本 無年月 二册
40632 **晚清四十家詩**

清代詩壇別集未備目錄

孫古喤 鋠
40633 芷庵集

顧震雉 大申
40634 堪齋詩存

鄒程邨 訏士
40635 遠志齋集

鄧孝威 漢儀
40636 過嶺集

王孟毅 戩
40637 突星閣集

以上順康之部

李味莊 延敬
40638 平遠山房集

袁湘湄 棠
40639 秋水池塘詩集

李鳧塘 驥元

40640 雲棧詩鈔

錢謝庵 枚
40641 齋心草堂詩集一卷 湖墅錢氏家集本

李鶴峰 因培
40642 鶴峰詩鈔二卷 雲南叢書初稿編内李氏家集本

項金門 墉
40643 春及堂詩集

王介人 文潞
40644 羲亭詩鈔

胥燕亭 繩武
40645 晉普山房詩鈔

楊笠湖 潮觀
40646 吟風閣詩鈔

侯夷門 嘉翻
40647 夷門詩文集

蔣藕船 知讓
40648 妙吉祥室詩集

汪劍潭 端光
40649 沙江晚霞才退諸集

徐龍友 夒
40650 凌雪軒詩鈔

張粲夫 錦芳
40651 逃虛閣詩集

楊簣山 之灝
40652 簣山詩鈔

沙斗初 維杓
40653 耕道堂集
40654 白岸亭詩

崔慢亭 龍見
40655 集名未詳

許青士 乃濟
40656 集名未詳
以上乾嘉之部

王子梅 鴻
40657 子梅詩稿

龔含真 易圖
40658 烏石山房詩存

李石桐 懷民
40659 十桐草堂集

李蓮塘 憲曧
40660 定性齋集

毛青垣 國翰
40661 麋園詩鈔

黃香石 培芳
40662 粵嶽山人詩文集

吳石華 蘭修
40663 荔村吟草

祁幼章 宿藻
40664 集名未詳

鄭夢白 祖琛
40665 小谷口詩鈔

高湘筠 篔
40666 繡篋小集一卷 國朝閨閣詩鈔本

吳偉卿 廷鉁
40667 集名未詳

黃小石 紹芳
40668 蘭陔山館詩鈔

許秋史 賡皞
40669 平遠堂遺詩

段芳山 承實
40670 寸草心齋詩鈔

勝克齋 保
40671 集名未詳
以上道咸之部

寶竹坡 廷
40672 偶齋詩草

左竹笏 紹佐
40673 集名未詳 下並同

夏別士 曾佑
40674 [集名未詳]

況蕙風 周儀
40675 [集名未詳]

王半塘 鵬運
40676 [集名未詳]

羅敷庵 敦㬅
40677 ［集名未詳］

章太炎 炳麟
40678 ［集名未詳］

黃漱蘭 體芳
40679 ［集名未詳］

江建霞 標
40680 靈鶼閣詩集

方地山 爾謙
40681 集名未詳 下並同

方澤山 爾咸

40682 ［集名未詳］

楊晢子 度
40683 ［集名未詳］

胡詩廬 朝梁
40684 詩廬詩

劉世珩 蔥石
40685 集名未詳 下同

史竹坪 久榕
40686 ［集名未詳］
以上光宣之部

書名筆畫索引

一 畫

一切經音義　11414
一角編　12248
一枝園文稿　12505
一個最低限度的國學書目　10149，20071
一家言居室器玩部　12231
一硯齋集　30363，40082
一硯齋詩集　10690
一樹梅花老屋詩　10760，30389
一瓢齋詩存、一瓢齋詩話、抱珠軒詩存、斫桂山房詩存、吾以吾鳴集、舊雨集、舊雨二集　40228

乙丙日記　12268

二 畫

二十四泉草堂詩　40075
二申野錄　11662
二白詞　12723
二曲集錄要　10610，30163
二西書店書目　10565，20300，20301
二初齋讀書記　10608
二垞詩稿　10759，30424
二徐書目　10069，20432
二家詞鈔　12852
二娛小廬詩鈔、補編、詞鈔　40265
二娛詩詞鈔　10843，10844
二榆山人詩略　10877
二薇亭集　12451
二樹山人寫梅歌　40327

二樹詩略、附二樹寫梅歌續編　40326

丁卯集　12411
丁松生百年紀念集　10535
丁叔雅遺集　40562

十一經問對　11273
十八家詩鈔　12845
十三州志　11781
十三處戰功錄　11648
十三經注疏姓氏　11321
十三經注疏校勘記　11324
十三經詁答問　11275
十三經義疑　30019
十六國春秋　11703
十桐草堂集　40659
十笏草堂詩　40070
十家四六文鈔　12776
十國春秋　11707
十國宮詞　30157
十國雜事詩、敘目　40607
十萬卷樓書目　10492，20479
十經文字通正書　11315
十經齋文集　12542
十髮居士全集　10914

七十家賦鈔　12777，12778
七十雙壽贈言　30548
七子詩選　10881，40121
七月窩作　40615
七家後漢書　11455
七略別錄　10319
七略別錄佚文　10322，20337

163

七略佚文　10325，20339
七國地理考　30035
七榆草堂詞　30478
七頌堂詩文集　40062
七經孟子考文補遺　11316
七經樓文鈔、春暉閣詩鈔選　40451

人物志　12002
人境廬詩草　40544
人範須知　12030

八千樓書目　10474
八史經籍志　10064，20001
八代詩選　40468
八松庵詩集　12684
八指詩存　10701
八指頭陀詩集、續集、雜文　40625
八家四六文鈔　12775

九水山房文存　12548
九曲山房詩集　10863，10864，40305
九曲山房詩集、附偶然吟、九曲山房詩續鈔　40306
九柏山房詩集　12681
九國志　11705
九章算術細草圖説　12199
九勢碎事　12239
九經古義　11283
九經補韻　11393
九經誤字　11322
九旗古義述　11053
九穀考　11067
九數外錄　30219

九藝算解　30214

三　畫

三十家詩鈔　12840
三子遊草　30529
三代經界通考　11301
三百堂文集　12564
三吳水利錄　11816
三松堂集　40281
三岡識略　10679
三岡識略、續識略　30201
三垣筆記　11658
三訂國學用書撰要　10150，10151，20072，20073
三秦記　11844
三唐人集　12386
三唐詩品　12874
三部經音義　11415
三家詩考　11046
三家詩異文疏證　11048
三通考輯要　11855
三異筆談一集　30205
三國[志]辨誤　11460
三國志　11459
三國志注補　11456
三國志質疑　11458
三國志辨微　11457
三魚堂日記　12013
三魚堂文集　12523
三魚堂賸言　12012
三朝大議錄　11659
三朝北盟彙[會]編　11544
三楚新錄　11714

三輔決錄　11843
三餘札記　12079
三禮圖　11145
三禮圖集注　11134
三藩紀事本末　11551，30034

于忠肅公和梅花詩　12478
于湖小集　40493

干溪曹氏一家詞　30559
干溪曹氏家集　30542
干溪曹氏歷代所著書目　20051，30126

士禮居刻書目三種　10067，20555
士禮居藏書題跋記　10280，20255
士禮居藏書題跋再續記　10281
士禮居藏書題跋補錄　10282，20256

工段營造錄　12230

才調集　12796

寸草心齋詩鈔　40670

大小雅堂詩集　40046
大生要旨　10748，30235
大吉祥室遺稿　10633，30325
大至閣詩　40524
大同大學中文圖書目錄　10404
大谷山堂集　10821，40221
大金吊伐錄　11645
大金國志　11616
大華書店書目　10578，20315

大高殿藏楊氏書目　10355，20365
大唐西域記　12321
大唐郊祀錄　11871
大唐開元禮　11860
大唐創業起居注　11618
大清重刻龍藏彙記　10184，20103
大清通禮　11863
大清畿輔書徵　10125
大雲山房初二集　12617，12618
大復山人精華錄　12479
大義覺迷錄　11681
大漠詩人集　30476
大曆詩略　12797
大戴禮記　11106，11107
大戴禮記補注　11108，11109，11110
大戴禮記斠補　11112
大鶴山人詩集　40581

上海李氏易園三代清芬集　30458
上海格致書院藏書目錄　30134
上海格致書院藏書樓書目　10396，20403
上海曹氏〔歷代所著書目〕　10131，20052
上海曹氏鄉賢錄　10733，30060
上海富晉書社書目　10564，20309
上海縣志〔嘉靖〕　30091
上善堂書目　10464，20456
上湖分類文編　12581
上虞公立圖書館書目　10383，20394

小山吟草　30425
小山畫譜　12240

165

小谷口詩鈔　40665
小松園閣雜著　40427
小重山房全集　10697，40375
小重山房初稿　10695
小重山房初稿詩、詞、賦、附霞閣小稿
　　40373
小眠齋讀書日札　10277，20252
小峴山人詩集、文集、續文集　40283
小倦遊閣文稿　12622
小倉山房詩集、續集　40123
小海自定詩　40321
小海自定詩、附黟山紀遊　40324
小海自定稿　10874，10875
小雅堂集　30277
小雅堂詞　30478
小雅樓詩集　10917
小雅樓詩集、遺文　40563
小腆紀年　11667
小腆紀傳　11668
小湖田樂府　10829
小滄桑記　30041
小爾雅訓纂　11421
小學考　10163，20081，20082
小學紺珠　12341
小學鉤沈　11401
小學鉤沈續編　11402
小學騈文　11403
小隱山房詩餘　30478
小謨觴館詩文集　10794
小謨觴館詩集、詩餘、文集　40149
小羅庵集　30278
小歠答問　11364
小鷗波館詩鈔、詞鈔　40383

山谷先生年譜　11905
山東通志　11787
山海經　11575
山曉閣明文選　12760

千一疏　12267
千百年眼　12290
千字文萃　11379
千首宋人絕句　12804
千頃堂書目　10576，20312
千頃堂書目（黃虞稷）　10111，20027

尸子（任兆麟）　12273
尸子（汪繼培）　12274
尸子（章宗源）　12275

子夏易傳鉤遺　10938
子梅詩稿　40657
子略　10183，20098，20099
子雲詩集　40254

也是園藏目　10439

女蘿亭詩稿　12714

四　畫

王子安集注　12368
王氏世譜　30058
王氏藝文目　10130，20054
王文成公年譜　11909
王文成公全書　12009
王右丞集　12374
王母朱太君哀思錄　30083

王伯厚年譜　11907
王述庵年譜　30068
王制通論　11122
王制義按　11121
王席門先生雜記　10731，30040
王源寧年譜　11906
王遵岩家居集　30273

井眉居詩錄　30409

天一閣書目　10412，20413
天一閣現存書目　10413，20414
天一閣藏書考　10530，20537
天延閣刪後詩、後集、贈言集　40068
天岳山館文鈔　12611
天放樓詩集　12734
天津直隸圖書館書目　10358，20368
天真閣集　40153
天梅遺集　10767，30418
天蓋樓評四大家文稿　12788
天嬰室叢稿　12736

元人選元詩　12807
元史　11503
元史備忘錄　11509
元史藝文志　10103，20001
元代蒙古色目待遇考　11652
元西湖書院重整書目　10255
元名臣事略　11728
元次山集　12378，12379
元和姓纂　11875
元和姓纂校勘記　11876
元和郡縣逸文　11760

元和郡縣圖志　11758，11759
元秘史山川地名考　11650
元敏天池集　30276
元婚禮貢舉考　11872
元朝秘史　11649
元聖武親征錄　11651
元詩選　12808
元劇聯套述例　12890
元豐九域志　11762
元豐類稿　12432

廿二史劄記　11517
廿四史提綱歌　11965

木厓文集　12599
木厓續集　12600
木庵居士詩　12733
木棉集　12745

五十萬卷樓藏書目錄初編序　10536，20543
五史斠義　11472
五代史記　11485，11486，11487，11488，11489，11490，11491
五代史記補考　11499
五代史記補注　11493，11494
五代史記纂誤　11495
五代史記纂誤補　11496，11497
五代史記纂誤續補　11498
五代史劄記　11492
五代春秋志疑　11534
五百四峰草堂詩鈔　40303
五百四峰草堂續集　40304

五服異同彙考　11096
五服釋例　11086
五星推步簡法　30212
五桂樓書目　10465，20457
五湖漁莊圖題詞　12833
五經通論　11314
五經異義疏證　11282
五經博士考　11311
五種遺規　12023
五緯捷算　12215
五韻論　11399

不礙雲山樓稿　30352

太平清話　30199
太平御覽引用書目　10224，20207，20208
太平寰宇記拾遺　11782
太平寰宇記辨偽　11783
太史華句　10680
太玄經　12217
太倉縣立圖書館目錄　10373，20381
太鶴山人集　40437

尤西堂全集　40060

比玉樓遺稿　30405
比例彙通　12202

切近編　12026

少室山房類稿　12504
少湖文集類選　30270
少鶴内集、鶴再南飛集、龍城集、賓山續集　40460

日本書目志　10128，20050
日本國見在書目　10217
日本國見在書目考證　10218，20156
日本訪書志　10312，20158
日本訪書志補　10313
日知錄集釋　12060

中山大學圖書館十七年度報告　10553
中山大學圖書館中日文書目　10400
中山大學圖書館新編中文書目　10399
中古文學史　12857
中外圖書統一分類法　10541
中西紀事　11550
中西算法叢書初編　12209
中州集　12805
中江尊經閣藏書目　10394，20401
中江講院建立經誼治事兩齋章程　10539，20547
中俄界約斠注　11823
中華圖書館協會概況　10546，20550
中晚唐詩叩彈集　12799
中晚唐詩紀　12793
中國文學批評史　12858
中國文學精要書目　10146
中國文學選讀書目　10144，20076
中國文獻學概要　10024，20132
中國史部目錄學　10008，20125
中國地方志綜錄　10172，20089
中國地理圖籍叢考甲乙編　20514
中國書店書目　10560，20293

中國書店廉價書目　10561，20294
中國書店編卷書目　10562，20295
中國通藝館書目　10563，20298
中國農書目錄彙編　10196
中國圖書分類法　10542
中國歷史研究法　11946
中國歷史研究法補編　11947
中國雕板源流考　10013，20137
中國藏書家考略　10529，20536
中說　12003
中論　12001
中興閒氣集　12795

內板經書紀略　10260
內經　10786，12180，12181
內經素問、校勘記　30231
內閣藏書目錄　10330，20344

水地小記　11066
水竹村人集　40626
水雲樓詞　12727
水經注彙校　11812
水經注箋　11813
水經注釋　11814
水龍經　12220

午窗隨筆　12076

手臂錄　12173

牛空山年譜　11892

毛鈔南宋六十家集　12446

毛詩日箋　11012
毛詩古訓傳　11032
毛詩注疏　11009，11010
毛詩校勘記　11044
毛詩陸璣疏考證　11039
毛詩紬義　11033
毛詩補疏　11034
毛詩傳疏　11011
毛詩傳箋　11006，11007，11008
毛詩說　11013
毛詩稽古編　11027
毛詩學　11024
毛鄭詩考正　11030

壬子文瀾閣目　10345，20356
壬申合稿　10704

片玉山莊詩存　30357

反離騷　12346

介三先生哀挽錄　30074
介白堂詩集　10924，40574

今水經　11815
今文尚書考證　10976
今字解剖　11375
今覺盦詩　40611
今體詩鈔　40174

公羊何氏解詁箋　11185
公羊何氏釋例　11184
公羊問答　11190

亭林周氏後來雨樓劫餘書目

公羊解詁　11177
公羊禮疏　11188
公羊禮説　11189
公孫龍子　12165
公孫龍子注　12162
公孫龍子懸解　12163

月令粹編　12330
月來軒詩稿　30458，30461

勿庵曆算書目　20110

丹鉛精舍藏書題識　10302，20271

勾餘土音、附甬上族望表　40185

六半樓詩鈔　30391
六宜樓詩稿　30458
六書音韻表　11382，11383
六書假借經徵　11347
六書賦音義　11387
六朝文絜　12754
六經天文編　11303
六算通考　30213
六瑩堂集、二集、評詞　40035
六藝綱目　11274

文子　12117
文子合注　12118
文子校勘記　30171
文子纘注　12131
文元堂書目　10586，20322
文公家禮　11136

文心雕龍　12853
文心雕龍注　12855
文心雕龍札記　12854
文史通義　11950
文字蒙求　11355
文字獄檔　11680
文字學形義篇　11376
文杏堂詩剩　30392
文林綺繡五種　12334
文昌雜錄　11686
文始　11378
文奎堂書目　10595，20331
文娛　12761
文詠樓詩鈔　30442
文道希先生遺詩　40584
文淵閣書目　10328，20342
文禄堂訪書記　20151
文瑞樓藏書目錄　10442，20437
文選尤本考異　12747
文選古字通補訓　12749
文選古字通疏證　12748
文選李注引用書目　10223，20206
文選書　20114
文選筆記　30533
文選樓詩存　40135
文選類雋　12331
文學山房書目　10577，20314
文獻通考正續合編　11854
文獻徵存録　11733
文獻叢編　11679
文瀾閣目索引　10347，20358

亢藝堂集　40445

方志略例　11951
方言　11406
方言合刻三種　11405
方言疏證　11404
方言箋疏　11410
方叔淵遺稿　12474
方貞觀詩集　40095

心止居詩集、文集　40190
心白日齋集　12596，40457
心安隱室詩集、詞集　40316
心安隱室詩詞集　10870
心知堂詩稿　10873，40323
心盦詩存、詞存、詩外、老學後盦自訂
　　詩、自訂詞、泥雪集、憶語　40434

尹文子　12164
尹文子校正　12161
尹文子校錄　12160

夬齋詩集　30317

孔子三朝記　11128
孔子世家補訂　11738
孔子集語　11739
孔子編年　11724
孔門師弟年表　11740
孔孟年表　11904
孔洪駢體文合刻　12623
孔叢子　11997

以恬養智齋詩初集　40426

五　畫

玉山草堂集　40202
玉山草堂續集　40203
玉山閣古文詩選　40270
玉山閣詩古文選　10845
玉川子詩注　12395
玉井山館文略、文續、西行日記、詩、詩
　　餘　40416
玉井山館全集　12633
玉雨堂書畫記　12249
玉海　12325
玉堂嘉話　11687
玉堂漫筆　30197
玉壺野史　11697
玉壺詞　30478
玉牒初草　11625
玉鉤草堂集　40313
玉鉤草堂詩集　10868
玉臺新詠　12790
玉臺新詠箋注　12791
玉篇　30023
玉磬山房詩文集　10825，40227
玉谿生詩詳注　12406，12407
玉簡齋叢書二集　10066

刊誤　12096

示兒切語　11398
示樸齋駢文　12630

正統道藏目錄　10188
正蒙注　10672

亭林周氏後來雨樓劫餘書目

正聲集　10878

功甫小集　40381

甘泉鄉人稿　12554
甘泉鄉人邇言　10299，20268

世本　11586
世史類編　11538
世恩堂集　30301
世善堂書目　10426
世善堂藏書目錄　20425
世經堂集　30271
世說新語　12282，12283
世濟堂詩餘　30478

古今治統　11962
古今書刻　10256，20160
古今僞書考　10027，20134
古今僞書考考釋　10029，20135
古今僞書考補證　10030，20136
古今說海　30240
古今藥石　10673
古文四象　12783
古文苑札記　30534
古文尚書考　10987，10988
古文尚書私議　10989
古文尚書撰異　10995
古文品外錄　30535
古文舊書考　10015，20138
古文辭通義　12859
古文辭類纂　12780
古史考　11627，11628，11629

古史考年同異表　11608
古史紀年　11607
古史新證　11605
古孝子傳　11743
古物書畫流通處臨時書目　10567，20299
古刻叢鈔　30147，30148，30149
古泉山館金石跋　11938
古泉山館題跋　10287，20258
古音諧　11384
古紅梅閣集　12641
古紅梅閣遺集　12640
古書流通處書目　10566，20296
古書流通處繆氏書目　20297
古書經眼錄　10213，20146
古書疑義舉例彙刊　12080
古越藏書樓書目　10381，20392
古微書　11309
古微堂詩集　40370
古詩源　12837
古詩選　12836
古詩錄　12838
古漁詩槪　40255
古賦識小錄　12779
古韻通說　11386
古歡社約　10522，20528
古鐵齋詞鈔　30478

本草從新　12186
本草綱目　12184
本經逢源　12185

札迻　12089

丙辰燕遊草　30419
丙寅遊杭絕句　10932，40614

左氏春秋考證　11165
左氏討　30015，30276
左氏論　30014，30276
左文襄公年譜　11901
左海經辨　11290
左傳小疏　11162
左傳杜解集正　11164
左傳杜解補正　11159
左傳事緯　11154
左傳注疏　11157
左傳注疏考證　11175
左傳補注　11160，11161
左傳補疏　11163
左傳賈服注輯述　11151
左傳舊疏考正　11152
左盦長律　40560
左盦集　12728
左盦詩　40559

右軍年譜　11882

石臼前後集　12516
石臼前集、後集　40051
石秀齋集　30278
石笥山房文集、補遺、詩集、詩餘、補遺、續補遺、年譜　40138
石鼓文音訓考正　30152
石經考　11332
石經考文提要　11330
石經補考　11336

石經閣文續集　12550
石遺先生談藝錄　40485
石遺室文集　12732
石遺室師友詩錄　40482
石遺室詩文集　40479
石遺室詩集　10893
石遺室詩集、補遺　40478
石遺室詩話　12875，40483，40484
石遺室談藝錄　12876
石廬金石書志　10181，20517

平叛記　11660
平津館鑒藏書籍記　10455
平津館鑒藏書籍記、補遺、續編　20447
平夏錄　30039
平圃雜記　30048
平湖經籍志　20038
平遠山房集　40180，40638
平遠堂遺詩　40669

北山樓集　10916，40561
北户錄　11837
北平北海圖書館第三年度報告　10552
北平直隸書局書目　10591，20327
北平直隸書局寄售新書目錄　10592，20328
北平富晉書社書目　10593，20329
北平圖書館方志目錄　10175，20513
北平圖書館書目目錄類　10042，20518
北平圖書館善本書目乙編　10351，20361
北平圖書館概況　10547，20551
北平圖書館圖書展覽會目錄　10545

亭林周氏後來雨樓劫餘書目

北平圖書館圖書展覽會陳列目錄　10544
北史　11478
北江詩話　12871，40166
北京大學藏政府出版品目錄　10403，20406
北堂書鈔　12322
北齊書　11473，11474

目治偶鈔　10291
目耕帖　11298
目睹書目　30131
目錄學（姚名達）　10006，20124
目錄學（劉咸炘）　10007，20123
目錄學研究　10005，20122
目錄學概論　10004，20121

甲子元推步簡法　30212
甲申傳信錄　11673，11674
甲骨學商史編　11924

申報館書目續集　10271，20174
申鑒　11999

田藩文庫書目　10518，20507

史目表　11520
史外　11666
史林測議　11955
史姓韻編　11877
史糾　10782，30155
史記三書釋疑　11431
史記志疑　11427

史記法語　11967
史記訂補　11430
史記校　11428
史記探源　11429
史記菁華錄　11968
史記惠景間侯者年表　11433
史記辯證　11432
史通削繁　11944
史通通釋　11943
史略　10168，20086
史微　11945
史漢字類　11443

四史疑年錄　11880
四明天一閣藏書目錄　10411
四明六志　11778
四明文獻集　12445
四明盧氏抱經樓書目　10482
四香樓詞　30478
四庫大辭典　10341
四庫未收書目提要　10339，10340，20354
四庫目略　10338，20353
四庫全書考證　12081
四庫全書答問　10343
四庫全書總目未收書目索引　10342，20355
四庫全書總目提要　10333，20348
四庫全書簡說　10344
四庫抽燬書提要稿　20349
四庫書目略　10337，20352
四庫備采金石提要錄　30128
四庫薈要目　10334
四庫簡明目錄　10335，10336，20350，

20351
四庫簡明目錄標注　10212，20145
四部正訛　10025
四部書目總錄引用書目表　10228，20212
四部寓眼錄　10292，20260
四部叢刊書錄　10063，20205
四書考異　11244
四書地理考　11237
四書典故覈　11242
四書拾遺　11243
四書章句附考　11236
四書集注　11235
四書剩言　11240
四書釋地　11238，11239
四書釋地辨證　11241
四朝經籍志補　10105
四溟詩集　12494
四種遺規　12021
四聲均和表　11395
四禮翼　11138

代數術　12203
代數難題　12204

仙屏書屋初集詩錄、詩後錄　40411

白石山樵真稿　30284
白石山館詩　12688
白石山館遺稿　40419
白石道人歌曲、歌詞別集　30479
白芙蓉算學叢書　12208
白茅堂集、附耳提錄　40019
白虎通　11129，11130

白虎通疏證　11131
白岸亭詩　40299，40654
白耷山人詩、文　40101
白香山詩集　12398
白香亭詩　12691，12692
白香亭詩存、和陶詩　40386
白華入蜀文鈔　40314
白華入蜀詩鈔　10872，30470，40318
白華前後稿　10756，10871，30468，30469，40317
白華絳柎閣詩集　10894，40486，40487
白華詩鈔　10757
白雲草堂詩文鈔　10810
白雲草堂詩鈔、文鈔　40192
白喉忌表抉微　30237
白喉總表抉微　12187
白燕倡和詩　10708，30509

瓜圃叢刊敘錄　20203
瓜圃叢刊敘錄續編　10060，20204

印雪軒隨筆　12293
印譜目　10177，20093

句曲外史貞居集　12462
句餘土音　10808

外科正宗　12190

冬心先生集　40309
冬青館古宮詞　12694
冬青館甲乙集　12556

立厓詩鈔　40296

半行庵詩　12704
半字集　40431
半岩廬遺文、補、遺詩、補　40428
半農詩餘　30478

永清縣志　11809
永嘉郡記　11772
永樂大典現存卷目表　10058

司馬法　12169
司馬法古注　12167
司馬彪莊子注　12125

民抄董宦事實　10677，30045

弘道書　12010

皮子文藪　12412

弁服釋例　11093

台州府志劄議　11804
台州經籍志　10114，20040
台灣隨筆　30106

六　畫

匡謬正俗　11416

耒耜經　30195

式古訓齋文集　10700

式古訓齋文集、外集、八指詩存　30379
式古堂目錄　10057，20198
式古堂書畫彙考　12226

迂村詩稿四種　10856

刑統賦　12153

圭盦詩錄　12712

吉羊館詩餘　30478
吉堂詩文稿　40462

考工記圖　11062
考工創物小記　11063
考功集選　40069
考古質疑　12056
考定廣韻同獨用四聲表　11396
考定檀弓　11120
考信錄　11300

老子王注　10713，12122
老子古義　12112
老子考　20101
老子參注　30170
老子翼　12123
老老恒言　30190
老學庵筆記　12058，12059

地理辨正　10655

共讀樓藏年譜目　10171

芝雲堂雜言　10750，30399

再續補彙刻書目　20188

西吳里語　12309
西沚居士集　40235
西京雜記　12296
西郊笑端集　30266
西河草堂遺稿　30385
西泠印社書目　10575，20311
西洋朝貢典錄　11827
西夏書事　10737，30051
西域水道記校補　11819
西域釋地　11821
西堂日記　30185
西湖志　11833
西湖詩鈔　40630
西鳧殘草　40446
西溪叢語　12054
西漢會要　11856，11857
西遼立國始末　11719
西澗舊廬詞　30478
西樵文鈔　10752，30430
西學書目表　10193，20112
西巖集　30261

有正味齋全集　40219
有正味齋駢體文注　12625
有竹居集　12531
有學集詩注　12650

百一山房詩文集　40207
百川書志　10415，20416

百尺梧桐閣遺稿　40085
百宋一廛書錄　10459，20451
百宋一廛賦注　10531，20538，20539，
　　20540
百柱堂詩集、文集、駢體文、詞　40364
百衲本十八史跋文彙刊　10317，
　　20283，20284
百衲本廿四史後跋　10318，20285
百聲詩　30376

存素堂詩初集　40133
存悔齋集　12538

列子張注　12130
列子盧注　12116
列女傳　11596，11597
列女傳注　11598
列女傳校勘記　11599
列朝盛事　11656

成都書局書目　10266，20168
成都顧先生詩　40604

夷門詩文集　40276，40647

至元嘉禾志　30085
至剛詩鈔　12739
至順鎮江志　11779

此木軒四書說　10719，30018
此木軒論文雜說　30562
此君書樓詩鈔　30401

亭林周氏後來雨樓劫餘書目

曲錄　10205，20117

同文書店書目　10571，20305
同光駢文正軌　12770
同懷詩草　30502

呂氏春秋集釋　12258
呂氏家塾讀詩記　11026

因明子詩集、詩餘　30364
因話錄　12300
因論　12004

回回算解　30215

年華錄　12329

朱子語類日鈔　12007
朱氏家乘　30062
朱氏傳家令範　12044，30072，30166
朱似石先生近詩　30397
朱雨蒼先生遺稿輯存、附補輯　30474

缶廬集　40610
缶廬詩、別存　40609

先秦經籍考　10161，20159
先撥志始　11657

竹初詩鈔　10811，40193
竹坪書屋詩餘　30561
竹垞行笈書目　10432，20431
竹香亭詩餘　30478

竹素園詩草、日下集　40234
竹書紀年　11577
竹書紀年集證　11579
竹書紀年補證　11580
竹書統箋　11581
竹庵盦傳鈔書目　10484，20471
竹葉庵詩集、紅欄書屋擬樂府、林屋詞　40222
竹嘯軒詩鈔　10787
竹嘯軒詩鈔、歸愚詩鈔、歸愚文鈔、文續、說詩晬語、浙江通省志圖說、黃山遊草、台山遊草、南巡詩　40120
竹譜　11915

休復居文集、詩集　40391
休復居詩文集　12608

伏侯古今注　11633
伏敬堂詩錄、續錄　40353

延青齋詩鈔　10694，30390
延素賞心錄　12250
延陵處士文集　30292

仲氏易　10952
仲瞿詩錄　30447

自在室書目　20506
自在室藏書目　30138
自怡軒詞選　30551
自怡軒遺稿　30355
自怡園屏錦詩集　30507
自怡園屏錦詩集、詞集　30508

自然好學齋詩鈔　40422
自鳴稿詩餘　30478

行人司書目　20345
行素草堂目睹書目　10047，20186

冃齋詩文集　12555

舟車集　40114

全上古秦漢三國六朝文　12751
全上古秦漢三國六朝文編目　12752
全唐詩　12792
全唐詩未備書目　10198，20115
全謝山年譜　11889
全謝山遺詩　40187
全燬書目　10229，10230，10231，
　　20225，20226，20227，20228

刖足集　10626
刖足集內篇、外篇、鶴笙仙館詩詞雜著
　　30343

危太樸集　12476

名臣言行錄　11727
名疑　11903

色批李義山詩集　12404
色批昌黎詩集　12392

冰絲寮詩餘　30561

亦有生齋文集、詩集、樂府、詞　40224

交州記　11770

江上雲林閣書目　10449，20443
江月松風集、補遺、文錄　30255
江氏音學十書　11390
江文通集　12361，12362
江刻書目三種　10068，20556
江泠閣詩集、續編　40107
江泠閣詩集校補、緒風吟　40108
江南別錄　11713
江南圖書館善本書目　10359，20369
江南徵書文牘　20219
江陰藝文志　10120
江陰藝文志、附校補　20033
江寧金石待錄　11932
江蘇金石志　11917
江蘇省立第一圖書館普通書目
　　10363，20373
江蘇省立第一圖書館覆校善本書目
　　10361，20371
江蘇省立第一圖書館續提善本書目
　　10362，20372
江蘇省立第二圖書館書目三編
　　10367，20377
江蘇省立第二圖書館書目續編
　　10366，20376
江蘇省立蘇州圖書館圖書目錄
　　10368，20378
江蘇採輯遺書目錄　10208，20214，
　　30127
江蘇學使採訪書目　10209，10210，

20217，20218

汲古閣珍藏秘本書目　10422，10423，
　　10424，20422，20423，20424

池北偶談　12291

汝南遺事　11646

守山閣賸稿　30412

字林考逸　11373

安般簃詩　40492
安雅堂　40016
安雅堂印譜　12228
安雅堂詩文集　12664
安雅堂詩文集、未刻稿　40017
安雅堂稿　10687
安禄山事跡　11712
安徽省立圖書館中文書目　10384
安徽省立圖書館概況　10551，20553

好古堂書目　10440，10441，20436

七　畫

吞松閣集　10827，40233

扶荔堂文集選、詩集、扶荔詞　40103

批本錢注杜詩　12373
批評漁洋山人精華錄彙鈔　12865

攻媿題跋　12244

折獄龜鑒　12154

孝慈堂書目　10436，20433
孝經　11245
孝經述注　11247
孝經注疏　11246
孝經約義　11249
孝經校勘記　11251
孝經通論　11250
孝經義疏補　11248
孝簡陳先生僅存稿、雜著　30398

却掃編　12305

芙蓉山館全集　10849
芙蓉山館詩鈔、補鈔、詞鈔、附鈔、文鈔
　　40152
芙蓉山館詩鈔、補鈔、詞鈔、拗蓮詞
　　40151
芙蓉山館詩詞　10848

芷庵集　40633

花不住齋詩餘　30561
花近樓詩存七編　40624
花近樓叢書序跋記　10061，20202
花南老屋詩集　40049
花間集　12846
花影詞　30478

芬陀利室詞集　12726

芳蘭軒集　12450

杜詩闡　10662，30244
杜溪先生集　12602

杏花香雪齋詩、補　40489

李太白集　12372
李氏易傳　10939
李申耆年譜　11898
李君虞集　12420
李舒章尺牘　30360
李義山詩　12403
李義山詩集　12405
李義山詩集箋注　30246
李徵士文稿　30458

求仁錄輯要　12011
求古居宋本書目　10460，20452

車制考　11068
車制圖考　11069

甫里集　30248

吾亦廬稿　11293
吾園春雪集　30519
吾學錄初編　11864

見齋公牘　30462
見齋文稿　10763，30462
見齋全集　30462
見齋詩稿　10765

見齋詩稿、附詩餘　30462

足本亭林詩集　40118

吟風閣詩鈔　40272，40646

吹萬樓文集　30416
吹萬樓詩集　30417
吹萬樓藏詩經目錄　10162
吹景集　12308
吹網錄　12072

吳　30069
吳日千先生集　10616，30294
吳中舊事　30103
吳氏寫定尚書　10977
吳芝瑛夫人遺著、附哀榮錄　40603
吳門銷夏記　12090
吳侍讀全集　10831
吳郡志　11785
吳高士文稿　10617
吳梅村家藏稿、詩補、文補、年譜、附樂
　　府三種　40011
吳梅村集箋注　12651
吳越春秋　11594
吳越春秋校勘記　11595，30037
吳越備史　11706
吳園易解　10951
吳會英才集　40126
吳選國朝詩　12817
吳興山墟名　11768，11769
吳興記　11766，11767
吳興藏書錄　10527，20534

亭林周氏後來雨樓劫餘書目

吳學士詩文集　12628

別本玉堂漫筆　30198
別集索引　10206

岑華居士蘭鯨錄詩、外集文、鳳巢山樵
　　求是錄詩、求是二錄詩、求是續錄
　　詩、求是外集文　40240
岑嘉州詩　12385

秀州書社書目　20310
秀野草堂詩集　40045
秀野新居圖題詞　30522

兵垣奏議　10668，30120
兵機類纂　30209

何士抑芝園集　10656，30275
何太樸集　12517
何氏類鎔　10654，30238
何翰林集　10657，30272
何禮部集　10657，30272

作朋集　12815

伴香閣詩　40253

佛國記　12320
佛爾雅　12318

近人詩錄　30485
近古堂書目　10425
近代詩鈔　40481

近思[錄]集注　12016
近科制藝　30549
近遊詩鈔　30372

谷水口碑錄　10710，10711，30546，
　　30547
谷水詞叢　30478
谷水舊聞　30049

含嘉室詩集　10904，40519

狂夫之言、續狂夫之言　30174

言舊錄　11899

亨甫詩選　40355

冷齋夜話　12304

辛卯侍行記　11822
辛楣吟稿　40214

汪本隸釋刊誤　11377
汪直傳　11723
汪容甫文箋　12624

汰存錄　11677

沙江晚霞才退諸集　40284，40649

沂澍集　12701，40351

沈氏羣峰集、外集、韓詩故　40259

182

沈觀齋詩　10896，40499
沈觀齋詩鈔　40500

決疑數學　12214

快閣師石山房叢書　10071，20557

宋之問集　12369
宋元本行格表　10009，20139
宋元書式　10031，20178
宋元書影　20177
宋元學案　12017
宋元憲集　12429
宋元舊本書經眼錄　10214，20147
宋元戲曲史　12891
宋太宗實錄　11622
宋六十家詞　12850
宋文憲公全集　12475
宋文鑒　12758
宋本書影　10037
宋史　11500
宋史翼　11641
宋史藝文志　10087，20001
宋史藝文志補　10101，10102，20001
宋四六選　12759
宋金元詞集見存卷目　10204，20116
宋書　11464
宋崇文總目　10326，20340
宋朝事實　11867
宋景文筆記　12097
宋景文集　12430
宋詩鈔　12801
宋詩補鈔　12802

宋詩精華錄　40480
宋論　11954
宋藏遺珍敘目　20102

初月樓四種　12604
初月樓詩文鈔、附程子香文鈔　40359
初唐四傑集　12367
初學記　12323，12324
初學集詩注　12649

即山文鈔　12496

改蟲齋詞　30478

壯學齋集　12606

妙吉祥室詩集　40280，40648

邵二雲年譜　11888
邵康節外紀　30071

忍古樓詩　40522

八　畫

武王克殷日記　11609
武夷新集　12427
武英殿聚珍版程式　10016，20144
武林紀遊草　30330
武林藏書錄　10528，20535
武林舊事　11692
武林舊事前後集　10714
武陵山人遺書　10778，30572

亭林周氏後來雨樓劫餘書目

青玉軒詩　40090
青芝山館詩　40189
青芝山館詩集　10809
青原小草、棲霞小稿、附詠物七律偶記
　　40177
青浦藝文志　20032,30125
青虛山房集　10836,40250
青楊館兩晉南北朝詠史樂府　40145
青溪集　12583
青嶁遺稿　10834,40248
青谿舊屋文集　12558

長水日抄　30181
長江集　12396
長安縣志　11794

抽燬書目　10232,10233,10234,
　　20229,20230,20231,20232

抱山堂集　10832,40243
抱朴子　12120
抱真堂詩稿　30350
抱經堂文集　12582
抱經堂書目　10582,20318
抱經堂殘書目録　10584,20320
抱經堂新書目録　10585,20321
抱經堂臨時書目　10583,20319
抱經樓藏書志　10498,20485
抱影廬詩　40328

幸存録　10666,30043

拂舒集　12657,40054

拙軒集　12452

招數一得　30221

苦鐵齋金石考　10740,30151

茂芳山人詩録　40215

范氏一家言　30500
范伯子詩集、附蘊素軒詩稿　40498
范家集略　12034

苧城三子詩合存　30377

直介堂徵訪書目　10251,20221
直齋書録解題　10407,20410

茭茹稿　30276

苕溪漁隱叢話　12879

茅亭客話　12301

林文忠公政書　11747
林茂之詩選　40087
林泉高致　12237
林屋詩文稿全集文、詩　30349

板橋全集　10880
板橋詩鈔、詞鈔、道情、題畫、家書
　　40332

來青閣書目　10558,20290
來青閣編號書目　20291

來青閣題詠彙編　12831
來雲閣詩　40542
來禽館集　12489
來薰閣書目　10594，20330

松石齋全集　12497
松江府志　10723，30087
松江府屬采芹錄四編　30057
松江府屬舊志二種　10722，30091
松江府續志　10724，30088
松江縣公款公產管理處報告册　10671
松風社同人集　30516
松風餘韻　10706，30487
松郡均役成書　10734
松桂堂集、南洴集、附延露詞　40022
松陽鈔存　10742，30162
松鄉先生文集　30253
松鄉詩集　12464，30254
松壺畫贅　10816，10817，40204
松壺畫贅、附畫憶　40205
松園浪淘集偈庵集　12498
松漠紀聞　11690
松溪詩稿　30302
松溪詩餘　30478
松窰間合刻詩鈔　30433
松齋詩稿　12658，40055

杭州朱氏抱經堂藏板書目　20175
杭州藝文志　10113，20035

述山詩鈔　30467
述古堂藏書目　10437，10438，20434，
　　　20435

述異記　12298
述庵詩鈔　10758，10790，40130
述學　12533，12534，12535

枕善齋集、雜文　40161

東方圖書館概況　10549
東西學書錄　10192
東江別集　12725
東江集鈔　40104
東林列傳　11729
東來閣書目　10598，20334
東京夢華錄　11691
東南紀聞　11698
東洲草堂詩鈔、詩餘　40341
東都事略　11614
東都事略校勘記（錢氏）　11623
東都事略校勘記（繆氏）　11624
東華錄　11537
東萊博議　11952
東朝崇養錄　11874
東湖叢記　10301，20270
東嘉送行詩　12835
東塾讀書記　12077
東漢會要　11858
東甌金石志　11919
東潛文稿　12549
東觀奏記　11620
東觀漢記　11611

兩京同遊草　30530
兩京城坊考補　11841
兩京新記　11840

亭林周氏後來雨樓劫餘書目

兩垣奏議　11753
兩晉解疑　11957
兩般秋雨盦隨筆　12292
兩淮鹽筴書引證書目　10226，20210
兩當軒集　10799
兩當軒集、考異　40168
兩當軒詩集　10801
兩當軒詩鈔　10800
兩當軒詩鈔、悔存詞鈔　40167
兩漢地志沿革表　11451
兩漢金石記　11929
兩漢紀字句異同考　11532
兩漢碑跋　10739，30150
兩漢解疑　11956

雨航雜錄　30177
雨粟樓詩集　40216
雨齋花蕚遺稿　30404

郁氏三世吟稿　30465

奄城金山訪古記　30154

些山集輯　40098

卓峰草堂詩鈔、外編　40372

尚書大傳定本　10974
尚書大傳疏證　10975
尚書小疏　10993
尚書今古文注疏　10996
尚書孔傳　10990
尚書孔傳參正　10981

尚書地理今釋　10998
尚書注疏　10991
尚書注疏考證　11002
尚書後案　10978，10979
尚書馬鄭注　10992
尚書校勘記　11003
尚書集注音疏　10994
尚書補疏　10997
尚書駢枝　10982
尚書辨偽　11005
尚書釋天　10983，10984
尚絅堂詩集、文集、箏船詞　40188

味外軒詩輯　40116
味經書屋詩稿　12675
味經詩錄、試帖　30394
味隱遺詩　30381

杲堂詩、文　40071
杲溪詩經補注　11031

昆侖河源考　11817

昌黎詩注　12390
昌黎詩集箋注　12391

門存倡和詩鈔、續刻　40631
門存詩錄　10937

呵壁詞　30478

明一統志　11763
明人萬首絕句　12812

明三十家詩選　12813
明太學經籍志　10259，20163
明内廷規制考　11689
明仁廟聖政記　11626
明末四百家遺民詩　12814
明史藝文志　10088，20001
明史藝文志稿　10110，20026
明史斷略　11960
明夷待訪錄　10600，11991，30567
明夷待訪錄糾謬　11992
明年表　11512
明州繫年錄　11801，11802
明季南北略　11661
明季稗史彙編　11676
明皇雜錄　10783，12299
明宫雜詠、敘目　40608
明通鑒　11536
明堂臆　11132
明詞綜、國朝詞綜　30553
明詩偶鈔　12811
明詩綜　12809
明詩綜采摭書目　10225，20209
明儒學案　12018
明齋小識　30203

易卦圖説　10971
易林　12219
易例　10970
易音　10972
易通釋　10963
易章句　10964
易園文集、詩集、詞集　30458
易話　10967

易義別錄　10962
易圖略　10965
易説　10953
易廣記　10968
易確　10945
易憲　10717，10718，30002

迪公外集　12491

典論　12000

忠雅堂詩集　40137

邵亭知見傳本書目　10215，10216，20148，20149，20150
邵亭詩鈔　40366
邵亭遺詩　40367

知止軒文草　30358
知止軒吟草　30356
知止堂詩錄、詞錄　40453
知年堂明詩選　12810
知恥齋詩文集　10842
知恥齋詩集附崇祀鄉賢錄　40264
知無涯齋書目　10557，20289
知聖道齋書目　10452
知聖道齋讀書跋　10279，20254
知稼軒詩　40533
知稼軒詩稿　10906
知樂園集　30422

牧牛村舍外集　40246
牧齋初學集、有學集、補、附校勘記

亭林周氏後來雨樓劫餘書目

　　　　40001
牧齋初學集箋注、有學集箋注　40002

物理論　11989，11990

乖庵文錄　40534

和州志殘本　11808
和陶百詠　40232
和靖詩集　12428

季滄葦藏書目　10430，10431，20429，
　　20430

佳趣堂書目　10444，20438

岳陽風土記　11850

使楚叢譚　30106
使黔集　40080

版本通義　10014，20140

岱史　11832

侶樵詩集　10627
侶樵詩集、附詞　30344

倪竹齋詞鈔　30478

佩文韻府　12328
佩蕙詩鈔　40400

郋園四部書敘錄　10134，20057
郋園刻板書提要　10269，20172
郋園讀書志　10314，20281

征緬紀略　30106
征緬紀聞　30106

所知錄　11671

舍是集　12686，40408

金山沈涇河工載記　30116
金山姚氏二先生集　10761，30409
金山張涇河工徵信錄　10735，30115
金山衛志[正德]　30091
金山衛佚史　10732，30042
金山衛廟學紀略　10729，30102
金山縣志　10725，10726
金山錢氏家刻書目　10267，20170，
　　30129
金山藝文志稿　30124
金文編　11370
金石文字記　11930
金石例　11941
金石要例　11942
金石莂　30144
金石書目（黃立獸）　10178，20091
金石書目（葉銘）　10176，20090
金石書錄目　10179，20092
金石萃編　30142
金石萃編未刻稿　30143
金石學錄續補　11928
金史　11502

188

金史詳校　11507
金華文萃書目提要　10117，20041
金華經籍志　10118，20042
金陵大學圖書館中文地理書目
　　10173，20511
金淵集　12459
金詩選　12806
金源札記　11508
金樓子　12262

采山堂詩　40072
采尊詞　30478
采隱草　30278
采隱草詩集　30279

受川公牘　10764
受古書店書目　10559，20292
受祺堂詩集　40102

周氏世譜　30059
周此山集　12469
周易口訣義　10950
周易王韓注　10947
周易本義　10942
周易述　10954，30001
周易述補（江藩）　10969
周易述補（李林松）　30004
周易注疏　10949
周易荀九家義　10961
周易姚氏易　10944
周易校勘記　10973
周易通義　10946
周易略例　10948

周易集解纂疏　10940
周易補疏　10966
周易虞氏消息　10958
周易虞氏義　10957
周易解　10605，30003
周易義説　10956
周易鄭氏義　10960
周忠介燼餘集　12515
周季編略　11572
周官禄田考　11059
周官禮注　11050，11051
周浦二馮詩草　30471
周浦南蔭堂姚氏叢刊　30570
周書　11475
周書王會解　11558
周書解義　11554
周書斠補　11555
周禮三家佚注　11052
周禮序官考　11061
周禮注疏　11055
周禮政要　11054
周禮軍賦説　11060
周禮校勘記　11070
周禮節訓　10664，30009
周禮疑義舉要　11057
周禮漢讀考　11058
周瞻岐先生訃告　30066

京氏易傳　30222
京師圖書館善本簡明書目　20359
京錫遊草　30531

疚齋辛亥以後詩　40569

亭林周氏後來雨樓劫餘書目

庚子國變記　11683

放猨集、桐江集、江山風月集　40382
放鵰亭稿　30297

刻眉別集　30473
刻楮集、旅逸小稿　40338

育嬰堂徵信録　30117

卷施閣文甲集、乙集、詩集、附鮚軒詩、
　　更生齋詩餘　40164

炊荑子松風集　30382
炊荑子感舊初集　10703，30383

炎徼紀聞　11699

法言注　11980
法言李注　11978，11979
法言疏證　11981
法帖刊誤　12251
法帖釋文　10744，12252，30226
法華鄉志　30098

河賦注　11818

泊鷗山房集　10852，40282

卯香詩鈔　30444

注疏考證　11323

治國學門徑　10152，20074

怡志堂文鈔　12609
怡志堂詩初編　40361

宗法小記　11147

定山堂全集　40015
定性齋集　40660
定庵詩詞定本　12695
定盦文集　12593
定盦文集、續集、續録、古今體詩、雜詩、
　　詞選、詞集、文集補編　40343
定廬集　40339

宜齋詩鈔　10631，30333

空青館詞　12722

宛陵集　12433
宛陵詩文　12620
宛雅初二三編　12822

祇欠庵集　12520

建州私記　11672
建炎以來朝野雜記　11644
建康實録　11634

居東集　10933，40545

屈宋方言考　12343
屈原賦注　12342

弢雅堂癸丑懷人集　40379
弢園著述總目　10133，20056

孟子正義　11230
孟子生卒年月考　11233
孟子外書補正　11232
孟子列傳纂　11741
孟子事實錄　11742
孟子注疏　11228
孟子要略　11227
孟子音義　11229
孟子校勘記　11234
孟子師説　11231
孟子疏證　11224
孟子劉注輯述　11226
孟浩然集　12375，12376
孟塗前集、後集、文集、駢體文　40430

陋軒詩　12654，40034
陋軒詩、續　40033

狀元策　12762

函樓詩鈔、詞鈔　40439

陔南池館遺集　30445
陔蘭書屋文集、詩集、詩二集、補遺
　　40385

姓氏急就篇　11902

始興記　11771

九　畫

契丹國志　11615

奏繳諮禁書目　10245，20245，20246

春及草堂詩集　40244
春及堂初集、二集、三集、四集、附蘭叢
　　詩話　40094
春及堂詩集　40643
春雨樓詩略　40293
春雨雜述　12234
春草堂集　40438
春柳草堂詩餘　30478
春秋人名辨異　11172
春秋三傳異文箋　11208
春秋大事表　11199
春秋日食質疑　11205
春秋内傳古注輯存　11153
春秋毛氏傳　11206
春秋公羊注疏　11181
春秋公羊通義　11183
春秋正辭　11182
春秋本義　11167
春秋左氏傳杜注補輯　30016
春秋左氏傳校勘記　11176
春秋左傳讀敘錄　11168
春秋地名考略　11155
春秋地名辨異　11173
春秋地理考實　11170
春秋列國官名異同考　11171
春秋別典　11631
春秋經傳比事　11204

亭林周氏後來雨樓劫餘書目

春秋經傳集解　11156
春秋説　11201，11202
春秋繁露　11178，11179
春秋繁露注　11191
春秋繁露義證　11180
春秋職官考略　11174
春秋简書刊誤　11207
春秋釋例　11158
春秋屬辭比事記　11203
春渚紀聞　12285
春暉社選第一集　30541
春暉堂叢書　30568
春融堂文集　30429
春融堂年譜　30429
春融堂全集　30429
春融堂集、附雜記八種、年譜　40129
春融堂詞集　30429
春融堂詩集　30429
春融堂雜記　30106，30429

珂雪詞　12719

珍珠船　30192

珊瑚木難　12246
珊瑚網書錄　12235
珊瑚網畫錄　12238

封氏聞見記　12046，12047

持庵詩　10903，40518
持静齋書目　10479
持静齋書目、續增　20468

持静齋藏書紀要　10480，20469

城北草堂詩鈔　30353

政和五禮新儀　11862
政和御制冠禮　11861

括地志　11757

拾香草　30278

指海零種　10781

荆川外集文集補遺　12484
荆川集　12482，12483
荆州計　11764，11765
荆園語錄　12027

茸城近課　30514

革除逸史　11655

茗聲館詩集　12676

草木子　12266
草莽私乘　11693，30038
草堂詩餘正集　30554
草堂詩餘別集　30554
草堂詩餘續集、新集　30554

茶山集　12438
茶坪詩鈔　12670
茶經　11916

荀子考異　11996
荀子集解　11973
荀子楊注　11995
荀子增注　11974

茗柯文編　12619
茗齋集、附明詩鈔　40028

荒政叢書　12178

故宮方志目　10174，20512
故宮所藏觀海堂書目　10356，20366
故宮善本書目　10353，20363
故宮善本書影初編　10032，20179
故宮普通書目　10354，20364
故宮殿本書庫現存目　10357，20367

胡刻文選　12746

茹茶軒文集　10702，30318
茹茶軒續集　30319
茹茶軒續集附炳燭隨筆　30569

荔村吟草　40663

南山集　12601
南天痕　11670
南北史識小錄補正　11969
南史　11476，11477
南江詩文鈔　40268
南村詩集　30259
南村詩集、文　40052
南來堂詩集、補編　30298

南明稗史三種　11675
南京圖書局閱覽室檢查書目二編
　　10360，20370
南洋中學校藏書目　10405
南洋中學校藏書目、附補遺　20407
南洲草堂集、續集　40024
南唐書（馬令）　10715，11711，30052
南唐書（陸游）　10716，30053
南浦詞　30478
南通圖書館第一次目錄　10369，20382
南菁札記　12088
南菁講舍文集　12773
南堂輟鍛錄　40097
南野草堂耳食錄　10295，20263
南野草堂筆記　10839
南野草堂詩集　10838，40260
南朝史精語　11972
南朝野史　11669
南遊草　10892，40473
南湖東遊草、潭柘紀遊詩、南湖集古詩
　　40602
南湖集　40601
南湖舊話錄　10727，30046
南渡錄　11640
南塘張氏詩略　10645，30501
南槎吟草　40389
南雷文約　12524
南園詩選　40256
南雍志經籍考　10257，10258，20161，
　　20162
南溪集　40041
南齊書　11466，11467
南漢書　11708

亭林周氏後來雨樓劫餘書目

南薰殿圖像考　12225
南疆逸史　11663，11664
南疆繹史　11665
南獻遺徵　10252，20222
南獻遺徵箋　10253，20223

柯齋詩餘　30478

柘岡集　12444
柘湖宦游録　30525
柘湖祖餞圖題詞　10776，30524

查初白十二種詩評　12864

柏梘山房文集、續集、詩集、詩續集、騈
　　體文　40360

柳河東集　12393

柿葉庵詩選　40065

桦湖文集　12615

要籍解題及其讀法　10147

咸寧縣志　11795

研六室文鈔　12557
研究國學之門徑　10153
研究說文書目　20084

厚齋文集、詩集　40393

貞一齋雜著　12472
貞觀政要　11635

是程堂詩集　10860，40297

則古昔齋算學　10601，30567

星槎勝覽　11824

昭明太子集　12359，12360
昭昧詹言　40433

畏壘筆記　12315
畏廬文集續集三集　12731
畏廬詩存　10922，40571
畏廬論文　12860

毘陵集　12383
毘陵經籍志　10121

思玄集　30077
思伯子堂詩集、附年譜　40354
思益堂詩鈔、詞鈔、古文、日札　40414
思陵典禮記　11873
思陵翰墨志　12233
思詒室無事書　30347
思補齋文集　12626
思適齋書跋　10286
思適齋集外書跋輯存　10285

罘罳草堂集　40450
罘罳草堂詩集　12713

骨董十三説　30189

幽夢影節鈔　10747
幽夢影節鈔、續鈔　30179
幽蘭草　30558

拜經日記　11296，12110
拜經文集　12539，12540
拜經樓書目　10450
拜經樓藏書題跋記　10294，20262

看山閣詩餘　30478

香宋詩　40509
香草文鈔　10766，30475
香草齋詩注　12677
香草齋詩鈔　40040
香奩集發微　12417
香聞遺集　10862，40300
香蘇山館古體詩鈔、今體詩鈔　40191

秋士先生遺集　40461
秋水池塘集　10813
秋水池塘詩集　40197，40639
秋水軒倡和詞　30560
秋水集　12660，40089
秋江集注　12678
秋笳集　40111
秋槎雜記　11292
秋影樓集　12668
秋澄算稿三種　12210，30221
秋樹讀書樓遺集　10823，40223
秋錦山房外集　40048

秋錦山房集　40047
秋聲集　30250
秋蟪吟館詩鈔　10911，40541

重考古今僞書考　10028
重修四川通志例言　11803
重修青浦縣志　30093
重修金山縣志　30092
重修南匯縣志　30094
重修華亭縣志　30089
重訂中國文學選讀書目　10145
重訂唐詩別裁　12800
重校訂紀元編　11515
重編天一閣目錄　10414，20415
重編紅雨樓題跋　10272，20249
重編海日樓詩　40515
重編蕭山人集　30336
重輯張堰志　10730，30097
重整內閣大庫殘本書影　10033

修文殿御覽殘卷　12339
修竹廬詩稿　30407
修齊要語　12032
修齊集要　30165
修綆堂書目　10597，20333

保文堂書目　10581，20317
保赤全篇　12188

皇宋十朝綱要　11535
皇清經解目略　10055，20196
皇清經解提要　10056
皇清經解提要、續提要　20197

亭林周氏後來雨樓劫餘書目

皇朝太平治跡統類　11621
皇朝事實類苑　12287
皇朝欽定書目　10261，20164
皇朝經世文編　11749
皇覽　12338

鬼谷子陶注　12166

禹貢三江考　11000
禹貢便讀　10720，30005
禹貢班義述　10985
禹貢圖考正　10986
禹貢鄭注釋　11001
禹貢錐指　10999

侯忠節公集　12508

衍石齋記事稿續稿　12553
衍石齋晚年詩稿　40340

待烹生文集　30380，30569

後三唐人集　12387
後山集　12448
後村題跋　12245
後東塾讀書記　12078
後圃編年稿、續稿、題像詩、詞稿　40106
後梁春秋　11636
後湘詩集、二集　40363
後蜀毛詩石經殘字　30007
後漢紀　11530，11531
後漢書　11449，11450
後漢書補逸　11453

後漢儒林傳輯遺　30030
後樂堂文鈔　12574
後樂集　10749，30249

俞塘老友聯吟　30506
俞樓詩記　40397

弇山畢公年譜　11895
弇州山人四部稿　12485

逃虛閣詩集　40291，40651

爰居閣詩　40576，40577

勉行堂詩集　10806，40183

風俗通義　12094

急就篇補注　11418

訂訛雜錄　10743，30167

計然萬物錄　12176

哀絃集　30076

亭林志　30099
亭林詩集　40117
亭林餘集　12525
亭湖三家詩鈔　10644，30499

度帆樓詩稿　30455

奕理指歸圖　30229

音學五書　11389
音學辨微　11394

帝王世紀　11630

美國水師考　10607，30210

姜堯章先生集　30252

前後漢紀校釋　30032
前漢匈奴表　30028
前漢書藝文志　10074，20001

洪氏集驗方　12197

洞仙歌倡和詞　30561
洞庭集文詩、文　30310
洞庭詩文集　10629，30311

洗桐軒文集、抱桐軒文集　40091
洗冤集錄　12152
洗蕉吟館詩鈔、詞鈔　40599

洛陽名園記　11849
洛陽伽藍記　11834
洛陽伽藍記鉤沉　11848

宣和遺事　11695

室名索引　12335

突星閣集　40637

祛疑說　30176

神農本草經　12193，30233

祝月隱遺集　12519
祝慎旃先生傳略　30065

郡齋讀書志　10406，20408，20409

退思軒集、補遺　40592
退密詩餘　30478
退廬文集、詩集　40605

咫進齋善本書目　10483，20470

韋蘇州集　12381
韋廬初集、續集、近集　40458
韋廬詩內集、外集　40459

眉韻樓詩　40627

胥浦草堂文稿、詩稿　30406

姚少監詩集　12399
姚氏家俗記　12036
姚氏家乘　30061
姚母高太君哀挽錄　30075
姚江詩錄　12825
姚節母何太君事述　30073

拏雲館詩草　40377

亭林周氏後來雨樓劫餘書目

盈朒會通　30221

癸巳存稿　12071
癸巳類稿　12070
癸卯推步簡法　30212

紅豆村人詩稿　40242
紅林禽詩錄、詞錄　30409
紅梵精舍女弟子集　30486
紅蕉山館詩鈔　30384
紅螺山館詩鈔、紅蠃山館遺詩　40570

約齋未刊稿　30395

紀元通考　10736，11514
紀半樵詩　30446
紀遊詩稿　30338
紀遊詩稿、霞泉詩草　30337

十　畫

耕道堂集　40302，40653
耕祿稿　12177
耕養齋集　40236

秦伯未詩　30463
秦望山莊耆年讌集詩　10646
秦漢規模　12227

珩璜新論　10784

班馬字類　11444，11445

素心簃集　10699

素心簃集文、詩、補遺文、詩　30354
素修堂詩集　10828
素修堂詩集、後集、補遺　40238
素癡集　30465

馬氏文通　30564

振雅社　30515
振綺堂兵燹後藏書目　10446，20440
振綺堂書目　10445，20439
振綺堂書錄　10447，20441

袁氏藝文金石錄　10129，20053
袁忠節公遺詩　40494

挹青軒詩　30365

耄餘雜識　30183

華延年室題跋　10307，20276
華亭司法實紀　10670，30114
華亭書店書目　10574，20308
華亭縣志　10669
華亭藝文志　20029，30121
華亭藝文續志　20030，30122
華海堂詩　40211
華陽國志　11701，11702
華陽國志校勘記　10738，30050
華嚴音義　11424

莫子偲詩集　12699
莫葭士先生遺稿二種　30279

真軒先生舊藏書目錄　10519
真率齋初稿　10847
真率齋初稿詩、詞　40150
真賞齋賦　12247

莊子郭注　12124
莊子集注　12115
莊子集解　12113，12114
莊子解故　12127
莊子翼　12126
莊子闕誤　12128
莊氏史案考　11682

桂之華軒詩文集　10923
桂之華軒詩集　40572
桂之華軒詩集、補遺、文集、補遺、紀年錄　40573
桂海虞衡志　11851
桂聲堂集　40425

桐引樓詩　40093
桐花吟館詩詞稿　10846
桐花吟館詩稿、文鈔、詞鈔　40271
桐野集　12655
桐野詩集　40105
桐溪送行詩　12834

格致彙編撮要　30567

栘華館駢體文　12629

校刊史記集解索隱正義札記　30027
校正大戴禮記補注　11111
校正古今人表　11437
校正竹書紀年　11576
校補竹書紀年　11578
校經廎文稿　12561
校輯世本　11587
校讎述林　10021，20129
校讎通義　10017，10018，20127
校讎新義　10022，20130
校讎學　10023，20131
校讎學史　20133

索引式的禁書總錄　10247，20248

逋居士集　30384

夏小正附校錄　11124
夏小正集解　11125
夏小正疏義　11126
夏節愍全集　30288

破窗風雨樓詩　30377
破鐵網　10288

盋山文錄、詩錄　40612
盋山書影元本　10036
盋山書影元本第二輯　20181
盋山書影宋本　10035
盋山書影宋本第一輯　20180
盋山檢書錄　10316，20282

晉唐指掌　11709
晉書　11462
晉書校文　11461

亭林周氏後來雨樓劫餘書目

晉略　11613
晉普山房詩鈔　40266，40645

眠雲樓詩鈔　30477

晁具茨詩集　12440

晏子春秋　11588，11590
晏子春秋附黃以周校勘記　11591
晏子春秋集校　11589

蚓竅集　10682，30264

恩餘堂經進稿　12537
恩慶編　10709
恩慶編、附錄、續附　30543

峨眉瓦屋遊草、去蜀入秦詩、使黔草
　　40342

秘書省續編到四庫闕書目　10248，
　　20213
秘閣書目　10329，20343

倚晴樓詩集、續集、詩餘　40412
倚劍樓詩稿　30457

條奏疏稿　11755

健修堂詩集、空青館詞稿　40365

躬恥齋文鈔、後編、詩鈔、後編　40415

島夷志略廣證　11826

烏山圖書館目錄　10386
烏尤山詩　40508
烏石山房詩存　40658

師竹齋集　10814，40198
師鄭堂集　12729
師鄭堂駢體文　12730

徐元歎先生殘稿　40088
徐公鼇百哀思錄　30082
徐氏家藏書目　10420，20420
徐江莽詩　12682
徐俟齋年譜　11911
徐海本末　11722
徐稺庵詩選　40078
徐霞客遊記　11838
徐闇公先生年譜　30289
徐闇公先生遺文　30289
徐闇公集　10688
徐騎省集　12425
徐騎省集校勘記　12426

殷虛文字類編　11368
殷商貞卜文字考　11369
殷强齋先生文集　30265

倉頡字林合編　11372
倉頡篇　11400

翁山詩外　12653，40038

脈望館書目　10419
脈經　12194

留青采珍集　12336
留青新集　12337
留春草堂詩鈔　10824，40225
留耕堂詩集　40066

託素齋詩集、文集　40057

記夢　30206

訒盦藏詞目錄　20525

衷聖齋文集、衷聖齋詩集　40575

高士傳　11725
高天梅先生哀挽錄　30081
高州集　40550
高東井先生詩選　10812
高東井先生詩選、附蕒香詞　40194
高昌麴氏年表　11715
高季迪大全集　12477
高厚蒙求　10674
高厚蒙求初集、二集、三集、四集　30211
高郵王氏父子集　12530
高陶堂遺集　40358
高節孝李太夫人哀思錄　30079

席氏讀說文記　11359
唐堂集　30370

病山遺稿　40613
病起樓詩　40523
病榻寱言　30184

唐才子傳　11726
唐大詔令　11750
唐文粹　12755
唐文粹補遺　12756
唐文粹簡編　12757
唐石經考正　11329
唐石經校文　11328
唐史論斷　11958
唐次昉遺稿　12737
唐宋十二大家文歸　12786
唐宋文醇　12787
唐宋詩醇　12844
唐昭陵碑錄　11933
唐律酌雅　10649，30482
唐律通韻舉例　12884
唐律疏義　12151
唐書　11483
唐書直筆　11948
唐書藝文志　10085，20001
唐開成石經圖考　11334
唐詩金粉　12332，12333
唐詩定編　10648，30481
唐詩紀事　12856
唐摭言　11685
唐語林　12302
唐賢三昧集箋注　12798

瓶水齋集　10792
瓶水齋集、別集　40146

亭林周氏後來雨樓劫餘書目

瓶庵詩鈔　10929
瓶粟齋詩存　30439
瓶粟齋詩話、續編　30565
瓶隱山房詞　12724
瓶廬詩鈔、附詞、文　40587
瓶廬詩補、校異、附詞　40588

剡源文鈔　12458
剡源佚詩佚文　12457
剡源集　12456

郯城縣志　11796

浙江公立圖書館保存類書目　10376，20386
浙江公立圖書館通常類書目　10375，20385
浙江官書局刻板書式　10038，20182
浙江省立圖書館印行所書目　10262，20165
浙江省立圖書館出版圖書目錄　20166
浙江省立圖書館書目提要　10380，20390
浙江省立圖書館善本書目　10377，20387
浙江省立圖書館善本書目題識　10379
浙江省立圖書館善本書目續編　10378，20388，20389
浙江通志　11790
浙江採集遺書總錄　10211，20215
浙閩紀事詩　40441

涑水記聞　11642

涉園［藏書目錄］　20509

海上詩逸　30491
海日堂詩集、文集　40042
海日樓詩　10902，40514
海日樓詩注　40516
海外吉金錄　11935
海曲詞鈔　30557
海曲詩鈔、補編、二集　30495
海曲詩鈔三編　30496
海昌藝文志　10115，20037
海門詩鈔　10866
海門詩鈔、文集　40311
海門詩選　10867，40312
海門遺詩　30377
海珊詩鈔　12680
海秋詩集　12711
海叟集　10681
海叟集、集外詩　30262
海峰文集　12603
海雲堂詩鈔、詞、文鈔　40160
海雅堂詩略、文略、文略續　40436
海道經　11820
海虞三陶先生集　12588
海源閣宋元秘本書目　10477，20466
海源閣藏書目　10476，20465
海藏樓詩　10891，40472
海藻、補遺　30493

浮梅草　30410

流通古書約　10521，20527
流霞書屋遺集　10769，30438

悔翁詩鈔、補遺　40394
悔餘生詩　10931，40594
悔齋詩、山聞詩、山聞續集、京華詩、觀
　　海集　40086
悔廬文鈔　12595

悅親樓詩集、外集　40241

家矩　12040
家訓恒言　12038
家常必讀　12037
家語　11592

容居堂詞　30478
容臺文集、詩集、別集　30280

宰嘉訓俗　12035

袖東先生遺稿　30436

書目長編　10041
書目長編、附補遺補校　20096
書目答問　10138，10139，10140，
　　10141，20061，20062，20063，
　　20064，20065，20066
書目答問補正　10143，20069
書目答問斠補　20067
書目舉要　10039，10040，20094，
　　20095
書林清話　10011，20142
書林揚觶　12092
書林餘話　10012，20143
書城偶輯　10293，20261

書傳音釋　10980
書臺詩鈔　10642，30489
書儀　11135
書論　12236
書斷　12232
書譜　12222

弱水集　10876，40325
弱盦詩、弱盦詞　40586

陸士衡集　30241
陸士衡詩注　12351
陸士龍集　30242
陸子學譜　12008
陸宣公奏議　30118
陸宣公集　11746

陵陽集　12443

陳伯玉詩文集　12370
陳卧子先生安雅堂稿　30287
陳忠裕公年譜　30067
陳忠裕公全集　30288
陳眉公先生全集　30283
陳夏二公集　10686，30288
陳師曾遺詩　10908
陳師曾遺詩、補　40535
陳書　11469
陳張事略　11721

孫子十家注　12168
孫王倡和集　30503
孫氏祠堂書目　10453，10454，20445，

203

20446
孫文志疑　12421
孫文恭公遺書　12492
孫夏峰李二曲學譜　11887
孫淵如年譜　11897

陶貞白集　12366
陶淵明集　12353，12354
陶淵明集箋注　12355
陶園詩文集　12674
陶靖節詩注　12365
陶靖節詩箋　12356

娛親雅言　12069

通介堂文集　12576
通考　11853
通志堂集　40058
通志堂經解目錄　10054，20195
通甫［類稿］　12594
通甫類稿、續編、詩存、詩存之餘
　　40368
通治羣經　20075
通雅堂詩鈔　12709，40443
通曆　11533
通齋詩集、垂金蔭緑軒詩鈔、圍珖岩館
　　詩鈔　40444
通藝閣文集　10693
通藝閣文集、補編　30387
通藝閣詩錄　30388，40157
通鑒地理通釋　11527
通鑒胡注舉正　11524
通鑒紀事本末　11543

通鑒補正略　11526
通鑒補識誤　11525
通鑒輯覽　11539
通鑒總類　11971

能改齋漫錄　12099

十一畫

琉璃廠書肆後記　20545
琉璃廠書肆記　10537，20544

捷錄原本　11963

授經圖　10157，20078

教經堂詩集　10835，40249

培林堂書目　10435，20432

執虛詩鈔、詞鈔　40237

聆風簃、詞　40578

勘書巢未定稿　12584

聊城楊氏海源閣藏書之過去現在
　　10534

莨楚齋書目　10513，20500

黃太史精華錄　12441
黃吾野集　12673
黃冷叟述懷唱和集　30513

黄華集　30511
黄校穆天子傳　11584
黄梨洲學譜　11886
黄葉村莊集、續集、後集　40110
黄葉村莊詩集　12669
黄御史集　12416
黄渡鎮志　30100
黄湄詩選　40115
黄夢畹詩鈔、鶴寠村人詩稿、賓紅閣樂
　　府（詞）　30454
黄鵠山人詩初鈔　40349
黄鵠山人詩集　12700

敢厓考古録　12065

菽原堂初集　10796，40158
菽園雜記　12312

菊澤集　12471

萃文書局書目　10580，20316

萍因蕉夢十二圖題詞　30521
萍洲可談　12303

箖竹堂書目　20417

梧生詩文鈔　12636
梧溪集、補遺　30256

梅氏叢書輯要　12206
梅村詩集箋注　40012
梅庵全集、附自編年譜、詩餘　40285

梅庵詩文未刊稿　40477
梅庵詩文鈔　10853
梅庵詩鈔　40286，40287
梅巢雜詩　40319

梓鄉叢録　10770，30497

梯仙閣詩餘　30478

救命書　12172

曹子建詩注　12349
曹氏吉金圖　11922
曹集考異　12363
曹集詮評　12348

堅白齋集　12693

票據法理刍議　30172

帶經堂全集　40003
帶經堂書目　10466，20458
帶經堂詩話　12863，40007

雪泥屋遺書目録　20055
雪莊詞　30478
雪莊詩　30367
雪堂校刊羣書敍録　10268，20171
雪橋詩話　40538
雪橋詩話續集　12877
雪鴻再録　30106

虛白堂詞鈔　30478

亭林周氏後來雨樓劫餘書目

常熟二馮先生集　12656
常熟縣立圖書館續增舊書目錄
　　10374，20383
常熟藝文志　10122，20034

販書偶記　20152

野園題詞　30520

問琴閣文錄附詞　12645
問琴閣詩錄　40551

婁縣均編要略　30113
婁縣藝文　20031
婁縣藝文補志　30123
婁縣續志　30090

曼志堂遺稿　12708
曼陀羅館詞鈔　10639
曼陀羅館詩鈔　10638，30323
曼陀羅寱詞　12744

晚甘堂詩鈔　30393
晚明史籍考　10169，20087
晚香居詩　30312
晚書訂疑　11004
晚菘廬詞鈔　30478
晚清四十家詩　40632
晚清四十家詩鈔　10936
晚晴軒稿　10837
晚晴軒稿、附詞　40251
晚翠軒未刊稿　40497
晚翠軒集　40496

晚翠軒集、補遺、外集、遺劄、附崦樓遺
　　稿　40495
晚學集未谷詩集　12551

異域錄　11830

鄂游草　10604，30402，30567

國子先生全集　10879
國子監南學存書目　10393，20400
國史補　12284
國史經籍志　10108，10109，20024，
　　20025
國立中央大學商學院藏書目錄
　　10398，20404
國立中央大學圖書館目錄　10397
國立北平圖書館善本書目　10350，
　　20360
國初羣雄事略　11720
國朝山左詩彙鈔　12823
國朝六家詩鈔　12819
國朝文徵　12766
國朝文錄　10712，30538
國朝文錄小傳　30056
國朝未刊遺書志略　10254，20224，
　　30130
國朝正雅集　10883
國朝古文正的　12767
國朝先正事略　11730
國朝先正事略補編　11731
國朝全蜀詩鈔　12824
國朝名家詩鈔小傳　11736
國朝宋學淵源錄　12020

206

國朝松江詩鈔　10707，30488
國朝律介　10884
國朝海上詩鈔　10772
國朝海上詩鈔、初續集　30492
國朝常州駢體文錄　12771
國朝詩人徵略　12881
國朝詩人徵略二編　12882
國朝詩別裁集　12816，40122
國朝詩鐸　12818
國朝漢學師承記　11312
國朝駢體正宗評　12768
國朝學案小識　12019
國策地名考　11571
國策編年　11574，30035
國語　11561，11562
國語正義　11559
國語校文　11566
國語校注三種　11563
國語集解　11560
國語補音　11564
國語釋地　11565
國學入門書要目　10148，20070
國學研究法　20077
國學專修館文集初二編　12774
國學圖書館小史　10548，20552
國學圖書館圖書總目　10364，20374
國學論文索引　10154
國學論文索引三編　10156
國學論文索引續編　10155
國學叢選十八集　30571

崇文總目輯釋　10327
崇文總目輯釋、附錄及補遺　20341

崇雅堂書錄　10517，20505
崇雅堂詩鈔　30373
崇雅堂駢體文鈔　12631
崇禎松江府志（著述、詩品、畫苑、書評）
　　　　　30086

過庭錄　12064
過學齋詩鈔　40402
過嶺集　40636

移芝室文集詩集　12613
移芝室全集　40421
移芝室詩古文集　12614

符勝堂集　10691，30286

笠舫詩稿　40275
笠澤叢書　12413，12414，30247

笥河文鈔　12590
笥河詩文集　12589

偃曝餘談　30186

偶齋詩草　40672

貨布文字考　10741，30153

得月樓書目　10421，20421
得真趣齋詩鈔　10637，30327
得樹樓雜鈔　12314

從征緬甸日記　11829

亭林周氏後來雨樓劫餘書目

船山公年譜　11884
船山詩草　10795，40154
船山詩選　40155

釣璜堂集　30289

魚玄機詩　12424

逸周書　11557
逸周書集訓校釋　11552，11553
逸周書補釋　11556
逸經補正　11306

祭祀冠服圖　11865

許叔重淮南子注　12269
許學考　10167

康南海先生詩集　40598

庸庵詩鈔　40623

鹿川田父集　10915
鹿川田父集詩、詞　40556
鹿門詩集　12423

裦碧齋集　10905
裦碧齋集、七律詩、詞、雜文、續集、詞、
　　附話詩、詞話　40528
裦碧齋集詩、詞、雜文　40526
裦碧齋詩詞丙丁戊稿　40527

章文毅公詩集　30296

章實齋年譜　11890

商子　12150
商君書　12149
商君書集解　12140
商君書解詁　12138
商君書斠詮　12139
商洛行程記　30106
商榷集　30369

望雲草堂詩集　30452

剪彩集　30274

清人所著說文書目初編　10166
清平山館詩鈔　30340
清史稿藝文志　10089，20028
清代別集篇目索引　10207
清代毘陵書目　20047
清代禁燬書目四種索引　10246，20247
清代樸學大師列傳　11737
清芬集、續刻　30526
清吟閣書目　10471
清河文集　12470
清河節孝徵詩錄　10773，30527
清宮詞　40520
清華大學圖書館新編中文書目二期
　　　10402，20405
清華學校圖書館中文書目　10401
清華醫室藏書類目　10195，20519
清暑筆談　30182
清開國史料考　10170，20088
清道人遺集、佚稿、擷遺　40476

清詩話　12887
清綺軒詞選　30550
清學部圖書館善本書目　10349

渚宮舊事　11836

淩雪軒集　10855
淩雪軒詩鈔　40288，40650

淮南子正誤　12255
淮南子校勘記　12256
淮南子斠補　12257
淮南天文訓補注　12271
淮南許注異同　12260
淮南許注異同詁補遺　12261
淮南萬畢術　12270
淮南集證　12254
淮南雜識　12075

淳化縣志　11792
淳則齋駢體文　12632
淳祐臨安志輯逸　11773

深衣考　11117
深衣考誤　11118

涵芬樓宋人小說　12288
涵芬樓藏書目錄　10392，20397

梁公九諫　11751
梁氏飲冰室藏書目　10352，20362
梁書　11468
梁節庵先生佚詩　40512

梁溪漫志　12286
梁質人年譜　11891

惜抱軒全集　40173

惟清堂詩文鈔　10854

寄鷗館行卷　40378

密韻樓景明人別集書目　10203，20524

啟禎兩朝遺詩考　10059，20201

張子正蒙注　30159
張氏二先生集　10762，30406
張氏易學三種　10943
張文襄公詩集　40591
張司業集　12394
張東海全集　10683，30267
張季子詩錄　10920，40566
張受先行狀　11883
張秦亭集、補遺　40113
張溫和公傳　30063
張蒼水集　12509
張燕公集　12371
張孺人哀挽錄　30078

隋代藝文志　10099，20021
隋唐兵符圖錄　11937
隋書　11479
隋書經籍志　10080，20001
隋書經籍志考證（姚振宗）　10082，20019

亭林周氏後來雨樓劫餘書目

隋書經籍志考證（章宗源） 10081，20018
隋書經籍志補 10083，20020

陽宅撮要 12221
陽明別錄 11752

姒隅集 30441，40209

婦學 12045

習學記言 12057

鄉土志第一輯 11805
鄉國補遊記 11839
鄉賢試藝彙編 10780
鄉黨正義 11213
鄉黨私塾課本 30017
鄉黨圖考 11223

紹熙雲間志 10721，30084

巢經巢全集 40347
巢經巢詩鈔 40346

十二畫

琴志樓編年詩集 10913，40549
琴音記 11148
琴書存目 10197
琴書存目、別錄 20113
琴語堂文述 12634
琴語堂雜體文續 12635
琴隱園詩集、附詞集 40404

琴鶴山房遺稿 12642

琅嬛仙館詩略 40134

堯峰文鈔 40050

堪齋詩存 40634

塔影園集 12521

越絕書 10785，11593
越絕書札記 30036
越縵堂日記補 12091
越縵堂文集 12569
越縵堂詩話 12872，40490
越縵堂詩續集 10895，40488
越縵堂駢體文 12638

賁園書庫目錄輯略 10003，20120

揚州吳氏測海樓藏書目錄 10499，10500，20486，20487

揖山樓詩集 40320

博古齋書目 10556，20288
博物志 12297
博雅音 11413

彭省廬先生集 30361，40030
彭躬庵文集 12587

塊石山房詩鈔 10659，30345

達生保赤合編　12189

報恩論　12316
報恩論節本　12317

葉忠節公遺稿　10751，30440
葉漱潤先生遺稿、詩　30426

散原精舍詩　10889，10890，40470
散原精舍詩、續集、別集　40471

萬年少年譜　11910
萬里志　10684，30267，30268
萬卷堂書目　10416，10417，10418，
　　20418，20419
萬善花室文集　12637

董華亭書畫錄　30225

葩廬所藏詩經目錄　20510，30139

敬孚類稿　12568
敬業堂詩集、續集　40021
敬齋古今鉦　12102

葰麗園詩　12742

落帆樓文集　12536

喪服文足徵記　11095
喪服傳馬王注　11094
喪服鄭氏學　30010

葦間詩集　40112

楮葉集、鶴阜集、迁村社稿滎叟剩稿
　　40289

棲霞小志　11847

椒花唫舫文稿　12591

棕亭古文鈔、駢體文鈔、詩鈔、詞鈔
　　40329
棕槐室詩　30427

棣華堂詞　30478
棣華館詩課　12832

惠氏讀說文記　11358

皕宋樓書目　10491，20478
皕宋樓藏書志　10489，20476
皕宋樓藏書志續志　10490，20477
皕宋樓藏書源流考　10533，20542

硯小史　10745，30230
硯山堂淨名軒集　40218
硯山堂集　10820
硯山堂詩集　40217

雁門集注　12463
雁影齋詩存　10918，40564

殘局類選　30228

亭林周氏後來雨樓劫餘書目

雄雉齋選集　40081

雲谷雜記　12055
雲南圖書館印行書目　10265
雲南圖書館書目二編　10388，20396
雲南圖書館書目初編　10387，20395
雲起軒詩錄　10926，40583
雲棧詩鈔　40200，40640
雲間二何君集　10657，30272
雲間二韓詩　10685
雲間二韓詩二種附二種　30278
雲間七家詩　10771，30498
雲間人物志　10728，30054
雲間三子新詩合稿　10705
雲間兩徵君集　30569
雲間據目鈔　10653，30047
雲間韓氏藏書目　10468，20461，30136
雲間雜識　30104，30105

雅雨山人出塞集　40178
雅雨堂詩文集　10803
雅雨堂詩集、文集　40179
雅學考　20080

棠蔭錄　10775，30544

掌故叢編　11678

量守廬遺文、雲悲海思廬詩鈔　40558

開元占經　12218
開方釋例　12200
開有益齋讀書志　10306

開有益齋讀書志、續志　20275
開闢傳疑　11606

閑居草　30386
閑家編　12031
閑漁閑閑錄　10678，30202

閔行詩存　30494

景定嚴州續志　11775
景堂圖書館目錄　10391
景詹閣遺文　12610

圍爐詩話　40056

無錫私立大公圖書館書目　10389，20398
無錫鄉賢書目　10123
無錫縣立圖書館書目　10371，20379
無錫縣立圖書館善本書目　10372，20380
無錫縣立圖書館歷年概況　10550
無題唱和詩　30505

短篇文選　30536

嵇中散集　12350
嵇庵詩集、文集　40410

程侍郎集　12697
程侍郎遺集　40336

筆花樓詞譜　30480

筆乘　12103
筆塵　30224

傅子　11988

順宗實錄　11619

集成書局書目　10572，20306
集韻　11380
集韻校正　11381

焦山書藏目錄　10370，20384
焦里堂讀書記　10289

傍秋亭雜記　30187
傍秋庵文集　30279

粵東金石略　11931
粵嶽山人詩文集　40662

復古詩集　30257
復初齋文集　12547
復初齋書目　10587，20325
復初齋集外詩、集外文　40176
復初齋詩集　40175
復社紀略　11700
復莊詩問　40371
復堂日記　10305，20274
復堂文續　12566
復堂詩稿　30366
復堂類集　12565
復堂類集、詩、詞、日記　40356

徧行堂集　40036

舒嘯樓詞稿　30478
舒藝室全集　10777，30573
舒藝室隨筆、續筆、餘筆　30168
舒藝室題跋　10304，20273，30141
舒藝室雜著　30169

畬香草存　10618，30342
畬香草存、續刻　30341

鈍吟雜錄　12313

鈐山堂集　12487

欽定天祿琳琅書目　10331，20346
欽定天祿琳琅書目後編　10332，20347
欽定四庫全書提要序錄　10001，20119

番禺　20515

飲冰室詩集　40616

猶得住樓詩稿、詞稿　30458
猶得住樓詩選、詞選　30459

觚不觚錄　11688
觚庵詩存　10900，40513

然脂餘韻　12883

詁經精舍文集　12772

213

亭林周氏後來雨樓劫餘書目

詠菊小品　10621
詠菊小品初編、續編、備編、補遺
　　30329
詠歸亭詩鈔　40290
詠歸堂集　30295

詞律　12888
詞綜　30552
詞選　12848
詞壇妙品　30555

詒莊樓書目　10514，20501

馮氏小集、鈍吟集、別集、餘集、遊仙詩、
　集外詩、外集、文稿、雜錄　40013
馮舍人遺詩　12667，40059

敦夙好齋詩初編　12702，40352
敦艮吉齋文鈔、詩存、詩存補遺　40357
敦艮吉齋詩文存　12710
敦拙堂詩集　10833，40247
敦書悶聞　10311，20280
敦煌石室真跡錄　10222，20155
敦煌石室記　10221，20154

痘疹慈航　10651，30236

善本書目題識　20391
善本書室藏書志　10473，20464
善本書室藏書題識　10300，20269
善鄰國寶記　11831

尊古堂詩存　30378

尊匏室詩　10935，40619
尊匏室詩話、補　40622
尊經閣募捐藏書章程　10538，20546

道古堂文集、詩集、集外文、集外詩、軼
　　事　40230
道古堂詩文集　10826
道援集、詞　40037
道園學古錄　12460
道藏經目錄　10187，20106
道藏舉要目錄　10191，20108
道藏闕經目錄　10189，10190，20107

遂初堂全集　40100
遂初堂書目　10408，10409，20411，
　　20412

曾子注釋　11127
曾文正公詩集、文集　40345
曾惠敏公奏疏　11756
曾選詩文評點　12870

勞氏碎金　10303，20272
勞氏讀書雜識　12086

湛園劄記　12062

湖山到處吟　30423
湖心亭錄別　30523
湖北官書處新編書目　20169
湖北通志　11788
湖北通志未成稿　11807
湖北通志檢存稿　11806

湖南省立中山圖書館目錄　10385
湖南通志　11789
湖海文傳　30537
湖海詩傳　10885，30484，40132
湖海樓詩集、陳迦陵文集、儷體文　40029
湖塘林館駢體文　12639
湖樓筆談　11356
湖錄經籍考　10119，20036

湘山野錄　11696
湘軍志　11549
湘陰縣圖志　11799
湘綺自定詩　40463
湘綺樓文集　12644
湘綺樓自定詩　10887
湘綺樓唐詩選　40469
湘綺樓集外詩錄　40467
湘綺樓詩五種　10888
湘綺樓詩五種（圓明園詞、獨行謠、杜若集、夜雪集、夜雪後集）　40466
湘綺樓詩集　10886，40464
湘綺樓説詩　12873
湘綺樓豔體詩　40465
湘蘭秋影室吟草　30313
湘麋閣遺詩　12705
湘麋閣遺詩、蘭當詞　40456

渤海國志　11710

測候叢談　12213
測海集　40333
測海樓舊本書目　10501，20488

湯子遺書　12522
湯海秋詩集、後集　40350

溫州古甓記　11920
溫州經籍志　10116，20039
溫飛卿集箋注　12419

渭南文集　12439

淵雅草堂編年詩稿　10818
淵雅堂編年詩稿、詩外集　40206
淵穎集　12461

游志續編　30109

滋溪文稿　12473

溉亭述古錄　12109
溉堂集　12666
溉堂集、後集、續集、文集、詩餘　40032

寒山寺志　11835
寒山金石林部目　11934
寒支初二集　12585
寒圩小志　10606，30095
寒瘦山房鬻存善本書目　10512，20499

寓安集　12466

寐叟乙卯稿　10901

補三史藝文志　10104，20001
補三國藝文志（侯康）　20010

亭林周氏後來雨樓劫餘書目

補三國藝文志（姚振宗）　10093，20011
補元和郡縣志四十七鎮圖説　11761
補五代史藝文志　10100，20022
補宋書宗室世系表　11465
補松廬詩録　40595
補後漢書藝文志　20007
補後漢書藝文志（姚振宗）　10091
補後漢書藝文志（錢大昭）　20009
補後漢書藝文志（顧櫰三）　10090
補後漢書藝文志、考（曾樸）　10092，20008
補後魏書藝文志　10098，20017
補風俗通姓氏篇　12095
補晉兵志　11463
補晉書經籍志（吳士鑒）　10094，20013
補晉書藝文志（丁國鈞）　20012
補晉書藝文志（文廷式）　10095，20014
補晉書藝文志（秦榮光）　10097，20016，30031
補晉書藝文志（黃逢元）　10096，20015
補唐書張義潮傳　11716
補鈔文瀾閣四庫闕簡書目録　10346，20357
補漢兵志　11442
補遼史藝文志　20023
補遼金元藝文志　10106，10107，20001

尋樂齋詩集　30421

畫禪室隨筆　10676，30178

強恕齋文鈔、詩鈔　40310

強恕齋詩文鈔　10865

違禁書籍名目　10244，20244
違礙書目　10239，10240，10241，10242，20238，20239，20240，20241，20242

絮庭酬唱集　10774，30510

媕雅堂詩集、詩續集　40210

登封縣志　11793

發墨守評　11186

結一宧遺文　12573
結一宧駢文詩略　12647
結一廬宋元本書目　10487，20474
結一廬書目　10485，10486，20472，20473
結一廬書目別本　10488，20475

絳柎閣詩稿　12672
絳雲樓書目　10427，10428，20426，20427
絳雲樓書目補遺　10429，20428

絡緯吟　30282

絶妙好詞箋　12847

幾社壬申合稿　30540

十三畫

鄢陵志　11797

遠志齋集　40635
遠春樓讀經筆存　11297

聖朝遺事二編　11654
聖朝遺事初編　11653
聖遺詩　40537
聖遺詩集　10909，40536
聖學入門書　12025

勤有書堂剩稿　30413

蓮子居詞話　12889
蓮坡詩話　12866
蓮洋詩鈔　12665

夢陔堂詩集　12685，40407
夢堂詩稿　40308
夢喜堂集　10822
夢喜堂詩　40220
夢溪筆談　12051，12052，12053
夢樓詩集　40267
夢餘詩鈔　40143

蒼虯閣詩　40504
蒼虯閣詩存　10897，40502
蒼虯閣廬山詩鈔　40503
蒼茛初集　40362
蒼茛全集　12612
蒼雪大師行年考略　30298

蓬萊閣詩錄　12706

蒿庵類稿、續稿　40582

蒹葭里館詩　10919，40565
蒹葭堂雜著　30188
蒹葭樓詩　40517

蓉洲初集　40380

蒸里志略　30096

蓺洲詞　30478

禁書總目　10235，10236，10237，10238
禁燬書目四種　10072，10073，20558，20559，20560
禁燬總目　20233，20234，20235，20236，20237

楚望閣詩集、石巢詩集、鹿川閣詩集、美人長壽盦詞集、定巢詞、湘社集　40555
楚漢春秋　11632
楚騷綺語　30239

楷員又述　30221

楊氏西寮所藏鄉先哲著述目　20508，30140
楊昀谷先生遺詩、補錄　40539
楊莊詩草　30434
楊魚堂詩集　10622

亭林周氏後來雨樓劫餘書目

槐樓詩鈔　40529

樱香書屋詩集　30305

楹書隅錄　10475

感發集、附籤　30545
感甓集　30456
感舊集　12820

挈經室詩錄　40136

雷塘盦主弟子記　11894

歲華紀麗譜　11852

虞山人詩　12511
虞氏易禮　10959

睡庵全集　12503

愚谷遺詩　30377

盟梅館詩初稿　10768，30411

園冶　12229

蛻翁詞　30478
蛻翁詩鈔　30428

農丹　12179

嗣雅堂詩存　40454

蜀大字本三經音義　11325
蜀石經毛詩考異　11045
蜀石經校記　11335
蜀石經殘字　11337
蜀典　11800
蜀徼紀聞　30106
蜀鑒　11545，11546
蜀鑒札記　11547

嵩庵遺集　12567

稗畦集、續集　40092

筠心書屋集　12679

節庵先生遺詩　40510
節庵先生遺詩續編　40511

傳古別錄　11940
傳是樓宋元本書目　10434
傳是樓書目　10433
傳是樓書目、附馬玉堂鈔藏傳是樓足本
　　書目殘卷　20432
傳神秘要　12241
傳書堂善本書目　10507，20493
傳書堂善本書目補遺　10508，20494
傳硯堂詩存　30316
傳經堂書目　10569，20303
傳疑錄　30180

鼠璞詞　30478

傷寒總病論　12196

傷寒雜病論集　30234
傷曇錄　30080

微尚齋詩初集、詩續集、適適齋文集
　　　40429

會心堂綱鑒鈔略　30033
會昌一品集　12397

愛日堂吟稿　40096
愛日精廬藏書志　10457
愛日精廬藏書志、續志　20449
愛蓮居詩鈔　10660，30346

飴山詩集、文集　40014

解字小記　11363
解春文鈔　12597

詩人玉屑　12880
詩三家義集疏　11019
詩比興箋　12839，40420
詩氏族考　11014
詩本音　11040
詩史閣壬癸詩存、補遺　40628
詩四家異文考補　11049
詩外傳　11020，11021
詩考異補　11018
詩考補正　11047
詩地理考　11038
詩序辨正　11037
詩品箋　12862
詩音表　11042

詩舫詩外　40374
詩舲詩外　10696
詩集傳音釋　11023
詩經大義　11025，30008
詩經小學　11041
詩經廿二部古音集說　11015
詩經均讀　11043
詩疑辨證　30006
詩說（陶）　11029
詩說（惠）　11028
詩譜補亡後訂　11036
詩廬詩　40606，40684

話雨軒倡和詩　30504

廉石居藏書記　10456
廉石居藏書記內編、外編　20448

資治通鑒　11522
資暇集　12048，12049

靖康要錄　11639
靖康緗素雜記　12098

新方言　11419
新序　11600，11601
新柳堂集　40023
新唐書糾繆　11482
新唐書摘要　11970
新唐書藝文志　10086
新書　11975，11976，11977
新堂詩餘　30478
新論　11998，12263

亭林周氏後來雨樓劫餘書目

新編日本雜事詩、附年譜　40543
新學商兌　12006
新舊唐書雜論　11959

意林　12278，12279

義門讀書記　12082

慈水桂氏清芬集　12828
慈雲樓藏書志　30135

煙霞萬古樓文集　12627
煙霞萬古樓詩殘稿　40170
煙霞萬古樓詩選、仲瞿詩錄　40169

溝洫疆理小記　11065

滇行雜錄　30106

滅國五十考　11610

滏水集　12453

滄浪吟　12449
滄溟集　12486
滄趣樓詩　40475
滄趣樓詩、聽水齋詞　40474
滄螺集　30263

滂喜齋宋元本書目　10495，20482，
　　20483
滂喜齋藏書記　10493，10494，10496，
　　20480，20481

慎子　12148
慎子校正　12137
慎宜軒詩　10910，40540

褚氏遺書　12195

羣書治要考異　12277
羣書拾補　12111
羣書校補　12087
羣書提要　10297，20266
羣書疑辨　12061

羣雅集　10882，40335
羣經宮室圖　11302
羣經補義　11286
羣經識小　11289
羣經韻讀　11327
羣經釋地　11276

羣碧樓書目初編　20496
羣碧樓善本書目　10510，20497
羣碧樓善本書錄　10511，20498

辟寒部　30194
辟謬編　12005
辟疆園遺集　10850

遜學齋文鈔、詩鈔、文續鈔、詩續鈔
　　40395

彙刻書目　10044，20183

經史問答　12105
經史答問　12074
經字辨體　11374

經典釋文　11318，11319
經香樓書目　10589，20324
經訓堂書目　10588，20323
經書算學天文考　11305
經問　11285
經傳考證　11294
經傳禘祫通考　11146
經傳釋詞　11278
經義考　10158，10159，20079
經義考補正　10160
經義述聞　11280，11281
經義知新記　11288
經義叢鈔　11308
經義雜記　11284
經德堂詩文集、附詞鈔　40388
經學卮言　11287
經學導言　11307
經學歷史　11313
經韻樓集　12529
經籍要略　10137，20060
經籍訪古志　10219
經籍訪古志、附補遺　20157
經籍跋文　10290，20259
經籍舉要　10135，10136，20058，20059
經籍纂詁　11320
經讀考異　11326

十四畫

静軒集　12467
静愓堂宋元人集書目　10199，20520
静敬山齋詩稿　30406
静觀齋詩　40452

碧城仙館女弟子詩　12827
碧棲詩集　10928
碧棲詩詞、補遺　40585
碧蓮居遺稿、補遺　30437

趙氏圖書館藏書目錄　10390，20399

嘉定赤城志　11777
嘉泰吳興志　11776
嘉業堂刊印書目　10270，20173
嘉業堂善本書影　10034
嘉靖以來首輔傳　11745
嘉樹山房集　12592

壽愷堂集、補編　40567

尊香堂詩稿　30303
尊鄉贅筆　30200
尊閣詩藏　30483

蔡中郎集　12347
蔡邕月令章句　11105

蔗尾詩集、文　40076
蔗塘未定稿、押簾詞　40043

熙朝記政　11684
熙朝宰輔錄　11732
熙朝詠物雅詞　30556

蔣觀雲先生遺詩　40546

蓼園詩鈔、續鈔　40593

亭林周氏後來雨樓劫餘書目

蓼齋集、後集　30359，40025

薌荚詩鈔　30472

榕園吟稿　12683

碩果亭詩、附墨巢詞　40530
碩果亭詩續、墨巢詞續　40531

爾雅今釋　11260
爾雅正義　11255，11256
爾雅古義　11257，11263
爾雅例説　11259
爾雅注疏　11261
爾雅郝注刊誤　11264
爾雅校勘記　11268
爾雅郭注　11265
爾雅補郭　11258
爾雅義疏　11252，11253，11254
爾雅鄭注　11262
爾雅釋地四篇注　11267
爾雅釋義　11266

對嶽樓詩録、續録　40376

閩秀詞話　30566
閩範圖説　12041

聞音室詩集　10641
聞音室詩集、遺文　30307

閩川閨秀詩話　12878

團香吟　30471

鳴玉集　12490
鳴沙山石室秘録　10220，20153
鳴社二十年話舊集　30517

圖書寮漢籍善本書目　10348
圖繪寶鑒　30055，30223

種榆仙館詩鈔　10840，40262

箋注劍南詩鈔　30251
箋注簡齋詩集　12437

算經十書　12198
算牖　12205
算學書目提要　10194，20109
算賸初編　30216
算賸餘稿　30217
算賸續編　30218

管子尹注　12145
管子校正　12134
管子校義　12135
管子探源　12136
管子義證　12133
管子餘義　12147
管子識誤　12146

僞齊録　11717

銅鼓書堂遺稿　40226

鳳想樓詩選　30348
鳳溪二王先生詩存　30434
鳳臺山館詩　40620
鳳臺山館詩續鈔　40621
鳳臺縣志　11798

疑年録彙編　11879

語石　11927
語新　30204

説文引經考證　11351
説文古籀補　11367
説文目録　10165
説文目録、附存目　20085
説文句讀　11345
説文段注考正　11344
説文段注訂補　11343
説文校定本　11362
説文部首均語　11365
説文部首箋正　11354
説文書目　10164
説文書目附補遺　20083
説文通訓定聲　11350
説文通檢　11357
説文假借義證　11349
説文提要　11353
説文詁林引用書目表　10227，20211
説文解字　11339，11340
説文解字段氏注　11341，11342
説文解字校勘記殘稿　11361
説文新附考　11346
説文經傳字詁　11352

説文聲類　11348
説文職墨　30022
説文雙聲　30021
説苑　11602，11603，11604
説郛　10746，12281
説郛目　30132
説郛書目考　10053
説略　12340
説雅　11417
説鈴　12294
説劍堂詩集、詞集　40600

誦翁鐵筆　10611，30227

塾南書庫書目　10481

廣川書跋　12242
廣川畫跋　12243
廣元遺山年譜　11908
廣西省述作目録　20048
廣成子　12121
廣東女子藝文考　20049
廣東通志　11791
廣陵妖亂志　11694
廣陵通典　11811
廣雅板片印行所書目　10264
廣雅堂詩集　10930，40590
廣雅疏證　11412
廣雅疏證補正　11422
廣羣芳譜　11914
廣滬上竹枝詞　30108
廣藝舟雙楫　12224
廣韻音和急就編　11397

亭林周氏後來雨樓劫餘書目

瘦生詩鈔　10861，40298

瘉野堂詩集　40552

端居室集　10630，30309
端虚堂詩集　40525

適可集　10619，10620，30331，30332
適園藏書志　10509，20495

齊太史移居酬唱集　12829
齊民要術　12174，12175
齊名紀數　12327
齊物論釋　12129
齊家寶要　12033

養一齋集　12621，40369
養一齋詩話　12867，12868
養知書屋文集、詩集　40413
養恬書屋詩餘　30478
養素堂文集　12546
養晦堂詩集、文集　40405

精華録訓纂　40004
精華録訓纂補　40005
精華録箋注、補遺　40006

粹雅堂書目　10596，20332

鄭氏家儀　11137
鄭堂讀書記　10296，20264，20265

漢文淵書目　10568，20302

漢石經考異補正　11333
漢石經殘字考　11338
漢志水道疏證　11448
漢武内傳　12295
漢制考　11866
漢官六種　11859
漢紀　11528，11529
漢書　11434，11435
漢書引經異文録證　11317
漢書地理志水道圖說　11440
漢書地理志水道圖說補正　11441
漢書地理志校本　11438
漢書地理志校注　11439
漢書音義　11447
漢書補注　11436
漢書管見　11446
漢書藝文志考證　10075，20002
漢書藝文志注解　10078，20005
漢書藝文志拾補　10077，20004
漢書藝文志姚氏注解　30029
漢書藝文志條理　10076
漢書藝文志條理并敘録　20003
漢書藝文志舉例　10002，20118
漢書藝文志講疏　10079，20006
漢銅印叢　30146
漢儒傳經記　11310
漢魏二十一家易注　10941
漢魏六朝女子文選　12753
漢魏六朝百三名家集題詞　20200

漸西村人詩　40491
漸西村舍叢刻目録附麗澤堂流通書目　20176

漱泉閣詩集、文集　40020

漳南遺老集　12454

漫遊記略　30110
漫興集　40067

漁洋書籍跋尾　10273，20250
漁洋精華録訓纂　12662
漁洋精華録訓纂補　12663
漁洋精華録箋注　12661
漁磯漫鈔　30207

渱濆同聲續集　30518

賓退録　12101
賓萌集　40396

寧波通雅書局書目　10590，20326

實夫未定稿　10623，30339
實事求是之齋經義　30020
實事求是齋經義　10663

隨園女弟子詩選　12826
隨園詩話　40124

翠園墨語　11939

綱目訂誤　11540
綱目釋地糾繆　11541
綱目釋地補注　11542

綿津詩鈔　40044

緑雪堂遺集　40435
緑雪館詩文鈔　10634，10635，30320，
　　30321
緑窗小草　30374
緑槐書屋詩稿　12716
緑溪詩鈔　10830，40239

十五畫

髯仙詩舫遺稿　40449

撫本禮記鄭注考異　11100，11101
撫松軒詩餘　30478

增訂徐文定公集　30285
增訂傳家格言　12039
增訂彙刻書目　10046，20184
增訂叢書子目索引　20192
增訂叢書舉要　10048
增補五方元音　11388
增廣驗方新編　12191
增輯書目答問　10142，20068

穀梁注疏　11195
穀梁注疏考證　11197
穀梁補注　11194
穀梁疏　11193
穀梁傳校勘記　11198
穀梁傳集解　11192
穀梁廢疾申何　11196

蕘圃藏書題識　10283

亭林周氏後來雨樓劫餘書目

蕘圃藏書題識續錄　10284，20257

蕆園詩集　10805，40182

蕉城集、使滇集三集、過江集、過江二集
　　40031

蕉鹿居遺稿　30414

橫雲山人集、颶言集　30304

樗寮先生全集　40156

樓山堂集　12510

樊山詩鈔　40501
樊川文集　12400
樊川詩集注　12401
樊村草堂詩選　40144
樊南文集補編　12410
樊南文集詳注　12408，12409
樊桐詩選　12671
樊集句讀合刻　30245
樊榭山房文集、詩集、詞集、續詩集、集
　　外詩　40074
樊榭山房全集　12527

輟耕錄　12289，30196

甌北詩抄　40140
甌北詩集　40139

醉月居詩詞鈔　30435

醉心閣四十唱酬集　10647，30512
醉白池詩草　30328
醉經閣書目　10451，20444

遼文存　12763，12764
遼文萃　12765
遼史　11501
遼史地理志考　11506
遼史拾遺　11504
遼史拾遺續　11505
遼東行部志　11845
遼海書徵　20046
遼籌、奏草　30119

震川大全集　12488
震澤王氏本史記　11425，11426
震澤長語　12311
震澤紀聞　12310

鄴中記　11704

賞雨茅屋集　10804
賞雨茅屋集、外集　40181

賭棋山莊詩集　40507

賜倚堂集　10869
賜書堂詩文稿　10798，40163
賜綺堂集　40315
賜墨齋詩、詞　30408

閫範　12042

數學五書　12207
數學精詳　12201

遺山先生新樂府　30479
遺山集　12455
遺山詩　40061
遺山新樂府　10652，12465
遺園詩集　40455

墨子　12159
墨子刊誤　12155，12156
墨子刊誤刊誤　12157
墨經新釋　12158

稽古錄　11523
稽留山人詩集　40077
稽庵詩集　12687
稽瑞樓書目　10458，20450

黎選續古文辭類纂　12782

篋中詞　12851
篋衍集　12821

箴膏肓評　11166

篁村詞　30478

儀象考成　12211
儀衛軒文集　12605
儀衛軒詩集　40432
儀禮士冠禮箋　11081
儀禮小疏　11090

儀禮古今文疏義　11080
儀禮注疏　11087
儀禮注疏詳校　11097
儀禮校勘記　11098
儀禮章句　11076，11077
儀禮疏　11074
儀禮經傳通解　11075
儀禮圖　11082，11083
儀禮鄭注　11071，11072，11073
儀禮漢讀考　11091
儀禮釋例　11089
儀禮釋官　11092
儀禮釋宮　11088
儀顧堂集　12571，12572
儀顧堂題跋　10308，20277
儀顧堂續跋　10309，20278

樂志堂詩文略　12643
樂志簃　10698
樂志簃文錄　30394
樂志簃全集　30394
樂志簃筆記　30394
樂志簃詞錄　30394
樂志簃詩錄　30394
樂府詩集　12789
樂潛堂全集　10858
樂潛堂詩初集、詩二集、菊潛庵剩稿
　　40294
樂潛堂詩選　10859，40295
樂器三事能言　11150

徵刻唐宋秘本書目　10249
徵刻唐宋秘本書目、考證　20216

亭林周氏後來雨樓劫餘書目

徵訪明季遺書目　10250，20220

銷夏部　30193

鋤經書舍零墨　30208

餘杭縣志　11780

魯岩所學集　12559
魯論說　11217

劉子政左氏說　11169
劉子袁注　12264
劉文烈公全集　12507
劉向別錄　10320，10321，20336
劉向校讎學纂微　10019，20126
劉歆七略　10323，10324，20338
劉隨州集　12377
劉豫事跡　11718
劉禮部集　12541

諸子奇賞　12280
諸子評議　12083
諸子評議補錄　12084
諸子辨　10026，20100
諸城王氏金石叢書提要　10062，20199
諸暨圖書館目錄初編　10382，20393

課子隨筆節鈔　12029
課花詞館詩餘　30478
課暇吟　30433

論語大義　11214

論語正義　11211
論語古訓　11212
論語述何　11187
論語注疏　11215
論語後錄　11218
論語校勘記　11225
論語偶記　11221
論語補疏　11220
論語義疏　11210
論語鄭注　11209
論語稽求編　11216
論語餘說　11219
論語駢枝　11222
論衡　11982，11983
論衡舉正　11984

談天　12212
談經齋詩鈔　10661，30375

遵岩文鈔　12481
遵岩集　12480

潔身堂集　12499

潛江書徵　10126，20045
潛采堂宋元人集目錄　10200，20521
潛采堂書目四種　10070，20561
潛研堂詩集、詩續集　40213
潛廬文稿　30415

潤于詩集　40589

潘少白集古文、詩、常語　40447

228

潘黃門集　12352

澄懷堂詩集、夢玉詞　40417
澄懷園語　12028

履二齋集　40131

彈指詞　12721

選注規李、選學糾何　30532
選錢齋錢譜　30145

練兵實紀　12171

緝雅堂詩話　12869

緯青遺稿　12715
緯略　12100

畿輔通志　11786
畿輔叢書已刻未刻書目　10124，20043

十六畫

璣衡館叢鈔六種　30567

駢文類苑　12769
駢文類纂　12785
駢雅　11423
駢體文鈔　12784

據梧集　10934，40618

擁書堂詩集　30315

磬折古義　11064

燕山遊草　40348
燕子龕遺詩　12738
燕丹子　12276
燕峰詩鈔　40073
燕榻集　40548
燕寢考　11119
燕冀貽謀錄　11647

翰苑集　30243
翰海　30539

蕭山人集　10614
蕭山人集、釋柯餘集　30334
蕭茂挺文集　12382

頤道堂全集　40148
頤道堂詩選　10793
頤道堂詩選、詩外集　40147

樹仁書店書目　10570，20304
樹經堂詠史詩　10851，40279
樹經堂詩初集、續集　40278
樹經堂詩集、續集、文集　40277
樹薖堂詩　40252

樵風樂府　12743
樵隱昔寱　12570

輶寧館集　30281

賴古堂印譜　40084

亭林周氏後來雨樓劫餘書目

賴古堂集　40083

歷代山陵考　11842
歷代石經略　11331
歷代史表　11510
歷代地理志韻編今釋　11516
歷代名人年譜　11881
歷代名臣奏議　11748
歷代名媛雜詠　40142
歷代兵制　12170
歷代帝王年表　11511
歷代帝王廟謚年諱譜　11513
歷代紀元考　11521
歷代書目綜錄　10043，20097
歷代載籍足徵錄　10132
歷代詩話　12885
歷代詩話續編　12886

霍林山人詩集　40261

餐霞集、附詞　30465
餐霞集、詩餘　30466

盧文子集　10658

曉讀書齋四錄　12108

曇華閣詞　30478

戰國紀年　11573
戰國策　11567，11568，11569
戰國策補釋　11570

嘯堂集古錄　11921
嘯閣餘聲　30478

還山遺稿　12468

默史詞　30478
默庵遺稿　40053

積古齋鐘鼎款識　11366
積石文稿、詩存、繪餘編、附南池唱和詩存　40392

穆天子傳　11582，11583
穆天子傳補注　11585

篤素堂雜著　12024

貧谷詩文鈔　10797
貧谷詩文鈔、文鈔　40159

學古堂藏書目　10365，20375
學古集、附詩論　40245
學仕遺規　12022
學制齋駢文　12646
學春秋隨筆　11200
學福齋全集　30371
學餘堂文集、詩集、外集　40018
學餘園初集　12500
學禮質疑　11142

儒門語要　10609，30164

錢太史崔灘稿　30269

錢考功集　12380
錢汪二先生行述　11896，30064
錢南園遺集　10841，40263
錢鈔李義山詩　12402
錢錄　11936

錦文堂書目　10573，20307
錦繡萬花谷　12326

雕菰樓集　12543

鮑氏集　12358

獨悟庵宋絕句鈔　12803
獨漉堂詩集、文集、奏疏雜文　40039
獨學廬五稿、附花韻庵詩餘、微波詞
　　40274
獨學廬初稿詩、文，附讀左卮言、漢書刊
　　誤　40273
獨斷　12093

瘳忘編　12015

糜園詩鈔　40661

辨症秘旨　10602，30567

龍川文集　12442
龍沙紀略　11810
龍城札記　12107
龍游鳳梧書院藏書目　10395，20402
龍慧堂集　40617
龍壁山房詩草　40390

羲亭詩鈔　40257，40644

螢芝全集　12502
螢芝集　12501

澠水燕談錄　11643

澤畔吟　30456

澹生堂藏書約　10520，20526
澹成居文鈔　12607
澹如軒詩　10927
澹吟樓詩鈔　10692
澹菊軒詩初稿　40423
澹庵書目　10497，20484
澹園集續集　12513

濂亭文集　12616

避諱錄　11878

彊村棄稿　40580

隰西草堂詩集、文集，附遯渚唱和集
　　40109

隱秀軒集　12495
隱拙齋文鈔　12544

十七畫

環天室詩集　10912
環天室詩集、後集　40553
環天室續刊詩集　40554

亭林周氏後來雨樓劫餘書目

環碧山房書目　10448，20442
環翠閣詞鈔　30478
環翠閣詩鈔　30443

戴東原年譜　11913
戴東原行狀　11912
戴東原集　12528
戴簡恪公遺集　10807，40184

擬古詩錄　12690

蟄庵詩存　10898，40505

聲律小記　11149
聲遠堂文鈔　40409
聲類　11385

聰山詩選　40064

藏一話腴　12306
藏山閣集　12598
藏書紀事詩　10525，10526，20532，20533
藏書紀要　10523，10524，20529，20530，20531
藏書絕句　10010，20141
藏書題識　10278，20253
藏園羣書題記　10315
藏齋詩鈔　10753，30432

舊五代史　11484
舊京詩存、文存　40629
舊唐書　11480

舊唐書經籍志　10084，20001
舊唐書疑義　11481
舊聞證誤　11949

韓內翰集注　12418
韓文公論佛骨表糾繆　12319
韓非子　12141，12142
韓非子集解　12144
韓非子增讀　12143
韓昌黎集　12388
韓門綴學　12104
韓集箋正　12389
韓詩外傳　11022
韓詩遺說補　11017
韓詩續考　11016

隸韻　11371

邇言　12073

霜紅龕集、附錄、年譜　40063

霞泉詩草　10624，10625
霞閣小稿　30314

戲鷗居詩鈔　40269

螺舟綺語　30478

嶺外三州語　11420
嶺南集　40229
嶺海焚餘　11754
嶺海樓詩鈔　40398

嶺雲海日樓詩鈔、外集　40547

魏書　11470
魏書地形志集釋　11471
魏略輯本　11612

輿地記　11784

優盋羅室文稿、詩稿　30458
優盋羅室詩稿　30460

龜巢集、補遺　30260

鍾山札記　12106
鍾祥藝文考　10127，20044

鮚埼亭集　12532
鮚埼亭詩集　40186

鮮庵遺稿　40521

謝承後漢書　11454
謝宣城集　12364
謝康樂集　12357

謚法　11868，11869

謙受堂全集　10755，10857，30400，40292
謙齋詩詞集　30464

襄陽耆舊記　11744

應查銷燬書目　10243，20243

齋心草堂集　40201
齋心草堂詩集　40641

濤園詩集　10899，40506

濬縣金石錄　11918

濮陽蒲汀李先生家藏書目　10410

濠隱存稿　30403

邃雅齋書目　10599，20335

禮記注疏　11114
禮記校勘記　11123
禮記訓義擇言　11115
禮記集說　11103，30011
禮記補疏　11116
禮記鄭注　11099，11113
禮記質疑　11104
禮書通故　11133
禮經宮室答問　11084，11085
禮經釋例　11078，11079
禮箋　11139，11140，11141
禮說　11056
禮論略鈔　11144
禮學大義　30013
禮學卮言　11143

甓齋遺稿　11295

233

亭林周氏後來雨樓劫餘書目

續語堂題跋　10310，20279

繆雪莊詩經文、四書文　30368

十八畫

擷紅詞館吟鈔　30451

聶氏重編家政學　12043

職方外紀　11828
職源撮要　11870

藝文志二十種綜合引得　10112
藝舟雙楫　12223
藝芸書舍宋元本書目　10461，10462，
　　20453，20454
藝芸書舍書目詳注　10463，20455
藝風文別存漫存　12579
藝風堂乙丁稿　12580
藝風堂文集　12577
藝風堂藏書記　10503，20490
藝風堂藏書續記　10504，20491
藝風堂續集　12578
藝概　12861，30563

鞭駑知非錄　30160

繭餘集　30465

藥軒漫稿　30420

藤香館詩鈔、續鈔、附詞　40442

醫籍考　20111

顒頷集　10615，30290，30291

豐順丁氏持靜齋書目　10478，20467

叢書子目索引　10052
叢書子目書名索引　20193
叢書目錄拾遺　10051，20191
叢書目錄續編初集　10050，20190
叢書目書彙編　10049
叢書目書彙編、附補遺　20189
叢書集成目錄　20194

題襟館唱和集　12830

瞿木夫年譜　11900

蟬隱廬書目　10554，20286
蟬隱廬新板書目　10555，20287

顓頊曆考　12216

簠齋尺牘　11925

簡玉山房書目　20167
簡學齋詩　12689
簡學齋詩存、詩刪　40418

簣山詩鈔　40301，40652

雙星館集　12506
雙紅豆館詞草　30478

雙樹生詩草　40331
雙藤書屋詩集　12703
雙鑒樓善本書目　10515，20502
雙鑒樓藏書題記續集　20504
雙鑒樓藏書續記　10516，20503

歸求草堂詩集、秋山紀行集、金闕攀松
　　集、玉井寨蓮集　40307
歸汪年譜　11893
歸愚全集　10788

鎧龍文集　30293
餪飢亭集　12698
餪飢亭集、後集　40337

謹言慎好之居詩　40406

謫麐堂遺集　12562

癖好堂收藏金石書目　10180，20516
癖泉書屋所藏泉幣書目　10182

離騷章義　12344
離騷集傳　12345

顏氏家訓　12265
顏氏學記　12014

韞山堂詩文集　12696

織餘草　30433

十九畫

難經集注　12192

蘋花水閣詩草　10636，30326

蘆浦筆記　12050

勸學篇　11994

蘇文忠詩集　12436
蘇州來青閣書目　10579，20313
蘇州圖書館印行所書目　10263
蘇州圖書館圖書分類法　10543，20549
蘇州圖書館閱覽指南　10540，20548
蘇詩合注　12434
蘇詩補注　12435，12447
蘇鄰遺詩　40448
蘇學士集　12431
蘇龕文錄　30396
蘇龕集　30396
蘇龕詞錄　30396
蘇龕詩錄　30396
蘇龕駢文錄　30396

藻川堂詩集選、文內集、文外集　40387

攀古小廬文　12563

麗則遺音　30258

礪齋詩鈔　30306

曝書日記　10298，20267
曝書亭集　12526
曝書亭集、附笛漁小稿　40008
曝書亭集外稿　40009

亭林周氏後來雨樓劫餘書目

曝書亭詞注　12720
曝書亭詩注　12659
曝書亭詩集注、附年譜　40010

關尹子　12132

嚴州圖經　11774
嚴範孫古近體詩存稿　40596
嚴範孫先生編年詩注　40597

羅臯草　30478

籀膏述林　12575
籀經堂類稿　40399

欂山草堂小稿　10754，30431

簫臺公餘詞　30479

鏡西閣詩選　10791，40141

譚子化書　12119
譚評詞辨　12849
譚瀏陽全集、續集　40557

廬山記　11846，30101

龐檗子遺集　12740，12741

韻丞詩存　30456
韻丞詩補遺　30456
韻補正　11392
韻學驪珠　10665，30026

瀛奎律髓　12841，12842，12843
瀛涯勝覽校注　11825

懷古田舍詩鈔　40440
懷清堂集　40079
懷葛堂文集　12586
懷舊樓藏書目　30137

嬾真草堂集　12514

繹志　11993

繡谷亭薰習錄　10443
繡閑詞　30478
繡間草、附詞　30471
繡篋小集　40424，40666
繡餘再續草三續草四續草　30450
繡餘續草　30448，30449

二十畫

蘭陔山館詩鈔　40668
蘭舫詞　30478
蘭雪堂詩稿　10640，30299，30300
蘭臺集　10907，40532
蘭綺堂詩鈔　10628，30308
蘭韻堂詩集　40330

闡清山房詩　40195

鶡冠子吳注　12259

蠛蠓集　12493

蠙廬詩鈔　12707，40401

釋草小記　11271
釋柯集　10603，10613，30335，30567
釋宮小記　11270
釋蟲小記　11272
釋繒　11269

騰嘯軒詩鈔　40196

寶書閣著錄　10472
寶綸堂文鈔、詩鈔　40231
寶綸堂稿　30362
寶甓齋札記　11291

響泉集　10819，40212
響泉詞　30478
響琴齋詩集、詩餘　40258

二十一畫

驂鸞錄　30111

儼山纂錄　30191

鐵如意庵詩稿　10815，40199
鐵華仙館吟草　10632，30324
鐵華館集部善本書目　10201，20522
鐵琴銅劍樓藏宋元本書目　10470，20463
鐵琴銅劍樓藏書目錄　10469，20462
鐵橋金石跋　11923
鐵橋漫稿　12552

鶯脰湖莊詩集　40322

顧千里年譜　30070
顧千里先生年譜　10532，20541
顧氏二種　10779，30035
顧氏推步簡法三種　30212
顧希馮玉篇直音　30024
顧亭林先生詩集箋注、校補　40119
顧華玉集　12512
顧華陽集　12384
顧與治詩集　12518，40099
顧詩箋注　12648
顧寧人學譜　11885
顧鶴逸藏舊槧書目　10502，20489

鶴峰詩鈔　40208，40642
鶴窠村人初稿、賓紅閣豔體詩　30453
鶴静堂集　30351
鶴徵後錄　11735
鶴徵錄　11734

續三十五舉　12253
續文選　12750
續方言　11407，11408，11411
續方言補正　11409
續古文辭類纂　12781
續幸存錄　10667，30044
續東軒遺集　12560
續明紀事本末　11548
續刻北江遺書　40165
續後漢書　11617
續音說　11391
續華亭百詠　10689，30107
續校讎通義　10020，20128
續書臺詩鈔　10643，30490

續補彙刻書目　20187
續彙刻書目　10045，20185
續經傳釋詞　11279
續墨客揮麈　12307
續藏經目錄　10185，10186，20104，
　　20105
續禮經集説　11102
續駿鸞錄　30112

二十二畫

聽松廬詩鈔　40344
聽詩齋明人集目錄　10202，20523
聽鶯館詩鈔　30322

蘿庵遺稿　12735

鷗堂剩稿　10921
鷗堂剩稿、東鷗草堂詞　40568
鷗堂詩　40403

鑒止水齋集　40162
鑒止水齋藏書目　20459
鑒誡錄　11637，11638

籜石齋文集、詞　40128
籜石齋詩集　10789，40127

讀史約編　11964
讀史備忘捷覽　11961
讀史諍言　11519
讀史舉正　11518
讀史鏡古編　11966
讀有用書齋宋元本書影　30133

讀有用書齋韓氏藏書目　10467，20460
讀兩漢書記　11452
讀風偶識　11035
讀書記疑　12063
讀書敏求記　10274
讀書敏求記校證　10275
讀書偶見　30175
讀書脞錄　12066
讀書脞錄續編　12067
讀書蕞殘　10276，20251
讀書樂　10612，30025
讀書餘錄　12085
讀書錄鈔　30161
讀書叢錄　12068
讀書鏡　30156
讀通鑒論　11953
讀經如面　11299
讀經校語　11277
讀説文記　11360
讀選樓詩稿　12717，12718
讀禮志疑　10650，30012

瘦庵詩集　10925
瘦庵詩集、附集外詩　40579

竊悟軒算草　10675，30220

鷥子　12272
鷥子校勘記逸文　30173

二十三畫

曬書堂集　12545

變雅堂文集、詩集、補遺　40027
變雅堂集　12652，40026

麟角集　12415

二十四畫

觀古堂書目叢刻　10065，20554
觀古堂藏書目　10506，20492
觀河集　40334
觀海堂書目　10505
觀堂遺墨　11926
觀象居易傳箋　10955
觀象授時　11304

鹽官遊草　30528
鹽鐵論　11985，11986，11987，30158

靈芬館全集　40171
靈芬館詩初集、二集、三集　40172
靈芬館詩集　10802
靈岩山人詩集　40125
靈樞經　12182，12183，30232
靈鶼閣詩集　40680

讒書　12422

附錄：亭林周迪前先生紀念册

周東壁　編　戴群　錄

【封面　題籤】
亭林周迪前先生紀念册
　高式熊題
　　鈐印："式熊"（連珠印）

【周大烈　述廬自敘】
公元一九零一年春，余生於松江縣浦南亭林鎮之前岡鄉。祖世謙，字自牧，清附貢生。父天度，字紀躔，清松江府學生員。治天算之學，曾問業於金匱華蘅芳。余二歲而孤。三歲隨祖僑寓郡城。五歲復遷亭林鎮之東街，遂卜居焉。六齡，始就外傅。九歲，入家塾攻讀。性能強記，日誦近千言，持續十有四年。羣經除《儀禮》《爾疋》外，先後卒業，諸子則《老》《莊》《荀卿》，史則《太史公書》，雖鄉曲乏名師講貫，然亦依文解義，略究微言。十齡，綴文漸就篇幅，成童角藝，間冠曹偶。乃者功令所尊，嬗諸學校，席珍之待，舍此末由。大父愍其幼而孤露，終鮮兄弟，衰門一脈，惟系孫枝，不欲其負笈遠遊，曲徇世尚，且以其小時了了，深寄期望，以養以教，以迄成立，家人作業，一不相關。未弱冠，同郡高吹萬招入國學商兌會；妻兄姚石子繼吳江柳亞子主持南社，亦致之社中。時雖政號共和，而彊藩擅柄，既秉資澹泊，不屑以學術爲禽犢，商量舊學而已。離塾後，足跡不出閭巷。獨學無友，惟奉南皮張氏《書目答目》相周旋，牽連鉤引，頗窺流別，始有志於校讎目錄之學。一九二七年夏，大父即世，薄遺房產，而慈親在堂，躬爲經紀，不憚煩瑣，是以當老泉發憤之歲，仍得用志不分，希蹤前哲，特以餘暇爲學童批改文字，聊博束脩之奉而已。其間所纂有《書目考》《知見輯佚書目》《補南史藝文志》《清代校勘學書目》等，咸草具初稿。同時以性之所近，加入中華圖書館協會爲會員。

適里中人士謀創亭林圖書館，推長館務，甫經籌備而抗戰軍興，事以不集。一九三七年冬，日寇從故鄉入侵，乃奉母倉皇走避。鄉邦旋即淪陷，廬舍蕩然，棲止無所，遂僑居滬上，不復歸里。顛沛之餘，傭書爲活，啜茗飲水，免於汙染。受降以還，依然儒素，黨政之途，了無躐涉。一九五零年春，慈母棄養，始親家事，年已五十。友生憐其貧病，仍復以鈔校事相屬，藉微貲以自潤。昕夕伏案，目幾成眚矣。溯自避難來滬，於今二十餘載，積習成性，不廢書卷。曾草有《南齊書校注》《四庫附存簡明目錄》《清代詞人徵略》《谷水詞徵》等，牽於家累，皆未脫稿。學術宗仰王而農氏，近儒則瑞安孫氏、餘杭章氏。論文語取仁和譚氏復堂。文筆嗜宋齊人，不甚愛浩瀚之篇。所作平實，略近東京，上規中壘，時復沾沾自喜。説詩亦主夕堂。凡此皆其爲學之大較也。

先君諱大烈，字迪前，或作逷潛，別署述廬。以丙辰閏八月二十七日棄養，年七十有六。右《自敘》一篇，殆六十時所述，生平志尚略具于此。六十以後，先君猶好學不倦，潛心著作，嘗從事于鄉邦文獻之纂錄，撰《松江文鈔》《詩鈔》《雲間詞徵》諸稿，未及殺青。又嘗爲中華書局校訂《經籍籑詁》，書成待刊。吾宗先世有厚埍公者，居干山，博學好問，其來雨樓中藏書之富，甲於三吳，乾隆時修《四庫全書》，公進呈藏書數百種，經采錄者不下百種。先君緬懷舊業，亦有志于聚書，顏其居曰"後來雨樓"，以見志焉。然遭際兵燹，聚散無常，今之所存，不逮十一，幸歷年所蓄松江鄉賢著述尚無恙在。東壁等當恪遵遺志，典護縹緗，待他日歸得其所。先君著撰遺稿亦待董理，編纂成帙，以俟剞劂。先君生四子、三女，惟東壁與長姊侍養滬寓，方期二兄終得歸省，而庚戌春慈親先逝，越六年先君又不待，撫瞻遺澤，風木增悲，椿萱失蔭，烏號靡已。丙辰十二月，男東壁謹識。

丁巳暮春三月劉惜闇書

　　鈐印："惜闇"（白文長方印）、"劉酉棣印"（白文方印）

【黄雋之　題畫】

後來雨樓

　　東壁兄囑寫

尊翁迪前翁自敘

戊午春仲,隽之。

钤印:"黄"(朱文方印)、"隽之書畫"(白文方印)、"槎溪"(朱文方印)

【施蟄存　處士周迪前先生誄并序】

處士周君迪前,吾鄉飽學君子也。束髮受書,耽於墳典,韋編三絕。老而彌篤。訥於言,不事交游。絕於俗,亦不與世忤。親朋而外,人罕能窺其蘊。余初未嘗識君,歲壬寅晤尹石公,石公言,君鄉里有周某者,能爲兩京文,亦識之乎。余謝未嘗聞,乃心識之。已而君偕高君賓同來寒舍,遂得定交,時相過從,晤言有契,知其學樸茂淵渟,真儒士也。文化革命之役,交遊阻遏,不通聞問者七八載,近始得稍稍敘舊,而君遽歸大暮。失我益友,滋可痛也。令子東壁以此册來,屬以有言。自維文辭儈俗,何足以重君?然十載交情,澹而彌摯,亦不可不志之,因爲之誄曰:九山婉孌,三泖滄浪。機雲故里,陳夏舊邦。丘園之秀,因時則揚。文行忠信,爲龍爲光。於鑠處士,抱素居貞。訥言劬學,探賾研精。藝徵七略,文律兩京。孤標遐舉,世網難嬰。君方踞聞,我爲游士。出處參商,未獲仰止。白首定交,傾蓋伊始。方期攻錯,商量文史。云何一蹟,遽絕音徽。哲人其萎,吾誰與歸。遺文在櫝,令問不違。悠悠千祀,邦家有煇。

一九七七年歲次丁巳八月朔,同里施蟄存撰。

九江吕貞白書

钤印:"施舍長年"(白文方印)、"貞白"(朱文方印)

【吕貞白　題詩】

渺矣雲間鶴,難招瀚海魂。淵淵抱高質,艾艾訥深言。七略供讎校,羣經費討論。摩挲叢稿在,手筆尚留痕(君校《經籍籑詁》稿尚存書局)。

東壁世兄屬題其尊人迪前翁《述廬自敘》

丁巳冬日,貞白。

钤印:"貞翁"(朱文方印)

【周湜　題詞】

　　金縷曲　爲宗東壁君題其先德《述廬自敘》

不忝吾宗秀。紹弓裘、一門風雅，青氈獨守。舊學商量加邃密，准擬稱雄江右。來雨廔、世澤長久。南社高姚推盟主，拍洪崖、揖讓皆師友。賡《據目》，述耆舊（明范濂有《雲間據目抄》一書，皆爲松江掌故）。　真儒當代尊躅叟。讀君文、眼明神旺，頓消塵垢。典午風流中替日，又見秋荼春韭。正不孤、寒熜成就。只恨當時慳會合，卻未曾、玄緒身承受。懷景行，一泥首。（秋荼春韭爲周顗語，見《世説新語》）

　　丁巳暮春三月，鄞縣周湜采泉題，時年六十又七。

　　　　鈐印："周湜"（白文方印）、"采泉"（朱文方印）

【沈熙乾　題詩】

寂歷亭林鎮，畸人此世居。何曾奠羔雁，甘自老蟫魚。學術摩中壘，精魂返太虛。我來遲一歲，滄海讀遺書。

却掃聲華茂，心光寄短檠。如公真樸學，誤我是桐城。老恨師承少，春從夢寐爭。漸看濃綠静，倘洗舊崢嶸。

　　丁巳孟夏爲東壁世兄題其尊人迪前先生《自敘》

　　沈熙乾

　　　　鈐印："補翁"（朱文方印）

【嚴昌堉　題詩】

自序追劉峻，鋪陳六義高。耽書成目眚，獨學耐心勞。相見真無幾，終烹莫可逃。縹緗猶有積，餘瀝惠頻叨（君鑒余插架俄空，頻以所儲見惠）。

　　東壁世兄示尊甫迪前翁《述廬自序》索題賦此呈正

　　我生之後弟二丁巳辜月，嚴昌堉。

　　　　鈐印："湛冥"（白文橢園印）、"畸庵八十以後之作"（白文方印）、"嚴昌堉"（白文方印）、"載如"（朱文方印）

【徐潤周　題詩】

初挹風標俄隔世，只從淵默辨雷音。文沿齊宋攀東漢，室繞圖書伴獨吟。乔木故家俱已矣，名山剩稿待钩沈。穷年续学今余几，遗墨摩抄感佩深。

迪前先生《述庐自叙》，题为东壁弈友。

徐润周

钤印："石室翁"（白文方印）

【郑逸梅　题跋】

余始识周先生迪前于高氏之蒲石庐。冲退和易，讷讷然若不出诸口，心焉仪之。厥后接席者屡，并得读其文章，朴茂蕴蓄，标致自高，与世之浮华衒露、跳踉謿张者迥异其趣，且复订坠钩玄，精严审慎。握灵蛇之珠，抱荆山之玉，粹然为一代学人，益仰其范矱为不可逮。余嗜拾前贤翰札，有关于云间耆旧者，辄就谘之，先生能详述其史迹，缠缠如数家珍。及文化革命兴，衡门典籍，悉付云烟，偃蹇斗室，娓娓无好怀。而先生分其邺架之余，以为慰睍，视援溺抍饥，尤足令人感念于无已。凡此往事，历历尚在目前，而先生溘焉辞世，距今已三禩。令子东壁，风木之悲、蓼莪之痛，不以时移而少杀，更出示其先人之《自叙》册，浼为一言。流藻垂芬，不匮永锡，其可谓绳绳奕奕、亢宗有子者矣。

戊午初春，郑逸梅撰。

西泠蔗翁胡亚光书

钤印："人在楳花中"（朱文椭圆印）、"亚光"（朱文方印）

【何苍回　题跋】

周君东壁以先尊《述庐自叙》属题。予不能文，顾与述庐先生非无一日之雅，则尹子石公实为之介。尹子盛称其博闻强志，度越时流。先生方一心著述，而予牵于衣食，未获数数觏。已而尹子下世，先生齿亚于予，不谓亦遂而奄忽。徐陈鬼录之感，尽焉在抱，又不容默已。先生于四部靡勿钻研，史则尤在《太史公书》。自序之作，肇自史迁、班固，因之称为叙传，厥后沈约《宋书》、魏收《魏书》、李延寿《北史》，咸有自序或叙传。诸史皆成于一人，祖祢而丽为光宠者也。别集殆滥觞于刘孝标，江都汪氏辜较其异同踵为之，汉魏之笔，敷骈俪之辞。予童时受业，琅琅上口,迨五十之年,欲知非而策來,竊不自量,將半生經歷覼縷綴述,令從甥錢質書而置座右。邇會波蕩,與藁俱椑佚。今茲行年八十又逾其四,舊事惝怳悠憊,彌滋不貳之誠,取徵蔑由。東壁君珍視手澤,請劉翁惜闇端楷好寫,遍徵題詠。予維先生湛靖恬澹,罔事苛察,人咸樂其異懦,而每丁僭偽,不觌於餌,修飭保真,非漸漬於學,未易至也。足以實家乘、詔奕葉、垂文獻者,不在斯乎。讀其文,益低徊於尹子之加我益友矣。

歲在著雍敦牂餘月,何蒼回。

鈐印:"蒼回"(白文方印)、"乙未生"(朱白文印)

【陳九思　題詩】

風雅雲間盛,人尊處士星。儒林標卓行,文苑著芳型。來雨承家世,端居養性靈。慎言常訒訒,稽古益惺惺。筆健追班馬,源清辨渭涇。芸䭴餐字蠹,案聚讀書螢。獨往超千劫,橫流抱一經。移家羈歇浦,歸夢繞華亭。茂叔蓮方潔,淵明菊比馨。校讎毛穎瘁,蒐纂夜燈熒。板蕩心憂國,蹉跎壽損齡。聞名交臂失,披册倦眸醒。季子金閨彥,良醫衆口銘。肺肝觀洞徹,瘥札賴平甯。學邃探龍窟,詩傳紹鯉庭。神方研上藥,餘事敵西屏。昭代需材亟,佳譽貫耳聆。美哉君子澤,長共九峰青。

迪前先生《述廬自敘》為東壁兄題。己未小暑,陳九思時年七十有九。

鈐印:"且瞑飯齋"(朱文長方印)、"九思吟稿"(白文方印)

【陳兼與　題詩】

猗歟夫子,困學敏求。粹然而溫,不琢天球。三同四異,七略九流。直師遷固,平揖諸劉。玄黄弄劫,文物薪櫺。華亭鶴唳,雲間龍啾。抱槧以隱,自敘其由。象賢有子,藏山千秋。後永勿替,視來雨廎。

己未初秋,東壁仁兄屬題其先人迪前先生《自敘》稾。陳兼與。

鈐印:"小方壺"(朱文方印)、"兼與題識"(白文方印)

【劉惜闇　題詞】

辨談有魏晉人意,延佇多栖遁者流。

右耦句,迪前先生所撰于丙辰閏八月間,曾丐余爲書齋聯。旋聞先生即世,此聯竟未及書就,常耿耿于懷。茲東壁仁兄珍護尊人遺澤,將先生《自敘》一篇錄諸錦册,遍徵題詠,彰厥先德。顧斯聯語,寔爲先生晚年志趣所寄,堪與《自敘》竝傳,因迻書以奉,籍了曩日一段墨緣也。

庚申春日,劉惜闇。

鈐印:"惜闇"(白文方印)、"劉氏"(白文方印)

【高垣　書周君迪前自敘後及挽詩】

周君迪前爲我姚氏表姊壻。姊名竹修,字湘湄。君生一九零一年農曆二月,歿一九七六年十月,存年七十有六。姊前君六歲歿,君爲卜葬於蘇州,而自營墓穴焉。子四:東序、東垣、東塾、東壁;女三:孟縈、梅垞、季蘋。當君疾革時,東序、東垣以道遠未遑歸省,君爲黯然神傷,亦可哀已。君生二歲而孤,幼穎悟,爲鄉黨所稱。先君往昔甄評春暉文社,每盛稱君作,置之首列。憶余童時,歲首隨父兄至亭林外家,亦必至周氏舅祖自牧先生家,君愉愉在侍。舅祖顧語曰:"曾看《三國演義》否?"又問《演義》中人物之冠弁袍甲與其所執? 余兄弟瞠目不能答,而君則應對如流。竊念忝長,不禁慚且羨,歸啟我母,相與讚歎久之。及君婚於姚,其僚婿長則我從兄君定基,季爲我同懷弟君賓垿。當弟婦盟梅于歸時,石子表兄裒集其閨中詩稿,刊印成册,置諸奩中。其湘湄序文,實出君手。君嘗敘《沈逓翁賸稿》,稱逓翁盛推陸宣公之文,能得静字訣。今君此作亦以駢體爲之,洵能典雅靜穆,見者咸爲心折。歲在丁酉,先君八秩,君壽序云"於是余於先生亦爲甥壻,一如先生之於先太府君"。又云"余承先生之風,有綴輯之意,乃邅亂沮畫,素業廢墜,慚荷先生相期之厚,爰追溯舊好,勖後之人長毋相忘"。翌年先君棄養,余兄弟乞君表墓,君感歎先君晚歲傷足,伏處小樓,況瘁悰憚,遂輟名山之業,慨然於三吳重望,邈無輩儔,所謂宛委情瀾,話言如昨者矣。自先君歿後二十年中,我弟夫婦及從兄先後下世。表兄石子,夙耽文獻,聚書三十年,鍥而不舍,齎志以逝,後嗣乃全而歸諸公室。君爲成《復廬聚書獻書始末記》,累二千餘言,窮源竟委,脈絡澄明。君今逝矣,展誦諸文,俯仰今昔,徘徊愴惻,烏能自已。君又書江都秦曼青《嬰闇題跋》後,自謂目錄校讎之學臭味相投,則君平日志學指歸,於斯可見。晚歲更致力於醫方故籍,洞達真契,爲余寫《何書田醫案》跋語,識者韙之。君雅好書法,以爲六朝分書,質實厚重,宕逸神雋。歿後余始見所貽錡姪《廣藝舟雙楫》一卷,眉間密行細注,考核精審,君顧謙抑,未嘗自詡知書也。溯君平生,博聞強記,特工文辭,戢光匿采,老不廢讀,雖足跡不出閭里,而四方文學之士均樂與納交。馬一浮先生見君作,曾語尹石公:當世言古文者,未有能加於此也。其推崇至此。君稟體素弱,目短視甚,樓居上下,恒曰:我以手代目也。十月十日,外出傾仆而病,臥床旬日,遂不起。余嘗助君哀集鄉先哲遺著供編定,君病前三日尚顧我,言比來精力衰耗,凡所手輯,亟謀脫稿。殊不意不及竟其業。悲夫。君歿兼旬,余以詩哭之。自維末學,於君著述未能窺奧窔,惟略述童年初見君時情事,並君曩所撰先君壽序及墓表中語,用志兩家久要之誼。至君治學蘄向,《自敘》中具言之。其他積稿已成未成,其季子東壁方謀董理成帙,海内賢達必能即君書而識君之涯涘也。一九七七年五月,君藩高垣謹識,命姪錡書。

鈐印:"高錡書印"

附挽詩四首

畢世青燈手一編,白頭未盡著書年。昊天罔極孤兒淚,阡表南山仗大賢(先子墓表出君手)。

一蹶何期疾竟沉,秋江風雨感人琴。忝爲後死寧稱幸(用嚴載老詩句),不獨滄浪遝客心。

令威回首大姚村,一往淒迷跡已陳。怕有東風新燕子,來尋南社舊詩人(石子招君入南社,君夫人爲我姚氏表姊)。

只同身世不同才,老我婆娑亦可哀。煮茗小樓相爾汝,西風落葉叩門來(君抱病前三日顧我久坐,留墨案頭)。

【杜鎬　悼念周迪前先生】

歲丙辰閏八月二十有七日,吾友周君迪前子東壁來告,其尊人於今晨丑刻下世矣。驟聞駭愕,幾不能自持。先十日,聞君外出傾跌,傷足病臥,人事遷移，未遑走候，將謂君可以漸痊，何意一病竟至於斯耶。越二日，偕高君君藩赴君之喪，會路阻未及達殯館，又不獲瞻君遺容。嗚呼，天何慳此最後之一面耶。爰述與君交誼始末以悼念君：丁丑抗戰後，余與君同避滬上，邂逅君於君藩座間，藹然訒然，古君子也。自後恒商析往還，君病目，亦不數數見，通書問而已。十年前，松江當事屬柯君德瓊來滬，主修清末止志事，約雷老君彥、朱老叔建，君與張君公愈及余，共事者垂二載，雷老年最高，備顧問。君有所見，恒直諒匡襄，謇謇無少遜。事竟，柯君約同人攝影於淮海公園。君往矣，余與東壁檢視此照，憲憲在目，猶昨日事也。今叔老年九十二，病蹇臥床，得君噩耗，當亦愴然於懷也。余嘗誦君所撰《壽高吹萬丈八十文》暨《墓表》，情文並茂，不讓古人，竊心慕之。君體夙弱，而手不離筆硯，纂輯彌勤，手校阮元《經籍籑詁》，成《校勘記》一卷。窮年矻矻，有《松江續詩徵》《續詞徵》之輯。俄焉怛化，未獲觀其成，可為太息也已。季子東壁諄竺好學，斐聲醫弈有年，仍世濟美，君可無遺憾矣。君諱大烈，松江縣之亭林人，卒年七十有六。用述瑣瑣之可憶者，書之以抒余人琴之悲。

丙辰九月，同邑世愚弟杜鎬拜撰。

高鋅敬書

　　鈐印："高鋅四十以後書"（白文方印）

【封尊五　挽詩】

茂叔窗前草似茵，沖和恬淡藹然春。拭眸校勘殊精闢（君雙目短視，曾校阮芸臺《經籍籑詁》，有《校勘記》一卷），抱膝吟哦更率真。一別蹉跎成永訣，十年涕淚感斯人。故鄉老友無多矣，鄰笛山陽最愴神。

　　迪前老友逝世　世愚弟封尊五挽

　　高鋅書

　　鈐印："高""鋅"（連珠印）

【嚴昌埧　輓聯】

一世中閉戶讀書，膏晷窮年，餘力猶勤事編纂；
十日前造廬話舊，死喪彈指，再難相見忍低徊。

迪前仁兄大人千古　　愚弟嚴昌堉率子壽釗、壽澂拜輓

高鋅書

【包謙六　題詩】

校書掃葉亦云艱，況復詞章貫典墳。寂寞草玄光不滅，世人今得讀遺文。象賢大似顧千里，能弈能醫勝古人。琬琰楹書勤護守，綿綿新代共傳薪。

　　爲東壁仁兄題其先尊迪前先生《自敘》稿，包謙六。

　　　　鈐印："包謙六"（朱文方印）

【高仁偶　題跋】

自維少賤，於當世賢豪罕所接席，顧於迪前先生則耳熟其名久。嘗聞之馬鑼叟：并時能治古文者，首宜推雲間周子。比日從吾宗君藩二哥游，得讀周先生所爲《吹萬丈八十壽序》洎《墓表》，神湛筆健，字字作金石聲，益徵鑼叟所言不虛。方將因君藩一奉揖於周先生，遽聞示疾謝賓客，爲沮索者累日。先生有四子，東壁其季也，擅活人術，工弈，聲聞異域。乃承倩君藩爲介，來訪荒齋，饒儒者氣象，竊喜先生之有賢似也。余雖不及見先生，而睕晚殘年，猶克一納交於其賢似，幸何如之。東壁適奉其尊人《六十自敘》文，乞言於游舊。先生之行誼，東壁之孝思，一時知名士述之縈審矣。耄荒無文如余者，奚待再有言，即有言初無足爲先生重，爰略述其平昔鄉往之由，與夫得與東壁締縞紵之雅者，用答東壁，兼以質諸君藩焉。八十三歲弟杭州高仁偶謹述。

　　餘杭章立達敬篆

　　　　鈐印："丏叟"（朱文方印）、"三不不齋"（白文方印）

【楊友仁　題詩】

高樓滴翠滿朝陽，摘句尋章日日忙。老去雕蟲應笑我，白頭少年不減狂（末句應作"白頭不減少年狂"，下文"局"作"社"）。

　　周迪前先生，松郡績學士也。長於經史小學，所校儀真阮氏《經籍籑詁》，都數千條，分裝五帙，蔚然巨構。一九六二至六五年中華書局上海編輯所釐訂《籑詁》，延攬周、龍（松生）、胡（吉宣）三老分校，即以周

校爲底本，友仁追隨諸老，以總其成。文革起，是書中斬，友仁困囹圄垂十載。七八年平反回滬，周、龍兩老已作故，其令郎東璧世兄惓念先人，抱其遺著，遍訪古籍出版（局）社諸公，亟亟以是書相詢問，以冀發揚潛德，而今（諸）該書刊行有期，是可告慰於周、龍兩老。東璧世兄囑題其哀思錄，因寫舊作《自嘲》一絶以應，以是相惜布衣之士，兀兀以窮年，老死於蓬牖之下，而名不顯於當世者也。

庚申暮春，鹿城楊友仁敬識。

鈐印："楊友仁印"（白文方印）

【胡道靜　題詞】

超乎象外，得其圜中。

恭題故友邊潛先生《述廬自敘》精寫本

世子東璧吾兄，孝思不匱，能述先德，予所歆慕，愿執鞭焉。

一九八三年夏七月，胡道靜識。

楊震方書

鈐印："胡道靜"（白文方印）、"楊震方印"（朱文方印）

【蔣松亭　題詩】

滿腹是經綸，藹然更可親。述廬一隱士，南社亦詩人。錦繡文章著，校讎目錄珍。斯篇傳不朽，治學是精神。

爲東璧仁兄題其先尊迪前翁《述廬自敘》　蔣松亭拜稿

乙丑春高鋅敬書

鈐印："松亭"（白文方印）、"高鋅"（白文方印）

【周退密　題詩】

前輩須眉照坐清，江東久隕少微星。豈同陳晁競目錄，卻謝才華見性靈。一角湖山是故鄉，里門風俗尚敦厖。只今絕學真成絕，熏以桂椒襲以緗。

東璧宗兄囑題先尊甫迪前先生《自敘》冊

周退密集定庵、瓶水齋句，時年八十八。

鈐印："退密"（朱文方印）

【高鋅　跋亭林周迪前先生紀念冊】

表兄周東壁，至親中與我年事相仿、交游最早且數十年未或有間，而迪前姨父母亦吾父母輩過從之至密者也。姨丈溫粹績學，藹然古之仁者。在昔余時趨候請益，更蒙賜題箴言於冊頁，相對似沐春風，誦之如飲醇醴。近三十年間，先人皆歸道山，既慨滄田之歎，尤增風木之悲。我金山松江高、姚、周三親族，世代耕讀，詩禮相傳，子弟或承其業，或修其德。歲丙辰姨丈作古，至乙丑之十年間，壁兄邀集前輩世交，寫其尊人文章德行之大貌，并彙成紀念冊。犖犖凡二十家，華章墨妙，燦然溢目，而吉光片羽，並足昭垂家乘焉。余拜觀之者數矣，教益式仰，每讀每增。壁兄惓念遺澤，構此珍集，無殊琿璧而永寶之。頃兄又出紀念冊，稱冊後尚留空面，要余題跋以歸之。蓋前余曾在冊中應命代書多篇，已有玷佳冊，而兄誠意難卻。今年復值姨丈期頤冥壽，爰不辭僭陋，浼志數語，既遵兄之命，更以志余慕。拙筆唯申景仰，而未敢云跋耳。歲辛巳季夏之月，表弟高鋅謹跋於海上寓所景華新村之可讀齋。

鈐印："高鋅"（白文方印）、"高□□"（朱文方印）

【整理後記】

《亭林周迪前先生紀念冊》，施蟄存等撰，周東壁輯。手稿本。冊頁裝一冊，凡十二開（雙面書寫，合二十四開、四十八頁）。冊高二十一厘米、寬十三點五厘米。載詩文聯語廿五首，字數近於八千。《紀念冊》由高式熊老人書籤，首冠周大烈先生自撰於上世紀六十年代之《述廬自敘》（友人劉惜闇代書），後附哲嗣東壁先生跋語，繼揭友人黃雋之所繪"後來雨樓圖"，後載施蟄存《處士周迪前先生誄並序》等朋好之紀念文字，為今人留下迪前先生之學行記錄，至可寶貴。時移事易，後學有幸獲知現代有"處士周君迪前，吾鄉飽學君子也。束髮受書，耽於墳典。韋編三絕，老而彌篤。訥於言，不事交游。絕於俗，亦不與世忤。親朋而外，人罕能窺其蘊"者（施蟄存語），應感謝東壁先生十年辛勞以輯成此《紀念冊》也。

先生（1901—1976）名大烈，字迪前，號述廬，室名後來雨樓、小書種堂等，世居滬郊金山亭林鎮。因係清乾隆間《四庫全書》館徵書時"進呈一百種以上之江蘇周厚堉"來雨樓後人，故以"後來雨樓"名其藏書處。先生人品高潔,克己劬學,聚書讀寫,昕夕不輟,身經家國變亂,中年流寓滬上,"顛沛之餘,傭書爲活,啜荈飲水,免於汙染",乃以木訥無華,不善應世,畢其生隱於里閈,家居著述以終。據先生自述,"學術宗仰王而農氏,近儒則瑞安孫氏、餘杭章氏。論文語取仁和譚氏復堂。文筆嗜宋齊人,不甚愛浩瀚之篇。所作平實,略近東京,上規中壘,時復沾沾自喜。説詩亦主夕堂"。撰著有《書目考》《知見輯佚書目》《補南史藝文志》《清代校勘學書目》《南齊書校注》《清代詞人徵略》《松江文鈔》《松江詩鈔》《雲間詞徵》《述廬文編》諸稿。先生雖未大用於世,而楹書萬卷,先後捐贈於上海圖書館及静安區、金山區、復旦大學圖書館,内多珍稀文獻,遺著有關鄉邦文史及流略之學者多種,亦陸續刊佈於身後,遂令先生之學行,猶及播惠於今人。《中庸》云"故君子之道,闇然而日章;小人之道,的然而日亡",於此實足徵焉。

己亥歲末,筆者有幸識東壁先生於金山區張堰古鎮之南社紀念館。九十健叟,精光矍鑠,孜孜以光大先人潛德爲念,而其館址正南社名人、先生母舅姚石子之舊宅耳。未幾,晉謁先生於滬寓,白髮翁媪,軟語相親,四壁蕭然,惟餘書史。承先生不棄,慨然以篋藏南社名賢詩箋稿分批贈予復旦圖書館收藏。檢點之際,又鄭重以《紀念册》見餉,高誼隆情,惠我良多。《紀念册》撰者皆一時勝流,讀諸老輩詩文,委婉周摯,力透紙背,於迪前先生之學行,衆口一詞,同聲讚譽,參以卷首周氏父子文字,既益慕迪前先生之篤學畸行,又深佩東壁先生孝思不匱之久且長也。《紀念册》迄未流佈,閲者無多,爰與同人據原稿迻録文字,亟謀刊傳,以饗世之關心傳統文化繼承者。庚子歲末古烏傷後學吴格謹識於復旦大學光華西樓。

後　記

　　上海金山著名藏書家周大烈先生以收藏上海歷代鄉邦文獻著稱，於清人詩集、諸家簿錄之收藏也很有特色。其藏書既有祖上周厚堉之遺風，又受其妻兄姚光之影響，崇實用，重版本，自成一格。

　　20世紀90年代以來，大烈先生的藏書由其哲嗣先後捐贈給上海圖書館、静安區圖書館和金山區圖書館，三館分别編撰了捐贈書目《周迪前先生藏書捐贈上海圖書館書目》《上海市静安區圖書館海關樓藏古籍書目》和《上海市金山區圖書館館藏"周迪前先生遺存古籍"總目》。我有幸參與了静安區圖書館濮麟紅館長和韓怡星副館長主持的館藏古籍整理項目，在導師吳格老師的指導下整理了大烈先生的這批捐贈藏書。這批藏書初步的編目工作已由復旦大學中華古籍保護研究院碩士研究生馮鯨潔同學完成，古籍破損調查在該院黄正儀老師的指導下由沈思佳同學完成，我則進一步完善古籍編目，編寫書錄和書志。這一整理項目已於2019年完成。

　　2020年4月，吳老師與復旦大學圖書館王樂副館長前往拜訪周大烈先生哲嗣東壁老先生，我也一同隨行。東壁先生談到後來雨樓藏書目錄整理的設想，拿出上圖、静安和金山三館所編捐贈書目，希望能把它們合編成一部"後來雨樓劫後藏書目錄"，吳老師欣然允諾。因我之前參與過静安區圖書館的書目編纂，所以又得機會參與到這項書目合併整理的工作中來。

　　5月，我開始在數據庫錄入三館捐贈書目，參照《古籍著錄規則》統一格式，再進行分類、合併。然而，三家書目的著錄款目、格式各不相同，有的只著錄題名、版本、册數而未及卷次、著者，有的著錄著者字號和里籍，差異較大，合併頗爲困難。不過，在整理三館書目時，得知大烈先生曾編有家藏書目《後來雨樓所藏鄉邦文獻目錄》《七録居所藏校讎學書目》《五際宧所藏清詩目錄》和《小書種堂劫後重編書目》，這些書目

亭林周氏後來雨樓劫餘書目

已由東壁先生捐贈金山區圖書館,現藏於該館"大烈先生特藏室"。吳老師認爲,若能得大烈先生自編家藏書目作爲參照,或可爲三家館編書目的合併增補一些必要的信息。

7月,新冠疫情雖已趨平穩,各單位仍嚴陣以待。經東壁先生和吳老師聯繫,在金山區圖書館領導的大力支持下,我和復旦大學古保院辦公室主任秦穎女史完成了書目手稿的掃描複製工作。吳老師仔細閱讀這些書目後,認爲大烈先生治校讎目錄之學多年,所編書目自有心得,若能整理出版,自是嘉惠書林之美事。因此,吳老師與東壁先生商量,決定先整理大烈先生自編的書目。

大烈先生所編四種書目類型不同,著録款目、格式也各有特點。《後來雨樓所藏鄉邦文獻目録》《七録居所藏校讎學書目》和《五際宧所藏清詩目録》爲專題書目,前二者著録款目依次爲書名、卷次、著者、版本、册數,後者參照舒位《乾嘉詩壇點將録》用《水滸傳》一百零八將給詩人排坐次的編排方式,以詩人爲綱,依次著録著者、書名、卷次、版本和册數。《小書種堂劫後重編目目》爲其劫後清點書目,分"目録專藏""鄉邦文獻專藏""詩壇點將録別集專藏"和"小書種堂劫後重編書目"四部分,著録款目有書名、版本簡稱、版本類別(精、善、罕等)、册數和存佚。這四種書目共計著録藏書近四千部。

2021年9月,經吳老師再次審閱,大烈先生藏書目録的整理工作基本告竣。承東壁先生的信任和委託,我有幸再次在吳老師的指導下進一步整理後來雨樓藏書目録。整理過程中,金山區圖書館古籍部張青雲主任、趙豔女士爲書目原稿的掃描提供了很大的幫助。本書的出版得到復旦大學圖書館、出版社的領導,特別是復旦大學出版社王衛東總編輯的大力支持。對於以上各方面的支持和幫助,謹在此一併致以衷心的感謝! 限於水平,本書的整理難免會有疏漏,祈請方家批評指正。

許麗莉

2021年10月1日

圖書在版編目(CIP)數據

亭林周氏後來雨樓劫餘書目/周大烈原編;許麗莉整理.—上海:復旦大學出版社,2024.6
(新守山閣叢書)
ISBN 978-7-309-16144-1

Ⅰ.①亭… Ⅱ.①周… ②許… Ⅲ.①私人藏書-圖書目錄-中國-現代 Ⅳ.①Z842.7

中國版本圖書館 CIP 數據核字(2022)第 040463 號

亭林周氏後來雨樓劫餘書目
周大烈　原編　許麗莉　整理　吳　格　審定
責任編輯/顧　雷

復旦大學出版社有限公司出版發行
上海市國權路 579 號　郵編:200433
網址:fupnet@ fudanpress.com　http://www.fudanpress.com
門市零售:86-21-65102580　團體訂購:86-21-65104505
出版部電話:86-21-65642845
江陰市機關印刷服務有限公司

開本 890 毫米×1240 毫米　1/32　印張 8.25　字數 222 千字
2024 年 6 月第 1 版
2024 年 6 月第 1 版第 1 次印刷

ISBN 978-7-309-16144-1/Z・112
定價:85.00 元

如有印裝質量問題,請向復旦大學出版社有限公司出版部調換。
版權所有　侵權必究